UNE ARME
DE PERSUASION MASSIVE

SHELDON RAMPTON et JOHN STAUBER

UNE ARME DE PERSUASION MASSIVE

De la propagande dans la guerre de Bush en Irak

Le Pré aux Clercs

Titre original : *Weapons of Mass Deception — The Uses of Propaganda in Bush's War on Iraq*

Traduit de l'anglais par Jean-Yves LOES

ISBN : 2-84228-198-5
N° d'éditeur : 187
www.lepreauxclercs.com

Les numéros de téléphone et adresses Internet cités dans cet ouvrage ont été vérifiés et validés au moment de la parution. Ni l'éditeur, ni les auteurs ne peuvent être tenus pour responsables des erreurs ou changements survenus après la parution de l'ouvrage.

SOMMAIRE

Remerciements

Nous remercions notre employeur, le Center for Media and Democracy, tous les organismes à but non lucratif ainsi que tous les particuliers qui soutiennent notre travail depuis 1993. Cet ouvrage est une contribution aux recherches menées par le Centre sur la propagande pratiquée par les entreprises et les gouvernements. Pour toute information sur le Centre, vous pouvez visiter son site Internet à l'adresse suivante : www.prawatch.or. ou contacter son bureau : 520, avenue de l'Université, Suite 310, Madison, Wisconsin, 53703, téléphone : (608) 260-9713.

Mille mercis à notre merveilleuse collègue et éditrice associée du *PR Watch* — publication trimestrielle du Center for Media and Democracy — Laura Miller, qui a été le troisième auteur de ce livre en contribuant aux recherches et à l'écriture, notamment, des chapitres « Guerre à vendre » et « Le double langage ».

Remerciements particuliers à notre directeur de publication Mitch Horowitz pour ses précieux conseils et ses encouragements. Remerciements aussi à notre éditeur Joel Fotinos, des Éditions Jeremy P. Tarcher, pour nous avoir offert l'opportunité d'écrire ce livre.

Nous remercions également John Kelly Groves, du service publicité des Éditions Tarcher/Penguin, et Tom Grady, notre agent et conseiller avisé.

Merci aux organisations suivantes et aux particuliers qui nous ont aidés par leurs idées, leurs commentaires, leurs recherches et leur soutien :

Grant Abert, Asif Agha, Harriet Barlow, Aarick Beher, Laura Berger, Gordon Brand, Bob Burton, Joe Davis, Pamela Frorer, Grodzius Fund, Edward Goldsmith, Earl Hood, Linda Jameson, Jim Kavanagh, Oliver Kellhammer, Donna Balkan Litowitz, Robert Litowitz, Kevin McCauley, Laiman Mai, Marianne Manilov, Joe Mendelson, Dave Merritt, le Middle East Research and Information Project, David Miller, Gretta Wing Miller, Tim Nelson, Dan Perkins, Scott Robbe, Abby Rockefeller, Andy Rowell, Debra Schwarze, Paul Alan Smith, John H. Stauber, Chris Toensing, Nancy Ward, la Winslow Foundation, Walda Wood et Margie Zilic.

John remercie son collègue Sheldon qui a eu la lourde charge de rédiger en grande partie cet ouvrage. John le dédie à trois amis militants aujourd'hui disparus mais dont l'inspiration a été présente tout au long de ce travail : Alex Kurki, Billee Shoecraft and Tom Saunders.

Introduction :
La libération

CE 9 AVRIL 2003, alors que les chars de l'US Army ont pris Bagdad, les téléspectateurs américains qui regardaient leurs chaînes de télévision ont tous ressenti la même satisfaction depuis que la guerre contre l'Irak avait débuté le 20 mars dernier. Tous ensemble, ils ont assisté, à leur grand soulagement, au déboulonnement de la statue géante du dictateur irakien, Saddam Hussein.

À l'écoute de la Fox, de CNN ou encore de CBS, à l'heure du petit déjeuner, ils ont tous suivi les mêmes images retransmises en direct depuis la place Al-Ferdaous à Bagdad. Et pour ceux qui les auraient manquées le matin, les images furent reprises en boucle tout au long de la journée sur les chaînes du câble, relayées par la presse écrite qui a reproduit à la une des quotidiens des photos chocs et en couleurs.

Sur la place Al-Ferdaous, des Irakiens en liesse ont escaladé la statue et attaché une corde autour de son cou avant de tenter de la démolir. Un homme muni d'un marteau a commencé à frapper le socle de béton, suivi dans son entreprise par d'autres Bagdadis. Mais le colosse était si gigantesque et sa base si massive que des soldats américains sont arrivés à la rescousse avec un blindé et une chaîne. Ils avaient emporté avec eux un drapeau américain qu'ils ont passé à l'un des leurs, le soldat Ed Chin qui venait d'accrocher la chaîne au cou de Saddam. Chin se saisit du drapeau, puis en recouvrit le visage du dictateur. Mais ce geste provoqua une réaction d'hostilité de la part des Irakiens. Un drapeau aux couleurs de l'Irak fut aussitôt trouvé pour remplacer la bannière étoilée. Le char US commença alors à tirer la statue, qui se mit à chanceler sur son piédestal avant de se briser complètement sur le sol, sous les hurlements d'approbation de la foule, arrivée en nombre pour danser et cracher sur les restes de pierre. Tout en poussant des cris, ils se sont emparés de la tête décapitée, qu'ils ont traînée à travers les rues.

Dans les mois précédant l'invasion, les commentateurs qui avaient pris position en faveur de la guerre avaient prévu que le peuple irakien saluerait les soldats américains comme des libérateurs. La scène à laquelle toute l'Amérique venait d'assister en ce début de matinée du mois d'avril semblait devoir leur donner raison. Le secrétaire américain à la Défense, Donald Rumsfeld, compara ce jour à celui qui vit s'effondrer le Rideau de Fer. Il devait déclarer : « Saddam Hussein a maintenant rejoint sa juste place auprès d'Hitler, Staline, Lénine et Ceaucescu dans le panthéon des dictateurs sanguinaires déchus. Les Irakiens sont maintenant sur le chemin de la liberté. » Les médias furent tout aussi prompts à donner une signification emblématique au renversement de la statue du raïs, plaçant celui-ci au même rang que la chute du mur de Berlin le 9 novembre 1989 ou que le défi lancé par les contestataires chinois aux chars de l'armée sur la place Tian an Men le 5 juin 1989.

Tom Brokaw, de la NBC, rapprocha cet événement de la « destruction des statues de Lénine à travers l'Union soviétique ».

Pour le *Washington Post,* « des Irakiens en liesse célèbrent Bagdad ».

Le *New York Times* titra en une : « Une foule d'Irakiens heureux a envahi les rues de la capitale. »

Le *Boston Globe* proclama que c'était le « jour de la libération de Bagdad ! ».

USA Today publia à sa une une photo de l'événement accompagnée d'une interview de Connie, la sœur du soldat Ed Chin. Elle y confiait : « Ce qui s'est passé est incroyable et nous sommes si fiers de lui. » David Asman, du *Fox News*, s'exclama pour sa part : « Si vous n'avez pas la chair de poule à cet instant, vous ne l'aurez jamais de votre vie[1] ! »

Le choc des symboles

Mais pour le *Boston Globe*, beaucoup plus critique, il y avait aussi quelque chose « de trop évident et de préfabriqué » dans les images proposées. Matthew Gilbert et Suzanne Ryan, tous deux journalistes au *Boston Globe*, ont rapporté dans un article que « chaque fois que les caméras se retiraient, il ne restait plus qu'une maigre foule au pied de la statue »[2]. Une série de photos prises par l'agence Reuters a montré une place Al-Ferdaous presque déserte[3] et encerclée par des chars et des Marines américains qui avaient pris position aux alentours, avant d'inviter des Irakiens à investir le lieu.[4] D'autres clichés de la BBC illustrant le renversement de la statue ont aussi montré une foule plutôt clairsemée, environ deux cents personnes. Un nombre beaucoup plus faible que celui enregistré neuf jours plus tard, lors de la démonstration de force de plusieurs milliers d'Irakiens dans les rues de Bagdad, appelant au départ des forces américaines de la ville[5]. Le reporter du *Los Angeles Times* John Daniszewski, qui fut témoin de la chute de la statue, a capté un autre aspect de l'événement, que ses confrères n'ont su saisir. S'il écrit dans son journal que la plupart des Irakiens étaient en effet heureux de voir Saddam quitter le pouvoir, il dit aussi avoir parlé, non loin de la scène qui se déroulait sous ses yeux, avec un homme d'affaires irakien dont les propos méritent l'attention. Celui-ci met en garde le journaliste sur ce qu'il a vu et conseille aux Américains de ne pas se laisser abuser par les images montrées.

« Beaucoup de gens ici sont en colère contre l'Amérique, confie le témoin. Regardez combien de gens les Américains ont tués. Aujourd'hui j'ai vu des personnes qui brisaient le monument, mais j'ai aussi entendu des hommes et des femmes qui scandaient en arabe : “Que l'Amérique aille se faire foutre !” “Que Bush aille se faire voir !” En fait, la situation n'est pas simple[6]...! »

Les images diffusées demeureront évidemment ainsi dans le souvenir de la grande majorité des gens. La plupart des Américains, y compris les 300 000 soldats qui ont risqué leur vie, ont sincèrement cru que l'*Operation Iraqi Freedom* (opération Liberté pour l'Irak) était une cause noble et qu'ils allaient contribuer à faire de ce monde un monde meilleur, un monde plus sûr pour chacun. Mais peut-être vaut-il la peine de se demander si le déboulonnement de la statue de Saddam fut aussi spontané qu'il y parut au premier regard. Si cette scène semble constituée de séquences et images un peu trop idylliques, peut-être y a-t-il une raison... Voyez plutôt les confidences de ce consultant en relations publiques, John W. Rendon, le 29 février 1996, juste avant une conférence devant les cadets de l'US Air Force Academy. Rendon a travaillé durant ces dix dernières années sur différents projets liés à l'Irak pour le compte de clients tels que le Pentagone et la CIA.

« Je ne suis pas un stratège de la sécurité nationale ni un tacticien militaire. Je suis un homme politique et une personne qui emploie simplement des techniques de communication afin de permettre à une politique de gouvernement ou à une politique d'entreprise d'atteindre des objectifs. En fait, je suis tout au plus un guerrier de l'information et un manager des perceptions (*perception manager*)[7]. » Il devait ensuite rappeler devant les cadets de l'US Air Force Academy que quand les troupes américaines sont entrées victorieuses dans Koweït City à la fin de la première guerre dans le golfe Persique, en 1991, celles-ci furent saluées par des centaines de Koweïtiens agitant des petits drapeaux aux couleurs des États-Unis. Ces scènes de fraternité diffusées sur l'ensemble des télévisions du monde entier ont propagé le message selon lequel les Marines avaient été accueillis en héros de la libération.

« Ne vous êtes-vous jamais demandé, interrogea Rendon, comment les habitants de Koweït City, après avoir été tenus en otages par les Irakiens durant sept longs et douloureux mois, pouvaient ainsi tomber dans les bras des Américains et agiter les drapeaux des autres pays de la coalition ? » Puis, après avoir marqué un silence, de conclure avec un petit sourire en coin : « Maintenant vous connaissez la réponse, c'était mon boulot[8]. »

Bien évidemment, nous ne disposons d'aucun moyen de savoir si Rendon ou un autre spécialiste des relations publiques a pu aider d'une quelconque manière à la mise en scène du renversement de la statue de Saddam Hussein ou encore à la fabrication d'images que le public a eu l'occasion de voir au cours de la guerre en Irak. Les cabinets de communication travaillent le plus souvent dans l'ombre et Rendon — avec qui le Pentagone a signé un nouveau contrat en février 2002 — s'est montré particulièrement réticent à évoquer davantage publiquement son travail. Mais sa qualification en tant que « *perception manager* » fait écho au vocabulaire utilisé par les stratèges du Pentagone qui définissent eux-mêmes le « *perception management* » (management des perceptions) comme une « série d'actions destinées à diffuser ou à sélectionner certaines informations dans le but d'agir sur les émotions et la réflexion d'un public étranger défini[9] ».

Le paradoxe de la guerre américaine en Irak est que ce « *perception management* », tel qu'il vient d'être décrit, semble avoir davantage réussi à influencer le peuple américain que les opinions étrangères également visées. Quand nous regardons les séquences des Koweïtiens agitant des drapeaux américains ou celles montrant les acclamations irakiennes alors que les soldats US renversent une statue de Saddam Hussein, il faut comprendre que la cible de ces images est autant le téléspectateur américain, sinon plus, que le citoyen du Koweït ou d'Irak. Durant l'opération Liberté pour l'Irak, la puissance militaire américaine a facilement écrasé l'armée d'Irak, mais elle a cruellement perdu sa bataille qui l'opposait aux cœurs et aux esprits du monde. Le 18 mars 2003, une enquête du Pew Research Center (Centre de recherche sur les comportements électoraux, PRC) révélait l'état de l'opinion mondiale à la veille du début de la guerre avec l'Irak. Des chiffres préoccupants apparaissaient déjà dans les pays alliés de longue date des Américains. Au début 2002, le pourcentage des Français qui disaient avoir une opinion plutôt favorable des États-Unis était passé de 63 % à 31 %. Ce même pourcentage était tombé de 70 % à 34 % chez les Italiens. Il avait chuté de 61 % à 28 % en Russie et de 30 % à 12 % en Turquie. En Angleterre, seulement 48 % de la population disait avoir une opinion favorable envers les États-Unis, alors que celle-ci avait précédemment atteint près de 75 %[10].

En Irak même, il était devenu évident, dans les jours qui précédaient le renversement de la statue de Saddam Hussein, que les Irakiens attendaient avec bienveillance la chute du dictateur, mais il apparaissait tout aussi clairement qu'ils ne souhaitaient pas pour autant jeter des bouquets de fleurs aux soldats américains, contrairement à ce que les scènes retransmises le 9 avril depuis la place Al-Ferdaous semblaient suggérer. Dans la ville sainte de Nadjaf, un religieux musulman que l'on avait vu sympathiser avec les Américains fut assassiné par une foule en colère[11]. À Nasiriyah, le 15 avril, six jours seulement après le renversement de la statue du raïs, quelque 20 000 personnes se sont rassemblées afin de s'opposer à la présence militaire américaine. Elles marchaient aux cris de « Oui à la liberté ! Oui à l'islam ! » « Non à l'Amérique ! Non à Saddam[12] ! ». Lors d'autres manifestations, on a également pu entendre des foules scander leur hostilité à Ahmed Chalabi, le protégé des États-Unis à la présidence du Iraqi National Congress (Congrès national irakien)[13]. Dans une interview accordée à *Newsweek*, un haut gradé de l'armée américaine avouait son étonnement et son inquiétude face au peu de confiance dont était crédité Chalabi auprès des Irakiens, pro-Saddam ou pas, alors que l'on commençait à évoquer son nom. « J'ai été surpris de découvrir le peu de soutien dont celui-ci pouvait espérer bénéficier. » Avant de lâcher : « Je crains fortement que nous n'ayons misé sur le mauvais cheval[14]. »

La réalité n'est évidemment pas aussi simple à appréhender, et tout particulièrement celle qui concerne les suites de l'après-guerre. Les faits que nous venons d'évoquer ne signifient pas nécessairement qu'une véritable catastrophe se prépare. *(Ndt : Attentats, explosions, guérilla meurtrière, attaques quotidiennes contre des GI's de l'armée américaine : six mois après la fin officielle des opérations militaires, le 1er mai 2003, la paix n'est toujours pas au rendez-vous et la situation ne cesse de s'aggraver en Irak. Le cap symbolique des 100 morts américains a été franchi le vendredi 17 octobre 2003. Les États-Unis sont pris au piège du « bourbier » irakien.)* Les États-Unis vont sans aucun doute chercher à jongler avec leur position inconfortable d'armée d'occupation de l'Irak et leur statut bien fragile de libérateurs. Cela étant, le déroulement des événements de ces derniers mois nous suggère la réflexion suivante : les faits sont plus complexes que les images de victoire diffusées sur les télévisions US n'ont bien voulu le faire croire. À partir de là, il nous a semblé important de devoir nous demander quels pouvaient être les mensonges cachés derrière celles-ci, comment ils avaient été montés et ce qu'ils pouvaient dissimuler.

Chapitre 1
Une marque : l'Amérique

AU LENDEMAIN des terribles attentats du 11 septembre 2001, les Américains ont éprouvé un véritable sentiment d'effroi mêlé de colère et d'incompréhension. Le Président George W. Bush a lui-même déclaré : « Je suis stupéfait de voir notre pays si incompris et que des peuples puissent nous haïr à ce point. » Avant de conclure : « Nous allons travailler à y remédier[1]. » Un représentant du Congrès, Tom Lantos, a cherché lui aussi à comprendre pourquoi « le venin blanc de la haine avait pu s'écouler » de pays comme l'Indonésie et le Pakistan, « deux nations que nous avons beaucoup aidées depuis leur indépendance[2] ». Un autre membre du Congrès, Henry Hyde, s'est demandé pourquoi « la presse populaire étrangère, y compris des médias pro-gouvernementaux, pouvaient dépeindre quotidiennement les États-Unis comme une force du mal[3] ».

Persuadés que la solution résidait dans une meilleure utilisation de la « diplomatie publique » (*NdT : La* « public diplomacy » *désigne les relations publiques à l'échelle d'un gouvernement. Désignée aussi dans d'autres pays sous l'appellation de « propagande », la diplomatie publique vise à « promouvoir l'intérêt national et la sécurité nationale des États-Unis en comprenant, informant et influençant les populations étrangères », selon la définition de l'United States Information Agency. Se rapproche d'un modèle marketing appliqué aux relations internationales*[4]*)*, Lantos et Hyde initièrent la loi dite Freedom Promotion Act-2002. Ce texte instituait la « diplomatie publique comme un élément à part entière de toute décision et exécution de politique étrangère des États-Unis ». Ce qui supposait les mises en place d'un « programme multimédia efficace » et d'une « politique de diffusion utilisant le satellite et Internet » mais incluant aussi la « possibilité d'acquérir et de produire de l'information audiovisuelle ou Internet à destination et en provenance d'agences d'information étrangères ». Un programme d'échanges culturels complétait ces dispositions, de même qu'un programme de formation à l'intention de journalistes étrangers. Enfin il était prévu une enveloppe de 135 millions de dollars à l'intention des télévisions proaméricaines du Moyen-Orient[5].

Jack Leslie est le patron de la Weber Shandwick Worldwide, l'une des plus prestigieuses agences de relations publiques du monde[6]. À ce titre, il fut amené à conseiller l'administration Bush, à qui il proposa d'appliquer aux relations publiques américaines les techniques issues de la « doctrine Powell ». Œuvre du général Colin Powell, cette stratégie militaire préconise l'emploi systématique de l'« *overwhelming force* », autrement dit, l'utilisation d'une « puissance de feu écrasante » dès lors qu'un engagement militaire se profile. Pour Leslie, cette force de frappe peut être transposée à une stratégie de communication. « Aucune tactique ne doit être exclue », explique ce professionnel des relations publiques, rappelant que « CNN était parvenu à obtenir un véritable succès populaire en introduisant un jeu vidéo pro-Ben Laden dans un certain nombre de pays islamiques. Comme nous savons résister avec nos propres jeux vidéo, n'hésitons pas à nous servir de la publicité commerciale, d'Internet, des affiches ou encore des tracts pour atteindre nos objectifs. Toute approche tactique doit potentiellement pouvoir délivrer un message pertinent susceptible d'atteindre la bonne cible. Si nous agissons ainsi, si nous appliquons cette force de frappe à des objectifs et à des cibles clairement définis, si nous parvenons à nous entourer des esprits les plus créatifs — ici comme à l'étranger —, si nous mettons tout en œuvre pour développer et utiliser des techniques innovantes, alors je crois que le message de l'Amérique sera entendu[7] ».

Dix jours après le 11 septembre, le *Wall Street Journal* annonçait que les États-Unis étaient sur le point de lancer deux campagnes publicitaires. L'une, qui mettait en scène la Première Dame des États-Unis, Laura Bush, était destinée à regonfler le moral des Américains en leur donnant l'assurance que la vie redeviendrait telle qu'elle était avant les attaques terroristes. L'autre, réalisée par l'agence de conseil et de publicité Advertising Council et diffusée sur les chaînes de télévision, mettait l'accent sur l'image d'une Amérique tolérante, une nation où des personnes d'origines ethniques et de religions différentes vivaient dans la paix[8].

Durant la période qui s'écoula entre le 11 septembre et la guerre en Afghanistan, les États-Unis ont ouvert plusieurs bureaux d'information et de communication : à Washington, à Londres et à Islamabad. Ces antennes locales, qui étaient dirigées par des représentants de l'administration, avaient pour mission de communiquer en permanence avec les médias arabes. Le *Wall Street Journal* raconta que « des fonctionnaires américains avaient fait des pieds et des mains pour convaincre des rédacteurs en chef locaux et des journalistes de radio et télévision d'Asie et du Moyen-Orient de réaliser des reportages dont l'objectif était d'apaiser les ardeurs antiaméricaines mais aussi de gagner l'adhésion de ces régions à une opération militaire future. Ces reportages mettaient l'accent sur l'importance des musulmans dans la vie américaine mais également, d'une manière très virulente, sur l'implication de Ben Laden dans les attentats du 11 septembre ». Cet effort comprenait encore la « mise en place de moyens destinés au montage d'opérations psychologiques à l'intérieur même de l'Afghanistan. À cet effet, des messages et des tracts avaient été préparés dans l'espoir de parvenir à diviser la milice talibane et encourager un plus large soulèvement anti-taliban[9] ».

Au lendemain des événements du 11 septembre, l'ex-publicitaire Charlotte Beers fut nommée sous-secrétaire d'État à la Diplomatie et aux Affaires publiques. Beers était considérée dans le milieu de la publicité comme une véritable prêtresse. On l'avait surnommée la « Reine de Madison Avenue[10] ». Avant de prendre sa retraite, en 2000, elle avait présidé aux destinées de deux des plus grandes agences publicitaires mondiales : J. Walter Thompson et Ogilvy and Mather. Le *New York Times* rapporta qu'elle avait « imaginé une campagne télévisée et de publicité dans le but d'influencer l'opinion islamique. Une séquence devait mettre en scène des personnalités américaines dont des stars du sport. Un message à forte charge émotionnelle venait souligner l'ensemble[11] ». Dans un entretien accordé à *Advertising Age*, la publication de référence dans le domaine de l'activité de la publicité,

Charlotte Beers défendait l'idée que « la diplomatie publique était devenue une arme capitale pour qui voulait en finir avec le terrorisme. Aujourd'hui, nous, les Américains, sommes dans cette situation qui consiste à redéfinir ce qu'est devenue l'Amérique. Non pas seulement pour nous, mais aussi aux yeux du monde[12] ».

Advertising Age a raconté que Beers avait demandé l'aide du Advertising Council pour qu'il la soutienne dans son action. Cet organisme à but non lucratif élabore des campagnes publicitaires de service public. Il regroupe en son sein des représentants du gouvernement, des médias, des sponsors et des professionnels de la publicité. Créé au lendemain de l'attaque de Pearl Harbor sous le nom de War Advertising Council, le Conseil s'est consacré par la suite au lancement de campagnes publicitaires d'intérêt public encourageant le peuple américain à voter, utiliser des codes postaux, participer au recensement ou encore à s'engager au sein de la National Guard and Reserve (forces de réserve de l'armée américaine). Il a également contribué à introduire dans la conscience des Américains des personnages désormais familiers comme Smokey l'ours, McGruff le chien, mais également les mannequins employés lors de la reconstitution d'accidents de la route. On lui doit aussi des slogans devenus populaires comme « *Friends, don't let friends drive drunk* ! » (Les amis, ne laissez pas vos potes conduire ivres !) ou encore celui lancé à l'occasion de l'appel à souscription du United Negro College, « *A mind is a terrible thing to waste* » (C'est une chose terrible que de gaspiller un cerveau !). (*NdT : United Negro College est une fondation qui finance les études supérieures de jeunes Afro-Américains.*) L'expérience de l'Advertising Council en matière de propagande à destination de l'étranger reste limitée. *Advertising Age* a rapporté que la collaboration entre le Conseil et Beers avait permis de dégager une idée stratégique de communication : la notion de « liberté[13] ».

La radio *Voice of America* a considérablement augmenté ses programmes en langue arabe, dari, pashto, farsi et ourdou[14], mais elle a rencontré d'importantes difficultés pour toucher une tranche essentielle de la population arabe et musulmane du Moyen-Orient. « Nous avons très peu d'audience auprès des jeunes de moins de vingt-cinq ans dans le monde arabe et cela nous préoccupe. (...) Cette couche importante de la population nourrit un très grand sentiment de défiance envers les États-Unis », regrettait Marc Nathanson, porte-parole du Bureau américain de radiodiffusion (US Broadcasting Board of Governors), une agence fédérale chargée des émissions radiotélévisées vers l'étranger[15].

Avant même que soient lâchées les premières bombes sur l'Afghanistan, l'opération éclair de propagande américaine paraissait vouée à l'échec dans le monde musulman. Paradoxalement pour les mêmes raisons que la stratégie de Powell avait été couronnée de succès lors de l'opération Tempête du désert : les bombardements militaires peuvent conduire à la victoire en décimant une armée, mais les attaques rhétoriques peuvent provoquer l'effet inverse de celui recherché et soulever la colère des cibles visées. « On aura beau mettre en place tous les plans média du monde, rien ne changera si les USA ne cherchent pas, réellement, les solutions qui permettront la résolution de quelques-uns des difficiles antagonismes qui nourrissent le fanatisme et le sentiment antiaméricain auprès des nations arabes et islamiques, analysait Lee McKnight, directeur du centre Edward R. Murrow, de la Fletcher School of Law and Diplomacy, à l'université de Tufts. Nous n'arriverons à convaincre personne que nous agissons avec raison, si nous ne parvenons pas à comprendre leur point de vue », conclut McKnight[16].

Contrairement à ce que Henry Hyde et le Président Bush semblaient croire, il n'existait rien de révolutionnairement nouveau autorisant à penser qu'une meilleure utilisation du marketing, appliqué aux relations internationales, pourrait aider à vendre les États-Unis dans des « pays qui (nous) détestent ». Cette idée avait déjà été mise en pratique dans le passé et elle avait en grande partie échoué. Comme ce fut le cas il n'y a pas encore très longtemps, et pour pratiquement les mêmes raisons. Durant toute la dernière moitié du XXe siècle — et récemment encore, comme nous le verrons bientôt en étudiant l'héritage de Charlotte Beers — les diverses tentatives pour vendre les États-Unis comme une simple marque estampillée du nom de « liberté » (*brand freedom*) se sont souvent heurtées à cette réalité : une Amérique qui a davantage tendance à parler qu'à écouter et apporte son soutien à des régimes non démocratiques, dont les idéologies politiques contredisent tout idéal de liberté...

C'était hier, c'est aujourd'hui

Les États-Unis ont entrepris pour la première fois une vaste campagne de propagande en direction du Moyen-Orient lors des administrations Truman et Eisenhower, quand il était question d'intégrer la région à un bloc mondial antisoviétique. En plus de leur volonté de maintenir le contrôle de l'Occident sur les ressources pétrolières, les stratèges américains s'inquiétaient de la montée du nationalisme arabe tel qu'il pouvait s'exprimer par la voix du gouvernement panarabique de Gamal Abdel Nasser en Égypte. La sympathie que les Arabes manifestaient à l'égard de nations nouvellement libérées de leurs emprises coloniales et qui se déclaraient pour la plupart prosoviétiques ne laissait pas non plus indifférents les responsables américains. D'autant que celle-ci pouvait générer des sentiments antioccidentaux et d'hostilité à l'égard d'Israël.

La National Security Archive, organisme à but non lucratif qui recense et publie les documents « secret défense » déclassifiés par les agences de renseignement des États-Unis, a rassemblé dans un carnet de notes électronique (réalisé par un chercheur de la NSA, Joyce Battle) un ensemble d'informations qui détaillent certaines des activités de propagande américaines pratiquées en direction du Moyen-Orient, dès le début des années 1950. Ce rapport passe en revue les tentatives d'influence exercées alors sur l'opinion arabe. Livres, films, reportages d'actualités, tracts, affiches, magazines, radio, musique, écoles, bibliothèques et rencontres constituent alors la panoplie des méthodes couramment utilisées[17]. Une synthèse de l'US National Security Council (Conseil national de sécurité américain) de 1952 indiquait que des programmes d'aide devaient être conçus afin d'atteindre des « objectifs psychologiques ». De fait, les États-Unis participèrent, dans l'ombre, aux financements de revues en Iran et en Irak, tout en s'assurant un contrôle sur le contenu et en y dénigrant systématiquement l'Union soviétique[18]. En Iran, l'ambassade américaine avait décidé de l'édition d'ouvrages sur l'histoire contemporaine et la philosophie politique. Ces publications portaient le nom d'un éditeur ne permettant aucune connexion directe avec l'ambassade américaine[19]. Walt Disney fut également approché afin de voir si le célèbre réalisateur était intéressé par la « préparation d'un dessin animé qui pourrait, à des fins patriotiques, servir la défense de la démocratie[20] ». Le personnel de l'ambassade américaine en Irak en avait même écrit le scénario. Celui-ci mettait en scène un ours pour le moins peu sympathique, symbolisant l'Union soviétique, et qui se montrait particulièrement menaçant envers des hommes de la préhistoire[21]. Des affiches représentant « un porc affamé et rougeaud » muni du marteau et de la faucille communiste en guise de queue furent réalisées et diffusées par l'US Information Service (Service d'information du Département d'État)[22].

Toujours au cours des années 1950, les efforts de la propagande américaine se sont heurtés à leurs propres contradictions. En Arabie saoudite, l'ambassadeur américain fit remarquer que l'action des États-Unis poursuivait le double objectif « de promouvoir et d'encourager un gouvernement démocratique » d'un côté, et de l'autre « de dénoncer les dangers du communisme ». De fait, « puisque l'Arabie saoudite est une monarchie absolue, poursuivait le diplomate, on ne peut s'attendre que son gouvernement accueille avec bienveillance la propagande exhortant à un pouvoir démocratique[23] ». Le représentant des États-Unis déconseilla donc que l'on prenne le risque d'offenser les monarques saoudiens afin de s'assurer de leur coopération au niveau international, tout en « préservant les intérêts pétroliers des États-Unis[24] ». Ailleurs, les velléités américaines de promotion de la démocratie furent également mises à mal par les relations privilégiées que l'État américain entretenait avec plusieurs régimes totalitaires.

La propagande anticommuniste conduite par l'Amérique a parfois suscité des réactions anti-israéliennes et antiaméricaines que des régimes autoritaires ont cherché à exploiter pour leur propre compte. En Irak, les États-Unis ont ainsi soutenu un programme anticommuniste concentré sur les écoles et les universités. Le Service d'information du Département d'État a aidé le régime irakien en place à diffuser un message anticommuniste étayant l'idée de l'existence d'un « lien entre communisme et sionisme », traduisant en cela « la conviction du directeur général de la propagande que c'était, en la circonstance, la meilleure approche anticommuniste possible[25] ». Une note de l'ambassade américaine à Bagdad devait signaler, non sans raison, que « le soutien au sionisme était aussi très lié aux États-Unis dans l'esprit du public » et que par conséquent « toute campagne était susceptible de provoquer, dans le même temps, une hostilité accrue à l'encontre des Américains[26] ». Des étudiants anticommunistes propagèrent l'idéologie baassiste auprès des officiers irakiens qui plus tard allaient composer le noyau dur du parti politique dominant de l'Irak (le Parti baas) avec à sa tête un certain Saddam Hussein[27].

La contradiction entre le discours et la réalité sera, durant les décennies qui suivront, une constante de l'Amérique chaque fois que celle-ci s'engagera au Moyen-Orient. Le shah d'Iran est arrivé au pouvoir en 1953, grâce à un coup de main de la CIA qui aida au renversement de Mohammed Mossadegh, président démocratiquement élu et qui voulait nationaliser le pétrole iranien[28]. Dans les années 1970, Jimmy Carter allait renouveler l'attachement de l'Amérique aux droits de l'homme et condamner la politique soviétique dans ce domaine. Dans le même temps, le Président américain maintenait son soutien au régime iranien, et cela malgré d'épouvantables atteintes aux droits de l'homme perpétrées par le gouvernement du shah. Sous l'administration Carter, les ventes d'armes de l'Amérique à l'Iran se sont intensifiées et le Président des États-Unis a régulièrement réaffirmé sa fidélité personnelle au shah, au cours de visites officielles. Autant d'opportunités pour Carter de féliciter publiquement l'Iran et de comparer cet État à « un îlot de stabilité dans un des secteurs les plus dérangés du monde », tout en qualifiant le shah de grand dirigeant qui avait su gagner « le respect, l'admiration et l'amour » de son peuple[29]... Faut-il rappeler qu'à la même époque Amnesty International avait publié un rapport qui révélait que l'Iran du shah détenait « le record du plus grand nombre de condamnés à mort au monde ; que la torture y était pratiquée, au-delà de l'entendement, quotidiennement ; qu'il n'existait aucune cour civile reconnue. Pas un pays dans le monde n'avait fait l'objet d'un rapport aussi alarmant concernant le respect des droits de l'homme[30] » ?

La militarisation, la corruption et la cruauté du régime du shah ont conduit à une révolution islamique très virulente à l'égard des Américains. Quand, en novembre 1979, des étudiants iraniens occupèrent l'ambassade américaine à Téhéran et gardèrent en otages cinquante-deux membres du personnel pendant plus d'un an, la réaction des États-Unis fut spectaculaire. Les télévisions et les journaux multiplièrent les ouvertures et les unes sur le thème « l'Amérique tenue en otage ! ». Le slogan « Atomisez l'Iran ! » fit son apparition sur des tee-shirts. Des autocollants furent placés sur les voitures et les gens portèrent des rubans jaunes pour exprimer leur soutien aux otages. L'ayatollah Khomeyni, le leader islamique iranien, fut diabolisé dans la presse populaire de la même façon que Saddam Hussein le sera dans les années 1990. Si votre seule source d'information était la télévision américaine, vous pouviez penser que la souffrance endurée par les otages était la chose la plus effroyable pour quiconque demeurait en Iran et que le gouvernement des États-Unis avait une longue et noble histoire attestant d'une conduite exemplaire au Moyen-Orient. C'est alors ce que croyaient, en tout cas, beaucoup d'Américains.

Après avoir proclamé durant plusieurs décennies que le communisme était la source de tous les maux, les États-Unis des années 1980 commencèrent à considérer avec un peu plus d'égards l'impressionnante armée irakienne de Saddam Hussein, soutenue et équipée par les Soviétiques. Les Américains voyaient en cette force le tampon idéal pour contrer le fondamentalisme musulman de l'Iran. Lors des élections de 1980, Ronald Reagan ravit la présidence à Jimmy Carter. Il soutiendra l'Irak quand ce pays tentera de récupérer le contrôle du canal du Shatt Al-Arab, situé en amont du golfe Persique : un passage stratégique pour les exportations pétrolières des deux pays[31]. L'Iran s'opposera à l'ambition irakienne. La guerre entre l'Irak et l'Iran qui en découlera durera de 1980 à 1988. Elle coûtera la vie à plus d'un million de personnes et occasionnera d'énormes dégâts économiques dans les deux camps. Quand l'Iran parut sur le point de sortir vainqueur du conflit, Reagan décida, secrètement, de venir en aide à l'armée de Saddam. Il mit à sa disposition de précieux renseignements militaires et apporta une aide technologique dont l'Irak se servira pour fabriquer des armes biologiques et chimiques[32].

Bien que l'on ait beaucoup écrit sur l'Irak depuis l'été 1992, on ne parvient à trouver que très peu d'articles et de reportages dans les grands médias rendant compte de prises de position ou d'analyses concernant l'Irak pendant que la guerre avec l'Iran faisait rage. L'article publié le 30 décembre 2002 par Michael Dobbs dans le *Washington Post* constitue une des rares exceptions. Après avoir épluché des milliers de documents gouvernementaux déclassifiés, le journaliste révélait que « des officiels américains avaient vu en Bagdad le bouclier idéal pour contrer l'extrémisme militant chiite et la chute d'États proaméricains comme le Koweït, l'Arabie saoudite et la Jordanie. En somme, l'application d'une version moyen-orientale de la “théorie des dominos” expérimentée en Asie du Sud-Est. C'était suffisant pour faire de Saddam Hussein un allié stratégique, désigner les forces irakiennes comme une armée de “braves gars” et qualifier les soldats iraniens de “sales types”. Les administrations de Ronald Reagan et George H. W. Bush autorisèrent la vente à l'Irak de nombreux produits et matériels qui pouvaient aussi bien avoir des applications militaires que civiles. Ces livraisons comprenaient, notamment, des produits chimiques toxiques et des souches de maladies mortelles, comme celles de la maladie du charbon et de la peste bubonique[33] ».

Le soutien américain à l'Irak s'est poursuivi après que le secrétaire d'État américain George Schultz a reçu une note confidentielle de Jonathan T. Howe, analyste au Département d'État, l'informant que les troupes irakiennes recouraient « presque quotidiennement à l'utilisation » d'armes chimiques contre les Iraniens[34]. En 1983, l'administration Reagan fut si satisfaite du rôle joué par l'Irak dans la capitulation des troupes iraniennes qu'elle dépêcha Donald H. Rumsfeld à Bagdad, comme envoyé spécial au Moyen-Orient. Celui-ci serra la main de Saddam et lui assura que les Américains considéreraient « tout revers de fortune de l'Irak comme une défaite stratégique de l'Occident ». Il devait conclure en affirmant que Washington était prêt pour un rétablissement des relations diplomatiques[35].

Sans doute simplifierait-on à l'extrême en affirmant que l'administration Reagan n'a, à aucun moment, exprimé la moindre inquiétude quant à l'utilisation d'armes chimiques par Saddam. Or il l'a fait. Voici ce qu'en dit, le 5 mars 1984, une communication du Département d'État américain .

« Les États-Unis condamnent avec force toute utilisation interdite d'armes chimiques quel qu'en soit le lieu[36]. »

Bien sûr, cette condamnation orale ne signifiait pas que des sanctions seraient prises ou qu'il y aurait un quelconque changement dans la politique d'aide des Américains à l'Irak. Le porte-parole John Hughes, qui avait lu la déclaration du Président, avait ajouté que les États-Unis « trouvaient inadmissible le comportement du régime iranien, toujours décidé à éliminer le gouvernement légitime de son voisin irakien[37] ».

Autrement dit, le gazage des populations par l'Irak était considéré comme « légitime » par la première administration Bush et la tentative iranienne pour éliminer le régime irakien était, quant à elle, considérée comme « inadmissible »...

Des déclarations similaires apparurent dans les colonnes des principaux journaux américains. Le *Washington Post*, qui faisait état de la communication de l'administration Reagan de ce 5 mars, dévoila qu'en privé des fonctionnaires américains se montraient moins sévères à l'égard des Irakiens et qu'ils ne trouvaient « pas étonnant » que les Irakiens utilisent des gaz face à l'agressivité extrême de leur ennemi iranien.

Quelques jours plus tard, un éditorial du même journal estimait qu'il serait « arbitraire » de vouloir « dénoncer une forme de guerre plutôt qu'une autre ». À la fin de l'année, les États-Unis rétablirent totalement leurs relations diplomatiques avec l'Irak, pour la première fois depuis 1967. Le *Post* en déduisait que la tendance proirakienne de l'administration américaine avait prédominé et que Washington « se trouvait désormais dans les meilleures dispositions possibles pour pouvoir jouer un rôle utile » au Moyen-Orient. Aux informations selon lesquelles l'Irak avait continué à employer des armes chimiques, le *Post* répondait dans un nouveau billet : « Il est étrange d'observer tout ce que les hommes sont capables d'inventer pour se faire la guerre, et sans pour autant manifester davantage d'inquiétude envers une méthode plutôt qu'une autre[38]. »

En 1988, des rapports révélèrent que Saddam Hussein avait employé des armes chimiques contre son propre peuple, des Kurdes irakiens de la ville d'Halabja. Plusieurs sénateurs, dont Claiborne Pell, Al Gore et Jesse Helms, voulurent initier la procédure d'adoption d'une loi sur la prévention du génocide : le Prevention of Genocide Act. Ce projet réclamait des sanctions contre l'Irak pour l'usage d'armes chimiques et violations des droits de l'homme. Le texte fut voté à l'unanimité par le Sénat, mais la Maison-Blanche de Reagan, opposée notamment à l'embargo sur l'Irak préconisé par la loi, fit campagne pour faire capoter le projet. Il réussit, finalement, à avoir la peau de celui-ci avec l'aide de ses alliés de la Chambre des représentants[39]. Il est intéressant de souligner le rôle joué à l'époque par des membres de l'actuelle administration Bush dans le blocage de la procédure législative. L'ancien ambassadeur Peter Galbraith, qui fut en charge du dossier Irak au Sénat américain, se rappelle comment « le secrétaire d'État Colin Powell, qui était alors conseiller à la Sécurité nationale, avait pesé sur la décision de Ronald Reagan qui permit à Saddam Hussein de gazer les Kurdes. Plus tard, Dick Cheney, un membre influent du Parti républicain au Congrès — devenu aujourd'hui vice-président de l'actuelle administration Bush et l'un des faucons les plus acharnés d'une guerre contre l'Irak —, aurait pu intervenir afin que des sanctions soient décidées. Il ne l'a pas fait[40] ».

À l'automne 1989, seulement neuf mois avant l'invasion du Koweït par l'Irak, le Président Bush père, malgré les objections des officiels de trois organismes gouvernementaux, signait une directive secrète permettant un rapprochement avec Bagdad et l'octroi d'une aide financière d'un milliard de dollars à l'Irak[41].

Des troubles de la mémoire

Comme souvent au cours de l'histoire, les hommes et les femmes gardent longtemps en mémoire les injustices dont ils ont été les victimes. F. Scott Fitzgerald a élégamment décrit cela dans son livre *Gatsby le Magnifique :* « Tom et Daisy étaient deux êtres parfaitement insouciants. (...) Ils cassaient les objets, ils cassaient les humains, puis ils s'abritaient derrière leur argent, ou leur extrême insouciance, ou je ne sais quoi qui les tenait ensemble, et ils laissaient à d'autres le soin de nettoyer et de balayer les débris. »

On pourrait en dire autant concernant la désastreuse politique étrangère américaine pratiquée à l'égard du Moyen-Orient. Le 16 mars 2003, quelques jours avant l'invasion de l'Irak par les Américains, le *Washington Post* révélait que les États-Unis et la France avaient, dans les années 1980, procuré des « souches bactériologiques qui allaient servir à la fabrication des armes biologiques et qui composeraient encore aujourd'hui l'arsenal irakien, selon les fonctionnaires américains et les diplomates étrangers qui ont recueilli, pour les Nations unies, les dernières informations sur l'armement irakien ». Naturellement, cette « bombe » ne provenait pas des fonctionnaires ou des diplomates eux-mêmes. Cette révélation sur les armes biologiques fut lancée par Gary B. Pitts, un avocat de Houston représentant les intérêts des vétérans de l'opération Tempête du désert. Les clients de Pitts souffrent tous du syndrome de la guerre du Golfe et pensent que leur maladie peut être due à l'exposition aux armes chimiques ou biologiques de l'Irak.

Les gouvernements et les sociétés de biologie qui ont fourni Saddam en anthrax et autres échantillons bactériologiques n'ont manifesté que peu de remords. « Ils ont été envoyés dans un dessein de recherches légales », a simplement justifié Nancy J. Wysocki, la vice-présidente des ressources humaines et des relations publiques de l'American Type Culture Collection, un organisme scientifique à but non lucratif qui sert de bureau central pour le stockage et la distribution de micro-organismes et autres produits biologiques. Un ancien inspecteur américain spécialiste de l'armement nous a confié que les années 1980 étaient, selon ses propres termes, une « époque plus innocente[42] ».

Quand on l'interroge sur cette période, le secrétaire à la Défense Donald Rumsfeld fait preuve d'une mémoire particulièrement embrumée. Lors d'une audition au Sénat, le 19 septembre 2002, le sénateur américain Robert Byrd interpellait directement Rumsfeld :

« Les États-Unis ont-ils aidé l'Irak à acquérir les composants nécessaires à la fabrication d'armes biologiques utilisées durant la guerre Iran-Irak ?

— À ma connaissance, certainement pas », a répliqué Rumsfeld.

Byrd a lu alors un extrait d'un article de *Newsweek* dans lequel le rôle des États-Unis était détaillé.

« Je n'ai jamais entendu parler de ce qui est écrit dans l'article que vous venez de lire, a répondu Rumsfeld. Je n'en ai pas eu connaissance, et pour tout dire, je doute de tout cela[43]. »

Deux jours plus tard, le journaliste de CNN. Jamie McIntyre soulève de nouveau la question. Il tient à la main une cassette vidéo qu'il brandit en direction de Rumsfeld, comme s'il le mettait en joue.

« Laissez-moi vous ramener environ vingt ans en arrière, a commencé McIntyre. C'était, il me semble, le 20 décembre 1983. Vous rencontriez Saddam Hussein, je crois que nous avons quelques images de cette rencontre. Dites-moi ce qui s'est dit au cours de cet entretien...

— Comment avez-vous obtenu cette vidéo ? a réagi Rumsfeld. Par la télévision irakienne ?

— Nous l'avons dénichée dans les archives de CNN, a répondu McIntyre.

— Je vois, a lâché Rumsfeld. C'est très intéressant, j'en suis sûr. »

Poussé dans ses retranchements, Rumsfeld s'est soudainement rappelé un détail :

« En fait, je lui ai déconseillé d'utiliser des armes chimiques[44]. »

Il n'existe aucun enregistrement d'un tel avertissement, pas un document officiel, ni même un compte rendu du voyage de Rumsfeld[45].

Malheureusement, ceux qui ne parviennent plus à se rappeler le passé ont tendance à le répéter, ce qui expliquerait pourquoi les responsables américains continuent à reproduire les mêmes stratégies de propagande que dans les années 1950. Plutôt que de changer de direction ou de chercher à comprendre vraiment les peuples du Moyen-Orient, nous pensons toujours pouvoir les toucher par le biais d'une nouvelle campagne de marketing concoctée du côté d'Hollywood ou de Madison Avenue.

Beers pour l'Amérique

En annonçant qu'il chargeait Charlotte Beers de débarrasser l'Amérique de son image de Grand Satan du monde islamique, le secrétaire d'État Colin Powell a expliqué que c'était là une « volonté de changement qui avait pour but de vendre les États-Unis, (...) de faire de notre politique étrangère une véritable marque[46] ». Beers s'était fait un nom dans la publicité commerciale en lançant le riz Uncle Ben's ou encore les shampooings Head & Shoulders, avant de rejoindre par la suite les plus grandes agences de publicité du monde[47]. Powell l'avait rencontrée dans les années 1990 à l'époque où tous deux travaillaient comme conseillers auprès du constructeur aéronautique Gulfstream Aerospace. Interrogé sur le choix de Beers, Powell avait répondu : « Elle a réussi à me faire acheter du riz Uncle Ben's ! Je ne vois pas ce qu'il y a de mal à collaborer avec quelqu'un qui sait vendre[48]. »

Pour mener à bien sa nouvelle mission, Beers va adopter pour le public les recettes qui ont déjà fait son succès dans le privé pour la publicité commerciale. L'une de ses premières idées fut de trouver « une personnalité, un athlète ou un chanteur » capable de vendre au mieux cette Amérique qu'elle avait elle-même qualifiée de « marque élégante[49] ». L'utilisation fréquente de termes comme « valeur de marque » ou encore « cohérence de marque » était là pour rappeler sa réputation de véritable spécialiste de la gestion de marque, que le *Washington Post* décrivait assez justement comme un « processus quasi alchimique qui permet d'associer à un produit des attributs de désir et de plaisir comme le goût ou encore la qualité ». Beers elle-même l'expliquait ainsi : « Vous constaterez que ce qui caractérise n'importe quelle grande marque réside dans la charge émotionnelle qu'elle véhicule[50]. »

Mohammed Ali et l'étoile montante de la NBA, Hakeem Olajuwon, furent retenus comme les sportifs musulmans les plus aptes à promouvoir une image positive de l'Amérique[51]. Pendant la guerre en Afghanistan, Beers supervisa la conception d'affiches destinées à soutenir la campagne « Une récompense pour la justice », qui promettait une prime de plusieurs millions de dollars pour toute information permettant la capture d'Oussama Ben Laden. Une autre initiative, appelée « Une femme peut-elle stopper le terrorisme ? », fut mise en place. Elle consistait à montrer à travers « des histoires de femmes comment certaines d'entre elles avaient pu contribuer à l'arrestation de terroristes ». Elle supervisa aussi le lancement d'une opération appelée « La vie des musulmans en Amérique » qui dépeignait — via un site Internet et des brochures en couleurs sur papier glacé éditées en plusieurs langues — les valeurs de tolérance et de respect que les musulmans ressentaient aux États-Unis[52]. En novembre 2001, à l'approche du ramadan, les responsables américains firent imprimer une série d'affiches représentant les « mosquées de l'Amérique » destinées à être distribuées à travers le monde arabe. Le Président Bush et des ambassadeurs du Moyen-Orient et d'Asie reçurent à leurs tables des musulmans afin de célébrer avec eux l'*iftar* ou la fin du jeûne. « Nous montrons ainsi aux musulmans que les Américains prennent autant en considération les fêtes musulmanes que les fêtes chrétiennes et juives », insistait un fonctionnaire du Département d'État[53].

Ces initiatives ont pourtant peu touché les musulmans, qui ont trouvé la guerre en Afghanistan beaucoup plus inquiétante que toutes les poignées de main ou tracts distribués. L'ironie de l'histoire est que, de toutes les opérations militaires engagées par les États-Unis au cours de ces cinquante dernières années, la guerre en Afghanistan était certainement l'une des plus faciles à justifier. Les actes terroristes du 11 septembre ont conduit les États-Unis à réagir comme l'aurait fait toute nation atteinte par de telles attaques, capable de répondre militairement et de répliquer avec la même force. Les Talibans, qui dirigeaient l'Afghanistan, hébergeaient Oussama Ben Laden, mais ils exerçaient aussi une telle terreur, à l'intérieur même de leur pays, qu'une guerre pour les chasser du pouvoir devait certainement sauver plus de vies qu'elle ne devait en coûter. Pourtant, une grande partie du monde musulman a réagi à cette opération armée avec défiance, sentiment que la stratégie de communication de Beers n'est pas parvenue à contenir. Les réactions les plus fréquemment entendues au sein du monde arabe furent que les États-Unis soutenaient Israël, que les États-Unis cautionnaient des régimes autoritaires

— comme ceux d'Arabie saoudite et d'Égypte — et enfin que l'Amérique agissait comme une superpuissance d'intimidation. La « stratégie de marque » imaginée par Beers avait offert des représentations certes flatteuses de l'Amérique, mais avait totalement occulté les vraies questions.

« En Grande-Bretagne, le pays allié le plus fidèle de l'Amérique, le pourcentage des partisans de la guerre est tombé de 75 % à 63 %, et ce malgré l'activisme de Tony Blair. Le Premier ministre britannique, rappelait l'*Economist*, n'a pas hésité à parcourir des milliers de kilomètres durant plusieurs semaines afin de plaider la cause d'une intervention armée. Des sondages ont révélé que quatre Britanniques d'origine musulmane sur dix pensaient que les attaques d'Al Qaïda étaient, d'une certaine façon, justifiées. De fait, seule une infime poignée d'entre eux se sont portés volontaires pour aller combattre les Talibans. En France, ce soutien à la guerre a chuté de 65 % d'avis favorables à 50 %. En Allemagne et en Italie, à peine plus de la moitié des populations ont souhaité, finalement, voir l'Afghanistan attaqué. »

Au Moyen-Orient, bien sûr, les choses étaient encore moins bien engagées. Les États-Unis devaient constater qu'ils ne bénéficiaient d'aucune réserve de confiance sur laquelle pouvoir s'appuyer. « À la différence de l'Europe, où les avis ont évolué depuis peu, l'opinion arabe s'est durcie très tôt, analysait l'*Economist*. Le temps qui s'est écoulé a conduit au développement d'un sentiment plus préoccupant pour les Américains. Maintenant, il s'agit pour l'Amérique de prouver au monde qu'elle ne mène pas un combat contre l'islam[54]. » La relative facilité avec laquelle les troupes américaines ont mis en déroute les forces des Talibans ne change rien à l'affaire. Sur le terrain de l'opinion publique mondiale, les États-Unis ont énormément perdu dans l'opération.

En janvier 2002, Charlotte Beers effectuait un déplacement de trois jours au Caire, dans le cadre de sa campagne « Dialogue avec l'islam », afin de contribuer à améliorer l'image des États-Unis auprès des leaders d'opinion arabes. Lors des réunions de travail, elle devait apparaître peu à son aise quand il s'agissait de se montrer à l'écoute de ses interlocuteurs. « Au sortir de ces entretiens, témoignait le *New York Times,* les Égyptiens dodelinaient de la tête, visiblement peu convaincus, mais avec le sentiment profond de ne pas avoir été entendus, reprochant aux officiels américains leur impuissance à comprendre le monde musulman[55]. »

« Les États-Unis disent que les résolutions des Nations unies doivent être appliquées partout dans le monde mais pas en Israël. Pourquoi ? » s'interrogeait Mohammed Abdel Hadi, rédacteur en chef du quotidien égyptien *Al Ahram.* Il se plaignait que les officiels américains fassent mine de ne pas l'entendre alors qu'il évoquait cette question. « Ils nous disent : "Oubliez le passé et parlons du présent." Tous les discours politiques américains se ressemblent. Mme Beers a parlé comme le Président Bush. Peu importe le mal que vous vous donnez pour vous faire comprendre, ils ne vous entendent pas[56]. »

Pour le *New York Times,* « le conflit afghan a renforcé l'image d'Oussama Ben Laden : celle du héros populaire ». Ce que confirmait ce négociant égyptien interviewé par le *Times :* « Tout musulman qui dit "non" aux États-Unis apparaît comme un héros. Chaque jour, quand vous allumez la télévision, vous voyez des Israéliens tuant des Palestiniens avec des armes américaines. Alors, peu importent les tentatives des États-Unis pour essayer de modifier leur image dans le monde arabe ! Nous, ce que nous voyons de nos propres yeux, c'est qu'ils sont simplement les plus puissants. » Pour un commentateur saoudien, chaque scène qui montre la mort de civils afghans vient grossir les rangs des antiaméricains : « Le monde musulman est choqué et horrifié quand il découvre ces images, constatait-il. Ces séquences génèrent de nouvelles hostilités et de nouveaux désirs de vengeance parmi les plus jeunes. C'est dangereux. Ce climat fait le lit du terrorisme et de l'extrémisme[57]. »

Le 24 avril 2002, Beers était auditionnée devant le Congrès. « Fin février, l'institut Gallup a réalisé un sondage dans neuf pays, pour l'essentiel musulmans (sur environ 10 000 personnes). On a observé, avec un écart variant de un à deux points, que les habitants de ces nations avaient une opinion défavorable envers les États-Unis. Certains résultats de cette enquête ne sont pas surprenants pour des pays comme l'Iran. Mais au Koweït, par exemple, seulement 28 % des résidents ont émis un jugement favorable aux États-Unis. Cela, dans un pays qui a été libéré par les États-Unis et qui fut notre allié durant ces dix dernières années. Au Maroc, le nombre de personnes favorables à l'Amérique est de 22 % seulement alors qu'en Arabie saoudite, un de nos alliés les plus solides dans la région, il est seulement de 18 %[58]. »

Beers a sollicité du Congrès une enveloppe de 595 millions de dollars « afin de pouvoir renforcer et diversifier les moyens qui nous permettent de nous adresser aux populations du monde. Une partie de cet argent sera employée dans la réalisation d'enquêtes effectuées au sein de communautés et de pays musulmans. Ces études permettront de fournir aux décideurs politiques des informations précieuses quant aux mentalités et à l'état de l'opinion de ces publics étrangers et permettront ainsi à notre communication d'être plus ciblée et donc plus efficace ». En plus de la « réalisation de sondages réguliers en Afghanistan et dans les autres pays musulmans », Charlotte Beers a proposé que soit procédé à des enquêtes en Afrique, en Indonésie, en Thaïlande, aux Philippines, en Europe, en Amérique latine, en Russie et dans les anciennes Républiques soviétiques. Malgré la somme envisagée pour la réalisation d'initiatives centrées sur l'écoute et la compréhension des autres nations, il paraissait peu évident que les États-Unis aient réellement entendu les opinons fortes exprimées par le monde arabe. Encore moins qu'ils aient trouvé des solutions pour y répondre de manière appropriée.

En octobre 2002, alors que Bush utilisait l'imminence et la nécessité d'une action armée contre l'Irak comme arguments principaux de sa campagne pour les élections de *midterm* (élections qui interviennent à mi-mandat de chaque élection présidentielle américaine et qui permettent le renouvellement des députés, d'une partie des sénateurs et des gouverneurs des États de l'Union), Beers lançait sa nouvelle campagne. Présentée sous le nom de « Valeurs partagées », elle a été conçue par l'agence de marketing McCann-Erickson, pour un budget de 5 millions de dollars. Surnommée « Muslim-as-Apple-Pie Campaign » par le *New York Times* (l'*apple pie* est une tourte aux pommes qui se mange tiède), cette action reposait sur de petits films qui mettaient en scène des Américains musulmans, plutôt photogéniques, jouant avec leurs enfants et se rendant à leur travail. Sur les écrans d'une télévision commerciale, on pouvait aussi découvrir Rawia Ismail, une institutrice d'origine libanaise vivant à Toledo, dans l'Ohio. Son visage était couvert d'un foulard islamique, elle se tenait dans sa cuisine américaine au côté de son enfant qui souriait. On la retrouvait dans son école tapant dans une balle puis louant les valeurs américaines alors qu'elle s'adressait à sa classe. Elle se confiait enfin à la caméra : « Je n'ai subi aucun préjudice de la part de mon voisinage après le 11 septembre[59]. »

Le problème avec ces messages n'est pas qu'ils soient forcément faux. Il est que, comme pour l'ensemble de la campagne de Beers, « Valeurs partagées » a pris soin de ne pas évoquer les questions qui se trouvent au cœur du ressentiment musulman à l'égard des États-Unis — le conflit israélo-palestinien et le passé des interventions américaines dans le Moyen-Orient. « Nous savons que la liberté de culte existe en Amérique et nous l'apprécions. Nous sommes en colère contre le comportement arrogant dont font preuve les États-Unis à travers le monde », précisait Ahmad Imron, un Indonésien, étudiant en économie, après avoir regardé l'un des spots de propagande américaine à la télévision[60].

À la même époque, Beers lança « Chapitre suivant », un show télévisé diffusé par satellite, via *Voice of America*, en direction de l'Iran. Décrit par le *New York Times* comme une émission relevant davantage de MTV et de sa culture jeune, ce spectacle visait effectivement à toucher les cœurs et les esprits des plus jeunes[61]. Beers créa aussi Radio Sawa, une station de radio diffusant un programme de pop music vers le monde arabe, ponctué chaque heure par un flash d'informations américain[62]. Elle finança également une exposition, itinérante à travers le monde, de photos consacrées au site ravagé du World Trade Center. Un autre projet de Beers consista à solliciter les écrivains américains les plus en vue afin de les inviter à participer à l'écriture d'une anthologie littéraire sur le thème « Que signifie être un auteur américain aujourd'hui ? ». Puis elle organisa une tournée de conférences à travers le monde pour en assurer la promotion[63]. Parmi les écrivains à qui l'on demanda de prendre son bâton de pèlerin figurait Ken Pollack, un ancien agent de la CIA, auteur à succès d'un ouvrage intitulé : *The Threatening Storm : The Case for Invading Iraq* (La tempête menace : les raisons d'envahir l'Irak). Beers justifia ce choix par la nécessité pour les États-Unis de faire entendre une « parole tierce, authentique. (...) Nous avons absolument besoin que d'autres voix parlent pour nous. (...) Pollack représente cette troisième voix[64] ».

Dans le même souci de quête d'« authenticité », un organisme baptisé le « Council of American Muslims for Understanding » (Conseil des musulmans américains pour la compréhension, CAMU — organisation à but non lucratif qui rassemble des personnes dont l'objectif est de faire connaître partout dans le monde les nombreuses réalisations importantes des musulmans en Amérique) mettait en ligne son propre site Internet, « Open Dialogue ». Son président, Malik Hasan, questionné sur ce projet, précisa que, si « le site était financé par le gouvernement, il n'avait pas été créé par lui ». Il devait néanmoins concéder que l'idée du CAMU avait bien pris corps au sein du Département d'État[65]. La mission déclarée du site était de permettre le « rapprochement des peuples et des cultures par le dialogue ». Ses visiteurs étaient invités à envoyer des textes libres sur le thème de « la vie des musulmans en Amérique », à visionner les vidéos réalisées dans le cadre de la campagne « Valeurs partagées », dont celle illustrant la vie de Rawia Ismail. Ils pouvaient encore, s'ils le désiraient, témoigner de leur propre vécu en envoyant un courriel[66].

« Open Dialogue » se révéla un échec. Il fut saisissant de constater le peu d'échanges générés par le site du CAMU. Nous sommes, après tout, au XXIe siècle : les groupes de discussion, les forums, les courriers électroniques et les webcams bénéficient depuis longtemps d'une technologie suffisamment performante pour permettre un véritable dialogue en temps réel entre des personnes se trouvant à l'autre bout du monde. Le peu d'opportunités de pouvoir établir un réel échange en ligne peut expliquer la raison pour laquelle « Open Dialogue » a suscité aussi peu d'intérêt de la part des internautes qui recherchaient des informations sur les relations américano-musulmanes. Une enquête effectuée le 8 avril 2003, à l'aide du moteur de recherche Google, a permis de trouver seulement 58 pages web proposant un lien vers « Open Dialogue ». La majorité d'entre elles étaient des pages publiées sur des sites dirigés par des ambassades américaines ou des agences gouvernementales. Par comparaison, vous trouviez 2 200 liens conduisant à « IslamiCity. com », un site de discussion sur les affaires du monde, abordées d'un point de vue musulman.

Comme l'a observé fort justement l'essayiste Naomi Klein, peu de temps après que Charlotte Beers eut commencé à travailler pour le Département d'État, l'échec ou le refus américain d'engager sincèrement un dialogue avec son « public cible » était lié à son choix d'une stratégie de « marketing de marque ». « Dans le monde de l'entreprise, expliquait Klein, une fois que l'"identité de marque" est décidée, elle est mise en application avec une précision militaire dans toutes les opérations de la société. (...) Par nature, l'objectif du marketing de marque consiste à diffuser des messages univoques rigoureusement contrôlés et présentés sous leur forme la plus attirante, mais qui sont rendus par la suite hermétiquement imperméables à ceux qui souhaiteraient transformer ce monologue de l'entreprise en un dialogue social. » Cette démarche marketing peut parfaitement fonctionner dans le monde de l'entreprise mais certainement pas dans le monde de la politique. « Quand des sociétés essayent de mettre en place une image mondiale cohérente, elles ressemblent alors aux franchises standards. Mais quand les gouvernements font de même, ils peuvent apparaître clairement comme autoritaires, décryptait encore Klein. Ce n'est pas un hasard si les leaders politiques les plus préoccupés par le marketing de leur propre image de marque et celle de leur parti sont ceux qui se sont montrés les plus allergiques à la démocratie et à la diversité. Historiquement, cela a été la face obscure des politiciens bataillant pour une cohérence de marque : une information centralisée, des médias contrôlés par l'État, des camps de rééducation, l'épuration de dissidents et pis encore[67]. »

La stratégie de Beers s'avéra un échec lamentable. Un sondage réalisé en décembre 2002 par le Pew Research Center révéla une chute vertigineuse de l'image de l'Amérique dans chacun des pays musulmans sondés. En Égypte (deuxième plus gros bénéficiaire de l'aide financière du gouvernement des États-Unis), seulement 6 % des personnes interrogées reconnaissaient avoir une opinion favorable des États-Unis[68]. Dans un discours tenu au cours du même mois devant l'US National Press Club (Association nationale des journalistes américains, USNPC), Beers devait reconnaître les difficultés qu'elle avait rencontrées à pénétrer les médias du Moyen-Orient. « Nos choix se limitaient aux régions du Moyen-Orient et de l'Asie du

Sud-Est. Nous avons dû payer les médias pour y avoir accès », reconnut-elle[69]. Mais même payer peut ne rien rapporter. Moins d'un mois après son lancement, le Département d'État décidait de suspendre brusquement la campagne « Valeurs partagées ». Les spots étaient très controversés dans les pays où ils étaient diffusés et les chaînes d'État égyptienne, libanaise et jordanienne refusèrent catégoriquement de les diffuser. « L'opinion islamique est davantage influencée par ce que les États-Unis font que par tout ce qu'ils peuvent dire », commenta un professionnel de la publicité dans les colonnes du *Wall Street Journal*[70].

Le 3 mars 2003, à peine deux semaines avant l'attaque américaine sur l'Irak, Beers devait démissionner de son poste, officiellement pour des raisons de santé[71]. Son départ marquait la fin de sa carrière et fut accueilli par des railleries de la part de certains de ses confrères de l'industrie du marketing qui, auparavant, avaient su louer son génie. Le rédacteur en chef du *O'Dwyer's PR Daily* (la publication de référence dans le domaine des relations publiques et du marketing) a décrit son action comme un « travail de propagande bâclé qui avait misérablement échoué[72] ». Mais afin de rendre justice à une femme qui fut tout de même considérée comme très brillante dans le milieu de la publicité commerciale et le marketing d'entreprise jusqu'à ce qu'elle chute au pied du « produit Amérique », il conviendrait de rappeler que Beers a simplement appliqué une stratégie et des méthodes proches de celles préconisées par d'autres spécialistes du marketing et des relations publiques au lendemain du 11 septembre. Carl Weiser, correspondant à Washington pour le Gannett News Service (l'un des organismes d'information les plus importants des États-Unis), avait interrogé quelques-uns d'entre eux afin de savoir quels types de campagnes ils produiraient pour convaincre le monde islamique « que cette nation n'est pas le Grand Satan, mais est, au contraire, une nation bonne et généreuse ». La plupart de leurs réponses se limitèrent à des considérations superficielles et secondaires plutôt que de s'attarder sur les véritables questions de fond. Un consultant émit l'idée que les touristes américains pourraient se comporter de manière plus respectueuse lors de leurs voyages à l'étranger. Jack Bergen, le président du Council of Public Relations Firms (fédération regroupant plusieurs cabinets importants de relations publiques), proposait d'inviter aux États-Unis des journalistes, des rédacteurs en chef et des commentateurs des médias moyen-orientaux afin que ceux-ci puissent mieux apprécier le peuple américain. Pour Rob Frankel, un conseiller en marketing de Los Angeles, « c'était une question de marketing de marque, simple et claire. (...) Il n'y avait aucune différence entre vendre des pays et vendre des soupes ou des automobiles ! » Il expliquait : « En termes de marketing de marque, nous devons être le gentil géant, pas l'ogre menaçant. En termes de marketing d'entreprise, nous devons être Federal Express, pas Microsoft[73]. »

Ces représentations ne sont pas seulement superficielles et sans intérêt. Elles sont fausses. À aucun moment elles ne s'interrogent sur les véritables questions qui sont à l'origine de la profonde incompréhension qui sépare les États-Unis et les musulmans à travers le monde. Les Arabes vous diraient que le problème principal n'était pas de savoir comment et avec quels moyens Charlotte Beers allait devoir s'acquitter de sa tâche. Non, le problème véritable était le produit même qu'elle devait vendre : l'Amérique. Depuis le début, son échec avait été pronostiqué par des observateurs comme Oussama Siblani, l'éditeur d'*Arab American News* (hebdomadaire bilingue d'actualités américaines et arabes) : « Les États-Unis ont perdu la guerre des relations publiques dans le monde musulman il y a bien longtemps, prévenait Siblani en octobre 2001. Même si le prophète Mahomet jouait le rôle de chargé de relations publiques aux États-Unis, cela ne servirait à rien[74]. »

Chapitre 2
Guerre à vendre

« D'UN POINT DE VUE MARKETING, on ne lance pas de nouveaux produits en août », déclarait Andrew H. Card au *New York Times* en septembre 2002. Le secrétaire général de la Maison-Blanche venait de commenter en quelques mots très explicites ce que le *Times* qualifiait dans le même article comme étant en fait une « stratégie méticuleusement préparée et destinée à convaincre le public, le Congrès et les alliés de la nécessité d'affronter la menace représentée par Saddam Hussein[1] ». Selon le journal, ce plan de communication intensif avait commencé à être mis en place dès juillet. Il devait permettre de susciter l'adhésion de l'opinion sur une intervention armée en Irak pour en renverser le régime. Les conseillers de Bush avaient alors étudié le calendrier du Congrès afin de pouvoir déclencher au meilleur moment une campagne de lobbying de grande ampleur. L'opération débuta donc au lendemain du Labor Day — la fête du Travail américaine. Le Congrès de nouveau réuni, les représentants des groupes parlementaires reçurent des invitations de la Maison-Blanche et du

Pentagone pour une séance de travail sur l'Irak en présence du vice-président, Dick Cheney, du secrétaire américain à la Défense, Donald Rumsfeld, et du patron de la CIA, George Tenet. Les conseillers en communication de la Maison-Blanche avaient réfléchi à différents lieux pour l'intervention du Président Bush le 11 septembre 2002. Ils avaient fini par choisir Ellis Island, avec la statue de la Liberté comme toile de fond. Le jour suivant, Bush était intervenu devant les Nations unies afin de demander au Conseil de sécurité le vote d'une résolution qui lui accorderait le mandat international nécessaire pour entrer en guerre. Ce n'était bien évidemment pas le fait d'une coïncidence si la date du coup d'envoi de l'opération qui devait mener à l'éviction de Saddam Hussein avait été programmée pour correspondre avec le premier anniversaire de l'attaque d'Al Qaïda sur les États-Unis.

Le *Washington Post* avait annoncé dans ses colonnes, le 30 juillet 2002, la création par la Maison-Blanche d'un Office of Global Communications (OGC). Ce Bureau de communications globales avait pour mission « de coordonner les messages de politique étrangère de l'administration Bush et de superviser l'image de l'Amérique à l'étranger[2] ». En septembre, le *Times* révéla que l'OGC dépenserait 200 millions de dollars pour une « opération de propagande éclair et massive à l'encontre de Saddam Hussein » à destination des « communautés américaines et étrangères vivant en particulier dans des pays arabes hostiles à la politique des États-Unis dans la région ». Cette campagne emploierait des « techniques publicitaires appropriées pour convaincre les cibles visées que le leader irakien devait absolument être écarté[3] ».

« Nous allons reformer la "bande" », devait lancer le directeur de la communication de la Maison-Blanche,

Dan Bartlett, en septembre 2002. La « bande », décodait Martha Brant, de *Newsweek*, cela voulait dire « les gens qui ont conduit la guerre en Afghanistan, ou du moins ceux qui ont assuré les opérations de communication et de relations publiques accompagnant l'intervention armée. (...) Maintenant, ils sont de retour pour s'occuper de l'Irak[4] ». La « bande », donc, une équipe composée de jeunes loups de la Maison-Blanche, se donnait rendez-vous chaque matin pour une multiconférence téléphonique. Le but : discuter de la stratégie médiatique du jour, définir et maîtriser « le message de l'administration sur l'Irak, y compris, précisait Brant, les propos du vice-président Dick Cheney ». Les principaux participants à ces réunions de travail étaient Dan Bartlett, Tucker Eskew, le directeur de l'Office of Global Communications, et James Wilkinson, un ancien député et porte-parole du général Tommy Franks à l'US Central Command (Commandement central américain) au Qatar. D'autres personnalités se joignaient régulièrement à ces sessions. Il s'agissait du porte-parole du Pentagone, Victoria Clarke, du conseiller personnel de Dick Cheney, Mary Matalin, et du porte-parole de Colin Powell, Richard Boucher.

PR Week, une publication spécialisée dans les relations publiques, révéla que le secrétaire américain à la Défense, Donald Rumsfeld, avait également réuni autour de lui, et de manière informelle, un groupe de « communications stratégiques ». Victoria Clarke, qui avait en son temps dirigé le bureau de Washington du cabinet de relations publiques Hill and Knowlton, expliqua qu'elle avait composé elle-même la formation entourant Rumsfeld. Elle comptait dans ses rangs des membres de divers groupes de pression, des spécialistes des relations publiques, des républicains tous parfaitement rompus à la communication du Pentagone. *PR Week* rapporta que « ces membres donnaient ponctuellement des avis au Pentagone ». Ce groupe travaillait sur plusieurs dossiers. L'un des principaux consistait à trouver dans la cause antiterroriste les arguments susceptibles de convaincre le public de « la nécessité d'enrôler des "États voyous" — y compris l'Irak — car ceux-ci abritaient, à n'en pas douter, des terroristes[5] ».

De sérieux doutes

Alors que la campagne publique de l'administration Bush en faveur de la guerre débutait, les soutiens intérieurs et internationaux étaient loin de lui être acquis. Les ressentiments des musulmans apparus au lendemain des dernières opérations militaires américaines menées en Afghanistan se doublaient de critiques diffuses signifiant aux Américains que leur image avait sérieusement commencé à s'étioler à travers le monde. « Avertis par leurs diplomates du scepticisme qui se développait à l'étranger quant aux raisons américaines invoquées pour justifier une entrée en guerre contre l'Irak, les États-Unis projetèrent, selon les informations recueillies par le journaliste Eli Lake de UPI, une opération de relations publiques offensive afin de gagner l'appui international des leaders d'opinion étrangers. » Pour commencer, l'Iraq Public Diplomacy Group, qui comprend des représentants de la CIA, du National Security Council (Conseil national de Sécurité, NSC), du Pentagone, du Département d'État et de l'US Agency for International Development (Agence pour le développement international,

US AID), projeta d'éditer une brochure et d'ouvrir une ligne interactive de téléconférences destinée aux relais d'opinion d'Europe et du Moyen-Orient[6].

Les élections au Congrès, et la campagne qui précéda celles-ci, amenèrent quelques observateurs à se demander si l'administration Bush était vraiment déterminée dans ces intentions ou si elle utilisait simplement le débat sur la guerre pour détourner les électeurs des questions économiques comme la récession ou encore le scandale Enron. « Comme s'il n'existait aucune autre préoccupation, l'administration Bush avait réussi à faire de la question “Devons-nous attaquer l'Irak ?” la question politique la plus essentielle du moment aux États-Unis », observait *PR Week.* D'autres préoccupations furent rejetées en arrière-plan. Ainsi : « De quelle manière allons-nous punir les criminels d'entreprise ? Comment allons-nous maintenir l'équilibre entre les libertés individuelles et la sécurité nationale ? Où se cache Oussama Ben Laden ? Qu'en est-il de notre économie[7] ? »

Jack Leslie, le président de la Weber Shandwick Worldwide, l'une des plus grandes agences de relations publiques mondiales, devait tenir pratiquement les mêmes propos. « Il est certain que beaucoup des questions intérieures mériteraient d'être débattues en priorité, observait Leslie, qui a travaillé comme consultant auprès de la Maison-Blanche dès le 11 septembre. Sans vouloir suggérer qu'il y a là une volonté d'opérer une diversion, l'administration Bush aime sans doute mieux avoir un débat autour de l'Irak que d'avoir à aborder d'autres sujets[8]. »

Selon le *New York Times* du 20 septembre 2002, « des responsables du Parti républicain reconnaissaient que la perspective de débattre de l'Irak au Congrès durant encore deux semaines permettrait à leur parti d'arriver aux élections, en empêchant les démocrates de les interpeller sur la faiblesse de l'économie et autres préoccupations intérieures de campagne ». Le jeudi suivant, rapporte le *New York Times* du 21 septembre 2002, « un fait marquant vint rappeler à quel point les conversations sur la guerre avaient pu noyer les véritables enjeux de la campagne. L'indice du Dow Jones s'était effondré à 7940, le cours le plus bas jamais atteint depuis le mois de juillet. Un certain nombre de démocrates pensèrent à cet instant que l'attention de la nation interpellée par la chute des marchés et la publication de rapports sur les délits d'entreprises offriraient à leur parti l'opportunité de s'emparer du contrôle des deux assemblées du Congrès. Interrogé pour savoir si cette dernière chute de Wall Street bénéficiait de la même couverture médiatique que la précédente, un responsable démocrate a répondu par le biais d'un courriel au ton plutôt désabusé : "Pas du tout. La guerre, encore et toujours la guerre[9]" ».

Pour certaines personnalités importantes de l'administration Bush, la guerre avec l'Irak ne constituait pas simplement une conversation de campagne électorale. Elle résultait de discussions et de plans entamés plus de dix ans auparavant, peu après la fin de la première guerre menée par les États-Unis dans le golfe Persique.

Chalabi, le « George Washington de l'Irak »

En 1991, quelques mois après la fin de l'opération Tempête du désert, le Président de l'époque, George H. W. Bush, signait une directive confiant à la CIA une opération secrète : chasser Saddam Hussein du pouvoir. Dans la foulée, l'agence engageait le conseiller en relations publiques John W. Rendon afin qu'il définisse un programme de propagande anti-Saddam à l'intérieur même de l'Irak.

Rendon avait travaillé autrefois en tant que consultant lors de campagnes électorales d'hommes politiques appartenant au Parti démocrate tels que Michael Dukakis et Jimmy Carter. Son bureau de relations publiques s'était depuis spécialisé dans l'assistance aux opérations militaires américaines. En plus de l'Irak, le groupe Rendon est intervenu en Argentine, en Colombie, en Haïti, au Kosovo, au Panamá et au Zimbabwe. Rendon avait déjà travaillé en Irak lors de la préparation de l'opération Tempête du désert. Il avait alors perçu 100 000 dollars de la famille royale koweïtienne pour son travail effectué auprès des médias[10]. (On a vu dans l'introduction de ce livre comment il avait réussi à obtenir des Koweïtiens libérés qu'ils agitent des drapeaux américains à l'arrivée des troupes US.) Au cours de la première année de contrat avec la CIA qui suivit la guerre, la société de Rendon dépensa plus de 25 millions de dollars en production de vidéos et de magazines de bandes dessinées ridiculisant Saddam, dans une exposition itinérante de photographies témoignant des atrocités irakiennes et dans la création de deux programmes de radio qui diffusaient des messages depuis le Koweït vers l'Irak critiquant le régime et appelant les soldats irakiens à déserter[11].

La création de l'Iraqi National Congress (le Congrès irakien national, INC) fut le projet le plus spectaculaire réalisé par le groupe Rendon. En 1992, il contribua très activement à la mise en place de cette assemblée qui représentait la première véritable tentative sérieuse des opposants à Saddam Hussein pour unir leurs forces[12]. Selon les informations recueillies par Peter Jennings pour ABC News en février 1998, Rendon aurait inventé le nom de l'INC et serait arrivé avec une enveloppe de 12 millions de dollars provenant des fonds secrets de la CIA, somme versée entre 1992 et 1996[13]. L'INC avait réussi à réunir sur les bancs des Kurdes et des Arabes, des sunnites et des chiites, des laïques et des islamistes, des libéraux et des démocrates, d'anciens nationalistes et d'ex-militaires. En octobre 1992, Ahmed Chalabi, un protégé de Rendon, était nommé à la tête de ce groupe.

Chalabi a ce que l'on pourrait appeler, de façon imagée, un « passé coloré. ». Né à Bagdad en 1945, il est le fils d'une riche famille chiite possédant des liens proches avec la monarchie installée en Irak par Lawrence d'Arabie au lendemain de la Première Guerre mondiale. À l'âge de treize ans, le jeune Chalabi doit fuir le pays en compagnie de ses parents lorsque la monarchie est renversée par Abdul-Karim Qassem. (Quatre ans plus tard, l'assassinat de Qassem a consacré l'arrivée du Parti baas au pouvoir, ouvrant la voie à Saddam Hussein.) Chalabi grandit en Jordanie, au Liban, en Angleterre et aux États-Unis. Il suit des cours au Massachusetts Institute of Technology (MIT) et à l'université de Chicago avant d'enseigner les mathématiques à l'université américaine de Beyrouth. En 1977, il crée la Petra Bank, qui va devenir la deuxième plus grande banque de commerce de Jordanie. Sa carrière de banquier durera douze ans. En 1989, lors d'un épisode toujours entouré de flou et de controverses, le gouvernement jordanien saisit l'établissement et y injecte 164 millions de dollars pour le sauver de la faillite financière. Chalabi s'enfuit alors de Jordanie. Il est condamné par contumace à vingt-deux ans de travaux forcés pour détournement de fonds, fraudes et trafic de monnaies. Selon la version jordanienne des événements, il aurait échappé à la justice en emportant avec lui plus de 70 millions de dollars dans ses valises[14].

Chalabi raconte l'histoire différemment. Il prétend que les autorités de Jordanie ont voulu l'incriminer pour des raisons politiques, parce qu'il finançait des opposants à Saddam Hussein à l'intérieur de l'Irak. Cette version est plausible. Dès cette période, en effet, Chalabi militait activement au sein de groupes hostiles à l'Irak et avait des contacts réguliers avec Richard Perle, un conseiller au secrétariat à la Défense de l'administration Reagan qui s'intéressait de près aux affaires du Moyen-Orient. Comme encore aujourd'hui sous l'actuelle administration Bush. « Bien sûr, que Chalabi ait pu être poursuivi pour des raisons politiques ne signifie pas qu'il ne soit pas coupable de malversations financières », observe le journaliste Robert Dreyfuss, qui fit un portrait de lui pour l'*American Prospect* en novembre 2002. « En tout cas, ces allégations l'ont suivi partout depuis[15]. »

Sous la direction de Chalabi, l'INC a essayé d'imposer une présence paramilitaire en Irak avec l'objectif déclaré de mettre en place un gouvernement provisoire et de perpétrer des attaques sur des villes irakiennes. Mais, s'il va marquer de son empreinte son passage à la tête de l'INC, il va pourtant rapidement tomber en compagnie de quelques-uns de ses fidèles. Pour Laith Kubba, un ancien porte-parole de l'INC, « ses priorités étaient plutôt de faire pression sur Washington, d'écrire des articles politiques ou d'établir l'ordre du jour que de tenter de se rapprocher véritablement du peuple irakien[16] ». Des différends internes ont conduit à l'affaiblissement du groupe. Par la suite et pendant des années, Chalabi ne va plus bénéficier de la confiance de la CIA ni de l'administration Clinton, qui laisseront tomber l'INC pour financer un groupe d'opposition rival, l'Iraqi National Accord (Entente irakienne nationale, INA). Cette période connaîtra des épisodes dramatiques : plusieurs membres de l'INC et de l'INA seront arrêtés et tués par la garde de Saddam Hussein[17].

À ce moment-là, une bonne partie des services secrets américains et de l'armée avait décidé que continuer à soutenir l'INC représentait une perte de temps. Le général Anthony, qui commandait alors l'US Central Command sous la présidence Clinton, qualifia ironiquement le projet d'incursion militaire de l'INC en Irak d'opération « Bay of Goats » (Baie des Chèvres) : à ses yeux, une opération imaginée par « quelques parvenus en habit de soie et des types portant Rolex, vivant à Londres[18] ». (*NdT : « Bay of Goats » en référence à la désastreuse tentative de l'armée américaine pour envahir Cuba par la baie des Cochons en 1961.*) Un audit financier réalisé par la CIA, dans le milieu des années 1990, révéla que Chalabi s'était livré à des malversations comptables avec l'argent des contribuables américains[19]. Il continua néanmoins à fréquenter régulièrement les allées du pouvoir à Washington. Certains cercles proisraéliens, des faucons proches de Reagan et de la première administration Bush, connus pour leurs opinions néoconservatrices, avec qui ils entretenaient des relations suivies, l'avaient même surnommé le « George Washington of Iraq » (le George Washington de l'Irak)[20]. Chalabi, en homme intelligent, savait parfaitement leur dire ce qu'ils voulaient entendre : le régime de Saddam vivait ses derniers jours, l'INC disposait d'un large réseau de sympathisants et de circuits de renseignements, enfin la débâcle des forces irakiennes arriverait dès que les États-Unis auraient su montrer un peu de jugeote pour soutenir une guerre de libération.

Chronique d'une guerre annoncée

Les chances politiques de Chalabi vont se présenter en 1997, quand quelques néo-conservateurs (communément appelés « néo-cons ») parmi les plus influents élaborent le « Project for the New American Century » (Projet du nouveau siècle américain, PNAC), qui fait pression pour obtenir de l'État une augmentation substantielle des dépenses militaires et l'adoption d'un comportement plus offensif contre l'Irak[21]. L'initiateur, le président du PNAC, s'appelle William Kristol. Ancien responsable de l'équipe du vice-président Dan Quayle et du secrétaire à l'Éducation William Bennett (tous deux également membres fondateurs du PNAC), Kristol était davantage connu comme le rédacteur en chef du *Weekly Standard*, une publication politique de droite et propriété du nabab australien de la presse, Rupert Murdoch. Par la suite, beaucoup des membres fondateurs du PNAC seront amenés à occuper des postes importants au sein de la deuxième administration Bush. Les membres comptent :

— Elliott Abrams, ancien secrétaire adjoint au Département d'État sous Reagan. Suite au scandale Iran/Contra de 1991, il reconnut avoir menti devant le Congrès. Il avait dissimulé des informations concernant le soutien de Washington aux rebelles de la Contra (Nicaragua) et le financement de cette guérilla par la vente d'armes à l'Iran, alors sous embargo américain. Il fut gracié en 1992 par George H. W. Bush, le père de l'actuel Président. Devenu le directeur de la revue conservatrice *Ethics in Public Policy Center,* il fut nommé membre du George W. Bush's National Security Council.

— Jeb Bush, gouverneur de Floride et frère du Président.

— Dick Cheney, vice-président.

— Wayne Downing, Buster Glosson et Barry McCaffrey, généraux à la retraite.

— Steve Forbes, éditeur et milliardaire, candidat républicain aux présidentielles de 1996 et 2000.

— Francis Fukuyama, auteur de *The End of History and the Last Man*, qui remporta un vif succès dans les années 1990. Cet ouvrage analysait la chute du communisme comme « la fin de l'histoire en tant que telle, le point final de l'évolution idéologique de l'humanité et l'universalisation de la démocratie occidentale libérale comme la forme finale de gouvernement humain ».

— Newt Gingrich, ancien président républicain de la Chambre des représentants.

— Bruce P. Jackson, ancien vice-président de Martin Lockheed (première firme productrice de matériels de défense du monde) ; il fut également conseiller auprès des anciens secrétaires à la Défense Frank Carlucci et Dick Cheney.

— Robert Kagan, qui a écrit l'ensemble des discours du secrétaire d'État George Schultz, sous la mandature Reagan.

— Jeane Kirkpatrick, conseiller de la Maison-Blanche et du Pentagone sous les Présidents Reagan et Bush.

— Lewis Libby, chef de l'équipe Cheney.

— Richard Perle, conseiller de Rumsfeld au Pentagone, coprésident en 1991 du Committee for Peace and Security in the Gulf (Comité pour la paix et la sécurité dans le golfe, CPSG).

— Norman Podhoretz, directeur éditorial du *Commentary* ; il ouvre régulièrement les colonnes du magazine aux conservateurs américains membres de l'administration présidentielle.

— Donald Rumsfeld, secrétaire américain à la Défense.

— Paul Wolfowitz, secrétaire adjoint à la Défense de Rumsfeld.

— James Woolsey, ancien directeur de la CIA, devenu directeur du cabinet juridique Shea and Gardner ; il a représenté les intérêts du Congrès national irakien[22].

En 1998, le PNAC fit pression auprès du Congrès pour qu'il vote le projet de loi « Iraqi Liberation Act » qui ferait du « changement de régime » irakien une priorité de la politique américaine et permettrait d'octroyer une aide de 97 millions de dollars aux groupes d'opposition irakiens, dont l'INC. Le 25 février 1998, devant le Congrès, Paul Wolfowitz encouragea vivement la représentation nationale à approuver ce texte législatif représentant, selon ses propos, une voie qui permettrait de chasser Saddam sans avoir à faire appel aux forces terrestres américaines. « Il faut que nous aidions le peuple irakien à chasser Saddam du pouvoir, déclara Wolfowitz. Mais je pense — et c'est important — que ce serait le surestimer que de croire qu'il nous est nécessaire d'utiliser massivement nos forces armées terrestres pour venir à bout de son régime[23]. »

À cet instant, le discours de Wolfowitz se voulait rassurant à l'égard des membres du Congrès. Surtout ne pas les inquiéter. La pensée d'un « changement de régime » initiée par les États-Unis était alors toujours considérée par la majorité comme une entreprise radicale et dangereuse. Wolfowitz ne voulait surtout pas laisser penser qu'il engageait le Congrès à donner son accord à une idée aventureuse qui conduirait inévitablement l'Amérique à s'investir dans une guerre. Cependant, quelques années plus tard, au moment de l'investiture de George W. Bush et au lendemain des attentats terroristes du 11 septembre, Wolfowitz et d'autres néo-conservateurs adoptèrent un discours public tout autre quant à la politique étrangère à mener. Neuf jours après le 11 septembre, le PNAC envoyait une lettre ouverte au Président Bush, appelant non seulement au démantèlement du réseau Al Qaïda d'Oussama Ben Laden mais aussi à la guerre en Irak, et à la prise de sanctions contre l'Iran, la Syrie, le Liban et l'Autorité palestinienne[24].

La guerre des informations

La guerre contre la terreur impliquait du travail en perspective pour le groupe Rendon. En octobre 2001, les journaux rapportèrent que le Pentagone avait offert un contrat de quatre mois et une somme de 397 000 dollars afin que celui-ci orchestre la propagande devant préparer l'intervention de l'armée américaine en Afghanistan[25]. En février 2002, au terme de cet accord, le *New York Times* révélait que le Pentagone avait utilisé les services de Rendon pour créer et gérer son nouveau bureau de propagande, l'Office of Strategic Influence (le Bureau de l'influence stratégique, OSI). Ce nouvel organisme allait être dissous à la suite d'autres révélations du *Times* selon lesquelles l'OSI avait délibérément menti à des agences ou à des journalistes étrangers, et alliés, leur fournissant de fausses informations[26]. Pour autant, la collaboration entre Rendon et le Pentagone ne fut pas interrompue. La presse tenta bien d'interroger des employés du groupe Rendon sur la nature de leur travail, mais aucun d'eux n'accepta de répondre. « Laissez-moi juste vous dire que nous avons un accord de confidentialité qui nous lie au ministère de la Défense », concéda seulement Jeanne Sklarz, porte-parole du groupe[27].

Le refus de Rendon d'évoquer ses activités rend difficile toute spéculation quant à l'ampleur et à la portée réelle de son implication en Irak. Un incident survenu lors de la guerre permet cependant de percer une partie de ce mur de silence. Le 23 mars 2003, Paul Moran, un cameraman travaillant pour la chaîne Australian Broadcasting Corporation (ABC), est tué dans l'explosion d'un taxi piégé au Kurdistan irakien (nord de l'Irak). Sa nécrologie, publiée dans sa ville natale d'Adélaïde, dévoila que les activités de Moran « nécessitaient aussi un travail pour une société de relations publiques américaine engagée par la CIA afin de diriger des campagnes de propagande contre la dictature en place. (...) Le fondateur de la société, John Rendon, a pris un avion en provenance des États-Unis pour assister aux obsèques de M. Moran à Adélaïde, mercredi. Un ami proche, Rob Buchan, a souligné que la présence de M. Rendon — un conseiller de l'US National Security Council — témoignait du respect dans lequel M. Moran était tenu dans les cercles politiques américains, y compris au Congrès[28] ».

En mars 2002, Seymour Hersh rapporta dans le *New Yorker* que des groupes soutenus par le Congrès national américain avaient conduit « des opérations de sabotage à l'intérieur de l'Irak, visant des raffineries et d'autres installations pétrolières. La dernière attaque remontait au 23 janvier, rappelait un membre de l'INC, quand des missiles tirés — selon ses termes — par des "autochtones dissidents" avaient atteint l'immense complexe pétrolier de Baiji, au nord de Bagdad, déclenchant un incendie qui devait durer plus de douze heures ». Hersh confiait aussi dans le même article qu'« un débat agitait actuellement les travées du pouvoir sur l'utilité de Chalabi et de l'INC dans les mois à venir ». D'un côté, « le commandement civil du Pentagone maintenait que l'INC demeurait la seule force capable de mener l'opposition ». De l'autre, « des observateurs notaient que, malgré les efforts déployés durant les années écoulées et les millions de dollars d'aide américaine octroyés, Chalabi était devenu extrêmement impopulaire parmi beaucoup d'éléments en Irak[29] ».

Malgré ces inquiétudes, Hersh précisait que « des partisans de l'INC au sein de l'administration mais aussi appartenant à ses sphères, notamment Paul Wolfowitz et Richard Perle, restaient persuadés comme Chalabi qu'une manifestation de force déclencherait immédiatement un soulèvement contre Saddam qui s'étendrait rapidement à tout l'Irak[30] ».

Wolfowitz et Perle appréciaient Chalabi en partie parce qu'il était l'un des rares membres de l'opposition irakienne à partager les mêmes perspectives d'avenir qu'eux pour l'Irak. En septembre 2002, *Intelligence Online,* une lettre internationale d'informations à destination des diplomates, des hommes politiques et des hommes d'affaires, rendait compte d'une divergence de vues entre l'INC de Chalabi et un autre mouvement important d'opposition, le Supreme Council for Islamic Revolution in Iraq (Conseil suprême pour la révolution islamique en Irak, SCIRI). Les deux groupes étaient en désaccord sur « la manière dont les richesses pétrolières irakiennes devaient être gérées. S'inspirant de l'Iran, le SCIRI pense que les réserves pétrolières devraient être nationalisées et gérées par les différentes composantes du pays. L'INC estime, pour sa part, que le pétrole devrait être extrait et exploité par un consortium privé. Celui-ci inclurait quelques-unes des plus grandes compagnies pétrolières mondiales, comme Chevron Texaco, ExxonMobil et BP, plus d'autres, françaises et russes, dès lors qu'elles auraient approuvé le vote en faveur de la guerre en Irak au Conseil de sécurité de l'ONU[31] ».

En décembre 2002, le journaliste Robert Dreyfuss rapportait dans l'*American Prospect* que l'administration Bush avait davantage confiance dans les informations sur l'Irak quand celles-ci provenaient du Congrès national irakien que lorsqu'elles émanaient du service de renseignement américain. « Tout en se préparant à la guerre contre l'Irak, soulignait le reporter, le Pentagone est déjà engagé sur un autre front : sa bataille contre les services secrets américains. Le ministère de la Défense exerce ainsi des pressions constantes sur la CIA, exigeant qu'elle produise des rapports plus favorables à une intervention armée contre l'Irak. » L'article relevait ensuite : « Le moral est au plus bas au sein de la sécurité nationale américaine et beaucoup ont le sentiment de faire l'objet d'intimidations et de pressions pour justifier la montée vers la guerre. » Les informations, pour l'essentiel, sur lesquelles s'appuyaient les partisans de la guerre provenaient de l'INC. Or, enchaînait l'article, « beaucoup de ceux qui avaient une longue expérience de l'Irak et de sa vie politique considéraient les capacités de l'INC à collecter des informations comme proches de zéro... L'idée que les informations fournies au Pentagone par l'INC puissent influencer la décision américaine d'entrer en guerre contre Bagdad en effrayait plus d'un. À la CIA et au Département d'État, Ahmed Chalabi, le leader de l'INC, est considéré comme un chef inefficace à la tête d'une organisation orgueilleuse et corrompue, douée dans la pratique du lobbying et des relations publiques. Pas plus[32] ».

Pour Vincent Cannistraro, ancien haut fonctionnaire de la CIA et spécialiste de la lutte contre le terrorisme, « les services de renseignements de l'INC ne sont pas fiables du tout. C'est pour l'essentiel de la propagande. Ils sont ce que le Département à la Défense souhaite entendre. Et cela sert surtout à soutenir les propres ambitions présidentielles de Chalabi. Aucune distinction n'est faite entre renseignement et propagande. Ils se servent des propos de prétendus informateurs et de transfuges qui ne rapportent que ce que Chalabi veut les entendre dire. C'est de l'information trafiquée que l'on va ensuite directement retrouver dans les discours du Président et du vice-président[33] ».

Le Comité pour l'invasion de l'Irak

Début novembre 2002, immédiatement après les élections législatives à mi-mandat, les fonctionnaires de la Maison-Blanche commencèrent à travailler avec un nouveau groupe, le Committee for the Liberation of Iraq (Comité pour la libération de l'Irak, CLI). Le CLI était en réalité une branche du PNAC et de nombreux membres se partageaient entre les deux organisations. En outre, le Comité travaillait en étroite collaboration avec l'American Enterprise Institute (Institut américain d'entreprise), un cercle de réflexion conservateur à qui le PNAC louait ses bureaux[34].

La finalité de ce lobby était sans équivoque : le Comité pour la libération de l'Irak a été formé pour « promouvoir la paix dans la région, une politique de liberté et la sécurité internationale en remplaçant le régime de Saddam Hussein par un gouvernement démocratique qui respecte les droits du peuple irakien et cesse de menacer la communauté internationale[35] ». Les hommes du CLI annonçaient ainsi clairement souhaiter le renversement de Saddam Hussein, que les inspecteurs de l'ONU aient ou non trouvé des armes en Irak. « Le problème en Irak n'est pas juste les armes de Saddam Hussein, c'est le régime de Saddam Hussein lui-même », pouvait-on lire sur le site Internet du Comité[36]. Sur ce même site, le groupe tenait un discours qui se voulait d'ouverture et s'efforçait de se donner une image bipartite, grâce à une liste dans laquelle figuraient quelques démocrates très en vue, comme Joseph Lieberman et Bob Kerrey. Sa composition se distinguait cependant par la présence de nombreux anciens républicains. Son président, Randy Scheunemann, fut sénateur républicain. Spécialiste des questions militaires et de politique étrangère, il travailla à ce titre comme conseiller auprès des sénateurs Trent Lott et Bob Dole. Il dirigea également Orion Strategies, un bureau de relations publiques gouvernemental[37].

Si le Comité se présentait comme une « entité indépendante », il travaillait cependant en « étroite collaboration avec l'administration », soulignait Peter Slevin, du *Washington Post* (le Comité pour la libération de l'Irak avait bien entendu ses entrées libres au Pentagone et à la Maison-Blanche). Quand, à cette époque, des sondages témoignèrent de l'affaiblissement de l'adhésion des citoyens des États-Unis (mais aussi de la communauté internationale) à une intervention militaire contre Saddam Hussein, les responsables politiques demandèrent aux faiseurs d'opinion de s'intéresser de près à la réaction du dictateur irakien lorsque celui-ci prendrait connaissance de la résolution des Nations unies sur les inspections d'armes. Dans le même temps, il leur fut conseillé de se pencher sur ses échecs passés et présents. Ces lobbies devaient alors s'atteler à reconquérir l'élan perdu des dernières semaines et contribuer par leurs actions à inverser la tendance, tout en préparant le terrain politique à une opération de force, si nécessaire[38]. Selon l'ancien secrétaire d'État américain George Schultz, qui a présidé le conseil consultatif du CLI, le Comité « a eu une vraie influence auprès de la Maison-Blanche. » Le 15 novembre 2002, les membres permanents du Comité ont rencontré Condoleezza Rice, la conseillère à la Sécurité nationale. Le *New York Times* a révélé que le groupe (initié, rappelons-le, par les faucons les plus extrémistes avec la bénédiction tacite de la Maison-Blanche) était venu chercher des fonds supplémentaires pour permettre le financement d'activités qui incluraient « de développer des contacts avec les journalistes, l'organisation de dîners entre des représentants de l'administration et des responsables éditoriaux » à travers le pays[39].

Le CLI avait aussi largement « encouragé ses membres à tenir des conférences à travers les États-Unis afin d'obtenir des retombées médiatiques et d'être présents dans les médias locaux », analysait le *PR Week*. « Des représentants ont ainsi été interviewés sur MSNBC et Fox News, et des articles ont paru dans le *Washington Post* et le *New York Times*[40]. »

Le CLI n'était pas le seul groupe de lobbying poussant de façon aussi mordante à en découdre sur le terrain auprès des chaînes de télévision. *PR Week* a rapporté que l'Iraq Public Diplomacy Group, né d'une initiative du Département d'État américain, avait organisé des formations en communication médiatique pour permettre à des dissidents irakiens d'« aider l'administration Bush à diffuser son message sur la nécessité de renverser Saddam Hussein[41] ». Les Irakiens anti-Saddam ont reçu un entraînement pour qu'ils puissent se présenter sous leur meilleur jour lors de débats télévisés, mais aussi rédiger des discours et des articles. « Nous allons les mettre en première ligne afin qu'ils puissent toucher l'esprit et le cœur du public, confiait un fonctionnaire du Département d'État au *Los Angeles Times*. C'est une chose pour un Américain de parler et d'entendre parler du changement de régime en Irak, mais cela en est une tout autre quand les Irakiens le font eux-mêmes[42]. » En plus des conseils qui leur étaient inculqués pour s'exprimer de façon efficace, le Département leur dictait le contenu et le sens des messages à véhiculer. Ils devaient évoquer « la démocratie, les élections ouvertes et libres, et les bases de notre Déclaration des droits de l'homme », précisait le porte-parole du Département d'État dans *PR Week*[43].

Conseiller au sein de l'Iraqi Forum for Democracy, Mohammed Eshaiker a suivi cette formation. « Les Irakiens en exil n'ont pas su vraiment tirer profit des opportunités qui se présentaient à eux de pouvoir s'exprimer dans les médias, regrettait-il. Nous étions certainement trop hésitants, trop réservés, trop soucieux de bien dire les choses. Je me demande à quoi cela peut bien servir. Tout le monde sait que Saddam Hussein est un criminel. Qu'est-ce que cela apporte de venir y ajouter une autre histoire ou un autre crime ? Mais bon, tout est important !.... Si vous persistez à frapper le même ongle avec un marteau, l'ongle finit par tomber[44]. »

« Les Irakiens se réjouiront que les forces américaines les libèrent, prophétisait Chalabi dans un entretien accordé le 21 mars 2003 à NBC, alors que la guerre venait d'être déclenchée. Je ne sais pas s'ils sont prêts à le faire maintenant, mais je pense qu'ils seront heureux de voir les États-Unis arriver pour les aider à se libérer et à se débarrasser de Saddam[45]. »

Faites-nous confiance, nous sommes des experts

En plus du Comité pour la libération de l'Irak, du Projet du nouveau siècle américain et de l'Institut américain d'entreprise, plusieurs autres organisations participaient à la campagne en faveur de la guerre. Parmi celles-ci : le Center for Strategic and International Studies (l'un des plus influents organismes américains de recherche en affaires internationales, CSIS), le Washington Institute for Near East Policy (le cercle de pensée le plus actif auprès des autorités américaines et des médias sur les questions relatives au Proche-Orient, WINEP), ou encore le Middle East Forum (Forum du Moyen-Orient). Les actions de ces comités étaient étroitement liées. Tous possédaient des adhésions et des intérêts communs. Ainsi, presque tous étaient les clients de Benador Associates, société de relations publiques très puissante. Dirigé par Eleana

Benador, une linguiste d'origine péruvienne, Benador Associates fonctionnait comme une agence spécialisée dans le placement d'experts, spécialistes des questions du Moyen-Orient et du terrorisme, et dont ils assurait les plans médias. Benador obtenait pour ses clients des participations aux principaux débats et journaux télévisés, des tribunes libres dans les plus grands quotidiens de la presse écrite. On pouvait répertorier sur son site Internet une douzaine de personnalités dont la plupart ont joué un premier rôle dans le déroulement du débat public concernant la politique des États-Unis au Moyen-Orient. Citons notamment :

— Max Boot, rédacteur en chef au *Wall Street Journal* et auteur de *The Savage Wars of Peace : Small Wars and the Rise of American Power.* Selon le *Publisher's Weekly,* Boot est « un polémiste redoutable et un impérialiste qui n'a pas froid aux yeux ».

— Arnaud de Borchgrave, rédacteur en chef au quotidien conservateur *Washington Times*, propriété du Reverend Sun Myung Moon's Unification Church[46]. Borchgrave dirige aussi le Global Organized Crime Project at CSIS.

— Alexander M. Haig Jr, ancien secrétaire d'État (ministre des Affaires étrangères) sous la présidence de Ronald Reagan et membre du Washington Institute for Near East Policy.

— Charles Krauthammer, chroniqueur conservateur au *Washington Post* et au *Weekly Standard.*

— Michael A. Ledeen, un autre membre de l'AEI ; il fut l'une des personnalités impliquées dans le scandale Iran-Contra sous la présidence Reagan. Il a participé aux négociations secrètes ayant abouti à la vente d'armes des États-Unis à l'Iran[47].

— Judith Miller, journaliste au *New York Times.*

— Laurie Mylroie, auteur de *Study of Revenge : Saddam Hussein's Unfinished War Against America.* Publiée un an avant les attaques du 11 septembre, cette enquête attribuait à Saddam Hussein l'attentat contre le World Trade Center en 1993. Pendant la première guerre des États-Unis dans le golfe Persique, Mylroie et Miller ont coécrit un ouvrage intitulé *Saddam Hussein and the Crisis in the Gulf.*

— Richard N. Perle, un des faucons les plus ardents et les plus anciens, conseiller du secrétaire à la Défense Donald Rumsfeld, membre de l'AEI et du PNAC.

En 2003, comme les autres clients de Benador, Laurie Mylroie soutenait ouvertement une guerre contre l'Irak. Une étonnante prise de position par rapport à 1987, alors qu'elle s'était associée avec Daniel Pipes pour rédiger un essai pour la *New Republic* intitulé « *Back Iraq : It's Time for a US Tilt* ». À l'époque, pour Mylroie et Pipes, soutenir l'Irak apparaissait comme une politique de droite. Voici ce qu'ils écrivaient : « La chute du régime irakien contribuerait à renforcer considérablement l'influence iranienne, à compromettre l'approvisionnement en pétrole, à menacer les régimes proaméricains de la région et à bouleverser les rapports israélo-arabes. (…) Aider militairement l'Irak peut offrir à Washington l'opportunité de renforcer sa position vis-à-vis de Téhéran. (…) L'Irak constitue à l'heure actuelle, de facto, le garant du statu quo dans la région. (…) Si notre sympathie envers l'Irak est réciproque, elle pourrait, de plus, constituer une base pour des relations fructueuses à plus long terme[48]. »

Au cours de la préparation de l'opinion à la guerre, début 2003, les poulains de Benador furent très sollicités par les médias. On les a vus participer à un grand nombre de débats télévisés sur ABC, MSNBC, CNN et Fox News. Ils ont publié des livres et des articles. Ils ont apporté leurs témoignages au sein de groupes de travail siégeant au Congrès et fait de fréquentes apparitions au cours de déjeuners donnés à Washington. «Je pense, sans trop me tromper, pouvoir dire que nous avons fait appel à toutes les personnalités figurant dans leur liste», relevait Tunku Varadarajan, rédacteur en chef au *Wall Street Journal*, ajoutant que Benador l'appelait presque tous les jours[49].

Comme le notait le journaliste britannique Brian Whitaker en août 2002, l'attention que ces personnalités ont reçue était d'autant plus saisissante en comparaison du peu d'intérêt que les médias et les professionnels avaient su porter aux 1 400 membres des universités américaines payés à temps plein et spécialisés dans les questions du Moyen-Orient. « On donne souvent aux gens qui travaillent au sein des groupes de réflexion américains des titres ressemblant à ceux que l'on décerne dans les facultés mais leurs travaux n'ont vraiment rien à voir avec ceux effectués dans les universités. Ils sont entièrement destinés à parfaire les connaissances et la formation politique du gouvernement et de nos dirigeants, observait Whitaker. Ce que personne ne sait à l'extérieur de ces groupes de réflexion, c'est qui paie pour ces travaux de recherche destinés à la formation de nos politiques[50]. »

En plus de ses activités d'agent, Benador aidait ses clients à construire leur message. Entre 2002 et 2003, par exemple, cette société conseilla à certains d'entre eux de refréner leur désir de voir les États-Unis envahir d'autres nations que l'Irak. Benador et plusieurs de ses protégés — notamment Ledeen, Perle et Pipes — appartenant aussi au United States Committee for a

Free Lebanon prônaient l'utilisation d'une « force de frappe accablante, non chirurgicale et non proportionnelle » contre des États comme l'Irak, la Libye, la Syrie et le Soudan[51].

En mars 2003, peu de temps après le début de la guerre en Irak, Joe Hagan, du *New York Observer*, a interviewé Eleana Benador sur son travail. Il en a retenu que « son job ne consistait pas uniquement à décrocher le téléphone pour ses clients, mais parfois à les aider à polir leur message ».

« Il y a des choses que vous devez juste exprimer d'une façon différente, d'une manière légèrement différente », commença-t-elle à argumenter. Elle décrivit alors sa réunion avec les responsables d'une nouvelle organisation qui réfléchissaient sur un régime dévoyé susceptible d'entrer dans la ligne de mire des Américains après l'intervention en Irak.

« Ils m'expliquèrent que leur projet était de déterminer qui serait le suivant après l'Irak. Ce à quoi je leur avais répondu que je ne pensais pas que cela soit la bonne position à défendre, la bonne façon de poser la question. “À qui le tour ?”, c'était comme si vous réclamiez sans cesse de nouvelles guerres. Je leur dis qu'ils pouvaient peut-être poser la question ainsi : “Que sera la suite ? Que va-t-il se passer après ?” Je les ai amenés à modifier la forme de leur message et à l'exprimer de manière plus subtile.

« Ce ne sont que quelques mots changés, conclut-elle, mais cela fait une différence. Un tel message formulé autrement, les gens auraient pris peur. Et ce n'était pas le but recherché. J'ai juste pris soin de corriger quelques petits détails afin d'éviter de créer de l'inquiétude et de rendre la communication plus simple[52]. »

Le retour de l'exilé

Pendant ce temps, deux jours avant l'effondrement du régime de Saddam Hussein à Bagdad, le *New York Times* du 7 avril 2003 annonçait que le Congrès national irakien, l'organisation en partie mise en place par le groupe Rendon onze ans plus tôt, venait de s'installer en Irak.

L'article relatait également que « des centaines de combattants irakiens opposés à Saddam Hussein avaient été transportés par pont aérien dans le sud de l'Irak pour lutter contre ce qui restait de l'armée du raïs et, plus important, servir d'avant-garde à une nouvelle armée nationale[53] ».

« Ce sont des citoyens irakiens qui veulent se battre pour un Irak libre et qui formeront le cœur de la nouvelle armée irakienne une fois que ce pays sera redevenu libre », déclarait le général Peter Pace, chef d'état-major interarmées adjoint[54].

Les soldats des « Forces libres irakiennes », qui étaient revêtus de treillis américains et avaient été transportés par avion sur une base aérienne américaine de fortune près de Nasiriyah, ne ressemblaient pas vraiment à des combattants de la libération. En fait, on ne disposait d'aucun élément prouvant que ces soldats avaient déjà combattu ou encore qu'ils étaient aptes à le faire. Sudarsan Raghavan, correspondant de *Knight Ridder,* les a dépeints ainsi :

« Il y a des hommes de dix-huit ans, d'autres de cinquante-cinq ans. Une moitié vient des États-Unis, de Grande-Bretagne, d'Iran, de Norvège, du Canada, de Jordanie et une poignée d'autres nations. Quelques-uns sont accompagnés de leurs enfants. Certains sont édentés et ont des barbes grisonnantes. D'autres ont du ventre et tirent sur une cigarette, alors que pas très loin des officiers américains s'agitent et lancent des ordres. »

« Ce n'est pas la Wehrmacht, reconnaissait Zaab Sethna, conseiller auprès d'Ahmed Chalabi au Congrès irakien, faisant référence aux forces armées allemandes de la Deuxième Guerre mondiale. Mais leur motivation et leur énergie sont fortes. »

Les « Forces libres irakiennes » représentent la branche armée de l'INC, l'une des six organisations en rivalité pour diriger le nouvel Irak. Chalabi, un banquier londonien, est installé dans un entrepôt humide de la base américaine. Il est accompagné de sa sœur, formée à Harvard, et de quelques aides de camp.

Lors d'une récente patrouille dans un village voisin, des combattants joyeux ont entouré Chalabi en lui chantant : « Par notre sang, par notre âme, nous nous sacrifierons pour toi, docteur Chalabi[55]. »

Chalabi, pour qui ce retour constituait la première opportunité de revenir à Bagdad depuis son départ en 1958, établit son quartier général au Hunting Club, un club privé qui fut la propriété du fils de Saddam Hussein, Oudaï. « Je ne suis candidat à aucun poste au sein d'un gouvernement de transition, déclarait-il au *New York Times* le 19 avril 2003. Ma mission est de reconstruire l'Irak[56]. » Pourtant, dans le même temps, son bureau commença à prendre les allures d'un cabinet de gouvernement provisoire. Ils furent nombreux à venir lui réclamer à cor et à cri des emplois et des faveurs. Pour le *Washington Post*, présent sur place, « la plupart sont persuadés que Chalabi, qui est revenu au pays la semaine dernière après de nombreuses années d'exil, est l'homme de l'Amérique à Bagdad. Chalabi paraît plus que tout désirer jouer ce rôle. Il a passé l'essentiel de son temps à rencontrer des délégations de leaders locaux, des hommes d'affaires et même des membres du régime déchu de Saddam Hussein tentant de trouver une sortie honorable. Il n'est pas facile de savoir au nom de quelle autorité Chalabi agit, mais rien n'est clair dans cet Irak de l'après-guerre. Chalabi est en liaison permanente avec un officier du Commandement central américain, ce qui laisse à penser qu'il n'est pas coupé des responsables du Pentagone[57] ».

Alors que la guerre s'éloignait, le nom de Chalabi commençait à circuler de plus en plus. De hauts fonctionnaires du régime de Saddam Hussein s'étaient livrés directement aux membres de l'INC attachés aux unités américaines des Affaires civiles. À Mossoul, le *New York Times* observait que « des partis politiques irakiens ont lentement commencé à rouvrir de nouveaux bureaux cette semaine. Mais seul un groupe, celui de Chalabi, partage une base avec les soldats des Forces spéciales américaines, possède une armée entraînée et équipée par les Américains, et dispose d'un hôpital installé près des troupes américaines[58] ».

En mai, Francis Brooke — un ancien collaborateur de chez Rendon, qui assiste depuis longtemps Chalabi dans ses activités — confiait que Chalabi pourrait céder à la pression populaire et, après tout, consentir à devenir le président de l'Irak. « George Washington avait bien refusé à plusieurs reprises de se porter candidat à la présidence des États-Unis », rappelait Brooke, apparemment sans la moindre ironie. Puis de lâcher : « Je ne serais pas étonné que les Irakiens finissent par avoir raison de lui[59]. » Le 5 mai, le général américain Jay Garner désignait Chalabi comme l'une des cinq personnalités irakiennes pouvant être désignées pour devenir l'homme clé d'un nouveau gouvernement provisoire[60].

Chapitre 3
De vrais mensonges

Lors d'une conférence de presse, deux semaines après les attaques terroristes du 11 septembre 2001, le secrétaire à la Défense Donald Rumsfeld eut un échange avec un journaliste désireux d'avoir quelques précisions sur un point bien précis. Dans ce contexte de « guerre contre le terrorisme, demanda le journaliste, n'y aura-t-il pas, alors que vous engagez cette campagne, des circonstances pour lesquelles quelqu'un du secrétariat à la Défense sera autorisé à mentir aux médias dans le but d'accroître les chances de succès d'une opération militaire ou encore afin de gagner quelques avantages sur vos ennemis ? ».

Ce à quoi Rumsfeld répliqua : « Votre question me rappelle cette célèbre phrase de Winston Churchill quand il a dit que "parfois la vérité est si précieuse qu'elle doit être escortée d'un garde du corps de mensonges" (*bodyguard of lies*) en évoquant la date et le lieu de l'intervention de ses troupes lors de la Seconde Guerre mondiale. Et en effet, il s'était engagé à ne rien laisser deviner de la date ni de l'endroit du débarquement en Normandie, de sorte que celui-ci pouvait aussi bien se dérouler sur les plages de Normandie que dans le nord de la Belgique. Les Anglais s'étaient engagés dans une stratégie consistant à désorienter les Allemands quant aux événements à venir. Une armée fantôme commandée par le général Patton avait aussi été créée pour que les Allemands croient à une éventuelle arrivée par le nord de la France. Et d'autres choses encore.

« C'est un morceau d'histoire, et je le rappelle juste pour l'intérêt du contexte...

« La réponse à votre question est “non”. Je ne peux pas l'imaginer (que l'on en vienne à vous mentir). Je ne me rappelle pas avoir déjà menti à la presse. Je n'en ai pas l'intention. Et il me semble qu'il n'y aura aucune raison pour qu'il en soit ainsi. Il existe des tas de moyens pour éviter d'avoir à vous mentir. Je ne vous mens pas. Et Victoria Clarke ne le fera pas. Pas plus que l'amiral Quigley. »

Le journaliste renchérit : « Cela vaut-il pour chacun des membres du secrétariat à la Défense ? »

Rumsfeld répliqua en riant : « Je pense que vous plaisantez[1]. »

Quelques mois plus tard, le *New York Times* révélait dans un article que le Pentagone avait planifié la création d'un service pour organiser des opérations de propagande et de désinformation en fournissant aux médias internationaux, y compris alliés, ses propres informations, dont certaines pouvaient se révéler fausses. Cet Office of Strategic Influence (Bureau de l'influence stratégique, OSI), dirigé par le général Simon Worden, de l'US Air Force, disposait d'un budget de plusieurs millions de dollars et « avait commencé à faire circuler des projets confidentiels qui appelaient à des campagnes agressives et étaient diffusés par l'intermédiaire des médias étrangers et d'Internet mais également par le biais de pratiques et de circuits plus secrets. (...) Le général Worden considère sa mission comme étendue, pouvant aller de campagnes "noires" utilisant la désinformation et d'autres activités secrètes aux relations publiques "blanches", faites de communiqués véridiques », confiait un haut responsable du Pentagone au *Times*[2]. (*NdT : Concrètement, les opérations pouvaient se traduire par la diffusion de tracts, d'e-mails camouflés, par l'intervention de « journalistes » chargés de répandre des échos formatés par le Pentagone, ou encore de manière plus agressive par la diffusion de fausses informations ou via l'attaque de sites informatiques hostiles.*)

Cette démarche fut critiquée au sein même de l'armée. On s'inquiétait en effet de voir la crédibilité du Pentagone entachée et le distinguo opérations secrètes/relations publiques se brouiller. De plus, la désinformation introduite dans les agences de presse internationales pouvait en retour contaminer la presse nationale et donc atteindre le public américain. Les révélations du *Times* provoquèrent une vraie polémique au sein du Congrès et déclenchèrent un véritable tollé parmi les patrons de presse. L'Office créé par le Pentagone pour mener la « guerre de l'information » allait connaître une fin prématurée. Une semaine suffit au Président Bush pour en notifier la dissolution, effective le 24 février. La Maison-Blanche réfuta cependant catégoriquement toute tentative ou opération de désinformation dont l'OSI aurait été l'outil. De son côté, le secrétaire à la Défense, Donald Rumsfeld, affirma qu'il n'avait « jamais vu le moindre document concernant la nature des activités de ce bureau », malgré le témoignage inverse d'un collaborateur de l'OSI[3].

En fait, Rumsfeld parut pourtant bien se soucier de conserver les activités et la pérennité d'un bureau dont il prétendait plus tôt ne connaître que peu de chose. Neuf mois plus tard, au cours d'un vol vers le Chili, il évoqua devant quelques journalistes le scandale provoqué par l'OSI : « Et puis il y a eu le Bureau de l'influence stratégique. Vous devez certainement vous rappeler. Quand tout cela est arrivé, je me suis dit : "Oh ! Bonté divine, n'est-ce pas épouvantable, Henny Penny, le ciel est en train de nous tomber sur la tête." (*NdT : Rumsfeld fait référence à un conte pour enfants très populaire.*) J'ai été sonné jusqu'au jour suivant et j'ai dit : "OK ! Vous voulez la peau de ce truc, je vous laisse le cadavre. Je vous laisse le nom aussi. Mais moi, je vais continuer à faire tout ce qu'il y a à faire. Et je l'ai fait.[4]" »

La mère de tous les mensonges

La confusion entretenue sur les frontières de la vérité et du mensonge n'a certainement pas commencé avec l'actuelle administration Bush. Tout conflit armé comporte une part de désinformation qui participe de toute guerre de l'information, au moins depuis le jour où Alexandre le Grand eut l'idée de disposer, dans le sillage de ses troupes battant en retraite, d'imposantes armures. Il espérait ainsi convaincre l'ennemi qu'il disposait encore de véritables colosses parmi les combattants. Cette ruse d'Alexandre le Grand est systématiquement rappelée, dès le premier jour de stage, aux soldats qui suivent une formation sur les opérations psychologiques (encore appelées *psyops*, elles constituent le volet militaire de la guerre de l'information).

Un document de l'US Air Force réalisé en 1998 et intitulé « Information Opérations » établit que « les opérations d'information s'appliquent à travers l'éventail d'actions de la paix à la guerre tout entière. (...) Notamment, il s'agit d'une construction qui opère à travers tout le spectre du conflit, depuis la paix jusqu'à la guerre, et destinée à permettre l'exécution effective des responsabilités de l'US Air Force, dans les airs, l'espace ou le cyberespace ».

Ces opérations comportent des thèmes comme « les opérations psychologiques, la guerre électronique, des mesures de désinformation, la ruse militaire et ses contre-mesures ». (*NdT : La ruse militaire concerne le domaine strictement militaire de la mystification, qui elle-même consiste à mener des actions destinées à tromper l'adversaire.*) De nos jours, le document explique qu'il y a « une infrastructure croissante de l'information qui transcende l'industrie, les médias, le monde militaire et qui comprend à la fois les entités gouvernementales et non gouvernementales. Ce phénomène est caractérisé par l'émergence de technologies et de réseaux d'information civils et militaires. En réalité, la diffusion de nouvelles, un communiqué diplomatique, un message militaire ordonnant l'exécution d'une opération dépendent tous de l'infrastructure globale de l'information ». Dans cet environnement, les opérations psychologiques « sont conçues pour porter à la connaissance de dirigeants étrangers et de publics cibles des informations sélectionnées et des indicateurs destinés à influencer leurs émotions, leurs objectifs, leur capacité à raisonner et finalement leur comportement » alors que « des opérations de mystification visent à tromper les adversaires et à les amener à agir conformément aux objectifs souhaités par ceux qui en prennent l'initiative ». Le document cite en effet le stratège militaire chinois Sun Tzu, pour qui « toute guerre repose sur la mystification[5] ».

Des nourrissons arrachés à leur couveuse

L'épisode des « bébés arrachés à leur couveuse » par des soldats irakiens contribua à construire et à gagner le soutien du public lors de la première intervention armée américaine dans le golfe Persique. On a cru à cette histoire, largement reprise, et elle ne fut pas démentie avant la fin de la guerre. Dans le milieu des relations publiques, cet événement est aujourd'hui encore considéré comme peu glorieux, alors qu'une bonne partie du public croit toujours que cette histoire est réellement arrivée.

Au lendemain de l'invasion du Koweït par l'Irak, le 2 août 1990, les États-Unis durent effectuer une rapide volte-face. Pendant presque une décennie, Saddam Hussein avait été un allié des Américains malgré les condamnations répétées d'organisations internationales des droits de l'homme.

Hill and Knowlton, la plus grosse multinationale de relations publiques du monde, fut appelée à la rescousse pour lancer une vaste campagne de propagande. Son objectif : persuader les Américains qu'ils devaient soutenir cette guerre contre l'Irak[6]. Une bonne partie de l'argent investi dans la campagne de marketing en faveur d'une intervention armée provenait du gouvernement du Koweït en exil, signataire d'un contrat avec H and K, neuf jours après l'entrée de l'armée de Saddam au Koweït. H and K créa la fondation Citizens for a Free Kuwait (Citoyens pour un Koweït libre). La fondation, organisée comme tout lobby de relations publiques, servait de façade à la collusion du gouvernement koweïtien avec l'administration Bush, tous deux travaillant de mèche pour vendre la guerre. Au cours des six mois suivants, le gouvernement koweïtien injecta 11 millions de dollars dans les caisses de Citizens for a Free Kuwait, enveloppe à laquelle s'ajoutaient 17,861 millions de dollars provenant de 78 donateurs privés ; 10,8 millions de dollars de la totalité du budget revinrent à H and K sous forme d'honoraires[7].

Des documents échangés avec le secrétariat à la Justice ont montré que H and K avait confié à 119 de ses collaborateurs, répartis dans 19 bureaux américains, le soin de contrôler les comptes du Koweït. La société H and K organisa pour les médias des interviews et des rencontres avec des Koweïtiens, institua une « Journée nationale du Koweït libre » et bien d'autres manifestations publiques. Elle conçut et fit diffuser de multiples communiqués de presse. Elle aida à la publication et à la distribution de plus de 200 000 exemplaires auprès des journalistes les plus influents, et au sein des troupes américaines d'un livre de 154 pages, *The Rape of Koweït*, rapidement rédigé et traitant des horreurs commises par le régime de Saddam Hussein[8]. L'ampleur de la campagne de H and K impressionna le *O'Dwyer's PR*, l'une des publications de référence dans le domaine des relations publiques. Son directeur, Jack O'Dwyer, écrivit que « Hill and Knowlton a assumé dans cette opération un rôle qu'aucune autre société de relations publiques n'avait endossé auparavant. Elle a fait appel à une panoplie hallucinante de moyens et de techniques de persuasion et de formation de l'opinion pour parvenir à rallier les Américains à la cause des Koweïtiens. Les techniques s'étendaient de l'organisation d'immenses et nombreuses conférences de presse, au cours desquelles étaient montrés les tortures et autres abus pratiqués par les Irakiens, à la distribution dans les campus universitaires des États-Unis de dizaines de milliers de tee-shirts “Libérez le Koweït” ainsi que d'autocollants à placer sur les pare-brise des voitures[9] ».

Tout grand événement médiatique a besoin de ce que les journalistes et les professionnels de la presse appellent un « hameçon ». L'hameçon, ou l'appât idéal, devient l'élément central d'une histoire qui fait que celle-ci vaut la peine d'être publiée, provoque une forte réponse émotionnelle et se fixe dans la mémoire. Pour la campagne koweïtienne, l'hameçon s'est présenté le 10 octobre 1990, au cours d'une audience au Capitol Hill d'un Human Rights Caucus, un Comité des droits de l'homme siégeant au Congrès et réuni à l'initiative de sénateurs. Cette séance permit pour la première fois de présenter de manière officielle, du moins dans la forme, l'inventaire des violations de droits de l'homme par le régime irakien. Dans le fond et la forme, cette audition ressemblait bien à une réunion officielle relevant du Congrès ; les apparences étaient toutefois trompeuses. Bien que ce comité fût présidé par deux élus du Congrès, Tom Lantos et John Porter, il n'avait rien d'une instance officielle du Congrès. Seuls quelques observateurs remarquèrent l'importance de ce détail. John MacArthur fut l'un d'eux. Il est l'auteur de *The Second Front*, le meilleur livre jamais écrit sur la manipulation des médias durant la première guerre du Golfe. « Ce comité n'est pas une commission qui dépend du Congrès, il n'a par conséquent pas d'attribution ni de mandat lui donnant des prérogatives légales ou juridiques qui pourraient faire hésiter un témoin si celui-ci avait l'intention de mentir, commentait MacArthur. Mentir sous serment devant une commission relevant du Congrès est un crime ; mentir sous couvert de l'anonymat devant un comité relève purement et simplement des relations publiques[10]. »

Le moment le plus émouvant de cette audience du 10 octobre est venu du témoignage poignant de cette jeune Koweïtienne de quinze ans, seulement identifiée par son prénom, Nayirah. Selon le comité, le nom de famille de l'adolescente était tenu secret afin d'éviter tout risque de représailles des Irakiens contre sa famille restée dans le Koweït occupé. En sanglots, elle décrivit ce qu'elle avait vu dans un hôpital de Koweït City. Son témoignage fut retranscrit et diffusé dans un communiqué de presse à l'attention des journalistes, par les soins de Citizens for a Free Kuwait. « Je travaillais comme volontaire à l'hôpital Al Adam, commença Nayirah. Alors que je m'y trouvais, j'ai vu les soldats irakiens pénétrer dans l'hôpital avec des armes. Ils sont entrés dans la pièce où quinze bébés étaient en couveuse. Ils les en ont retirés, ont pris les couveuses et laissé mourir les nourrissons sur le sol glacé. » Elle poursuivit son récit en affirmant que des « centaines » d'autres bébés avaient connu le même sort[11].

Trois mois se sont écoulés entre le témoignage de Nayirah et le début de la guerre. Pendant ces semaines, l'histoire des bébés arrachés à leurs couveuses a été racontée à plusieurs reprises. Le Président Bush lui-même évoqua l'histoire. Il en fut de même devant le Congrès, à la télévision dans de nombreux débats et émissions, devant le Conseil de sécurité des Nations unies. En décembre 1990, un rapport d'Amnesty International sur les droits de l'homme commenta à son tour les faits rapportés par la jeune fille. On pouvait y lire que « plus de 300 bébés prématurés avaient été recensés comme morts après que des soldats irakiens les eurent enlevés de couveuses, avant que celles-ci ne fussent emportées[12] ».

De toutes les accusations proférées contre le dictateur, MacArthur notait qu'« aucune n'avait eu autant d'impact sur l'opinion publique américaine que celle des combattants irakiens retirant 312 bébés de leurs couveuses et les abandonnant à la mort sur le sol glacé d'un hôpital[13] ». Or H and K et Lantos avaient omis de révéler devant le comité que la prestation de Nayirah avait été orchestrée par la Human Rights Foundation, une création de la firme de relations publiques, et que la jeune fille appartenait en fait à la famille royale. Son père — présent lors de son témoignage — était Saud Nasir Al-Sabah, l'ambassadeur du Koweït aux États-Unis. Enfin, la vice-présidente de H and K, Lauri Fitz-Pegado, avait préparé le témoignage de Nayirah[14].

Au lendemain de la guerre, des inspecteurs des droits de l'homme ont recherché des éléments permettant de confirmer l'histoire de Nayirah. Mais ils ne parvinrent jamais à trouver le moindre témoin ni la moindre preuve. John Martin, grand reporter à ABC World News Tonight, s'est rendu à l'hôpital Al Adam. Il y a interviewé le docteur Mohammed Matar, le directeur des services de santé koweïtiens et son épouse, le docteur Fayeza Youssef, qui dirigea l'unité obstétrique de la maternité de l'hôpital. Pour tous, les accusations de Nayirah étaient des mensonges. En réalité, il n'y avait qu'une poignée de couveuses dans tout l'Irak, certainement pas des centaines comme Nayirah l'a affirmé. Et personne, toujours selon ces médecins, n'avait vu de soldats irakiens sortir des bébés des incubateurs. Pour Matar, il ne faisait « aucun doute que cela relevait de la pure propagande[15] ».

Le reportage de John Martin incita Amnesty International à mener sa propre enquête. L'organisation avait cru à l'histoire des bébés lorsque Nayirah avait témoigné. Ne trouvant pas à son tour « la moindre preuve fiable » pour attester les faits, elle dut revenir sur les conclusions de son rapport, publié en décembre[16]. « Nous avons acquis la conviction que l'histoire des "bébés morts" n'est pas arrivée avec l'ampleur rapportée initialement, si tant est qu'elle ait véritablement eu lieu », devait reconnaître le porte-parole d'Amnesty International[17]. Middle East Watch, une autre organisation de défense des droits de l'homme, a également conclu à une mystification. Son président, Aziz Abu-Hamad, qui a mené son enquête pendant trois semaines au Koweït, une fois la guerre terminée, a confirmé que « l'important travail d'investigation effectué par Middle East Watch n'avait pas permis de réunir de pièces allant dans le sens de l'accusation. Après la libération du Koweït, nous avons visité tous les hôpitaux koweïtiens où l'on avait rapporté que de tels incidents avaient eu lieu. Nous avons interviewé des docteurs, des infirmières et des administrateurs. Nous avons vérifié les registres des établissements. Nous avons aussi visité des cimetières et examiné leurs bureaux d'enregistrement. Alors que nous avons pu trouver des preuves flagrantes témoignant des horreurs perpétrées par les Irakiens au Koweït, nous n'avons pu rapporter aucun élément qui confirmait que des soldats avaient bien retiré des bébés des couveuses et les avaient laissés mourir. Les témoignages provenant du gouvernement koweïtien, qui durant l'occupation irakienne avait soutenu la véracité de l'histoire, ont changé ou ont été discrédités. La propagation de fausses allégations concernant des atrocités dessert gravement la cause des droits de l'homme. Elle détourne l'attention des violations réelles qui furent commises par les forces irakiennes au Koweït, les meurtres et la détention de milliers de citoyens koweïtiens, sans compter les disparitions de centaines d'autres dont on ne sait pas ce qu'ils sont devenus[18] ».

Une vérité supérieure

Pourquoi inventer de telles atrocités quand le régime de Saddam Hussein présente suffisamment d'exemples d'histoires vraies ? Les preuves ne manquaient pas pour démontrer que ce personnage était un dictateur brutal, responsable de tortures et de la mort de milliers — en fait, de centaines de milliers — de gens innocents.

On peut cependant avancer une explication. Les histoires de « tueurs de bébés » semblent une constante de toute propagande de guerre. Pendant la Première Guerre mondiale, par exemple, les Français et les Britanniques firent courir des histoires selon lesquelles des soldats allemands avaient transpercé de leurs baïonnettes un enfant de deux ans et « coupé les bras d'un bébé qui s'accrochait à la jupe de sa mère ». La scène fut illustrée et développée dans un journal français qui publia un dessin montrant ces soldats allemands en train de découper les mains de l'enfant[19]. Aucune de ces deux rumeurs n'a jamais pu être confirmée.

Si les stratèges américains tenaient tant à accrocher au cou de Saddam l'étiquette de « tueur de bébés », ils auraient pu le faire honnêtement. Les femmes et les enfants représentaient en effet 75 % des 5 000 personnes tuées lors du gazage de ses propres citoyens en

1988 : des Kurdes irakiens du village d'Halabja. L'embarras venait de ce que les événements d'Halabja et d'autres utilisations d'armes chimiques s'étaient produits alors que l'Irak recevait l'appui militaire et économique des États-Unis. « L'attitude des Américains dans la tragédie d'Halabja est à tous les niveaux honteuse », assena Joost R. Hiltermann, du Human Rights Watch, qui a beaucoup enquêté sur les événements d'Halabja. En vérité, le Département d'État américain « a demandé à ses diplomates de blâmer l'Iran pour sa part de responsabilité dans ce drame. Le résultat de ces manœuvres fut que la communauté internationale ne parvint pas à se rassembler pour condamner unanimement et avec force l'Irak, responsable d'un acte aussi atroce que l'attaque terroriste du 11 septembre 2001 sur le World Trade Center[20] ».

Durant les préparatifs de la guerre de 1990, les barbaries d'Halabja et l'assentiment du Département d'État étaient encore si présents dans les esprits qu'il aurait été difficile pour la première administration Bush de convaincre l'opinion de la sincérité de son indignation face à la vraie nature du régime de Saddam Hussein. Dire la vérité aurait soulevé trop de questions embarrassantes. Le camp des partisans de la guerre aurait bien voulu dire cette réalité, mais, afin de se protéger des conséquences qui en auraient découlé, la nécessité s'imposait pour eux d'avoir recours à ce que Churchill ou Rumsfeld auraient appelé un « garde du corps de mensonges ».

Pendant la mise en place de l'opération Tempête du désert, la première administration Bush évita donc de faire allusion aux drames d'Halabja. Les journalistes ne l'évoquèrent aussi que très rarement. Une recherche effectuée à partir de la base de données LexisNexis montre que les événements d'Halabja furent mentionnés dans 188 sujets aux États-Unis au cours de 1988 (l'année des faits). Ce fut beaucoup plus rare dans les années qui suivirent : seulement 20 citations en 1989 et 29 en 1990, l'année où Saddam Hussein a envahi le Koweït. Entre l'invasion du Koweït, le 2 août 1990, et la fin de l'opération Tempête du désert, le 27 février 1991, le drame d'Halabja ne fut rappelé que 39 fois. Pendant la décennie suivante, il y fut fait référence, en moyenne, 16 fois par an. Pendant les élections présidentielles de 2000, ce chiffre est descendu à 10. L'événement n'a vraiment commencé à réapparaître dans les médias américains qu'à partir de septembre 2002, quand l'administration de George W. Bush a lancé sa campagne en faveur d'une intervention armée en Irak. Les rappels du génocide de 1988 ont alors réapparu brusquement. Le drame d'Halabja fut mentionné 57 fois au cours du seul mois de février 2003 et à 145 reprises en mars, date à laquelle la guerre a débuté. Presque quinze ans s'étaient écoulés et la mémoire des événements s'était quelque peu atténuée. Reparler du gazage des citoyens irakiens par Saddam Hussein ne constituait plus un risque majeur. Seuls quelques-uns des journalistes qui ont écrit sur Halabja entre 2002 et 2003 ont osé rappeler que Saddam avait commis ses pires atrocités alors que durant la même période le père de l'actuel Président soutenait le raïs financièrement.

Le traitement fut tout à fait autre dans l'affaire de Nayirah et des bébés. Toujours d'après les informations recueillies à partir de la banque de données LexisNexis, l'« histoire des bébés » fit l'objet de 138 citations au cours des sept mois qui ont séparé l'invasion du Koweït et la fin de l'opération Tempête du désert. La guerre à peine terminée, des journalistes ont commencé à révéler la supercherie après avoir visité des hôpitaux koweïtiens et appris par le personnel de ces établissements que ces prétendus faits n'étaient qu'un leurre. Après 1992 et la décennie qui suivit, l'histoire disparut presque totalement des médias. Elle ne devait faire l'objet que d'une dizaine de mentions par an. Cependant, elle allait refaire surface en décembre 2002, le temps de la diffusion par la chaîne de télévision HBO d'un téléfilm intitulée *Live from Bagdad.* Cette fiction inspirée de la réalité racontait les aventures de Peter Arnett et de journalistes de CNN durant l'opération Tempête du désert. Elle comprenait une séquence vraie montrant Nayirah en train de délivrer son faux témoignage devant les caméras, donnant l'impression d'une histoire authentique aux téléspectateurs. En réponse à des doléances du FAIR (un observatoire non gouvernemental des médias), HBO rajouta un avertissement à la fin du générique afin de rappeler que « les allégations contre des soldats irakiens accusés d'avoir sorti des nourrissons de leurs couveuses n'avaient jamais été confirmées[21] ». Bien sûr, ce communiqué ne fut remarqué que par les quelques spectateurs qui avaient lu le générique jusqu'au bout. Avant cet ajout de fin de générique, le critique de télévision du *Washington Post,* Tom Shales, avait visionné le film. Voici ce qu'il avait écrit : « L'horreur qui s'est abattue sur le Koweït est rendue de manière éclatante durant les séquences où l'on suit Robert Wiener, réalisateur à CNN, et son équipe alors qu'ils enquêtent à travers le pays sur les accusations portées contre les troupes irakiennes, selon lesquelles ils ont enlevé des bébés de leurs couveuses. Les scènes évoquant les pillages sont tout aussi remarquables. Vous vous souvenez[22] ? »

Il peut être injuste de retenir un extrait de l'article de Shales dans lequel celui-ci demande à se souvenir d'un fait qui ne s'est jamais produit. L'histoire de Nayirah et des couveuses est simplement une fois de plus l'illustration du principe, compris depuis longtemps par les propagandistes, qu'un mensonge répété suffisamment de fois finit généralement par être accepté comme étant une vérité.

Des certitudes bien fragiles

Un sondage d'opinion réalisé en octobre 2002 par le Pew Research Center pour *People and Press* révélait que, pour 66 % des Américains, Saddam Hussein était impliqué dans les attentats du 11 septembre contre les États-Unis. Dans la même enquête, 79 % d'entre eux pensaient que l'Irak était déjà en possession, ou sur le point de posséder, des armes nucléaires. Cette étude chercha aussi à savoir pourquoi beaucoup d'Américains soutenaient la guerre. La raison principale était l'idée que cette intervention réduirait la menace terroriste ; 25 % des partisans d'une guerre se déterminaient par rapport à la perception qu'ils avaient de Saddam Hussein ou de la nature de son régime. « C'est le diable », « c'est un fou », « il opprime son propre peuple » étaient les termes les plus souvent retenus. Cependant, plus du double (60 %) des personnes qui se prononçaient en faveur d'une offensive armée justifiaient leur position par leurs craintes nées des attaques du 11 septembre. « Se débarrasser des armes de destruction massive », « lutter et se prémunir contre des actes de terrorisme à venir » étaient les arguments les plus souvent avancés[23].

En janvier 2003, le *Knight Ridder Newspapers* publiait sa propre enquête d'opinion. On y apprenait que « les deux tiers des personnes interrogées ont répondu qu'elles pensaient avoir une bonne connaissance des questions concernant la crise irakienne. Or une plus récente consultation a révélé de grandes lacunes dans cette connaissance. Ainsi, la moitié des gens sondés était persuadée qu'au moins un, ou plusieurs, des terroristes pirates de l'air du 11 septembre étaient des citoyens irakiens. En fait, il n'y en avait aucun ». Enfin, concluait le journal, « ceux qui se montrent les mieux informés de la question irakienne sont significativement ceux qui sont le moins disposés à soutenir une action militaire, à chasser Saddam du pouvoir ou encore à désarmer l'Irak[24] ».

Ce fossé entre la réalité et l'opinion publique n'est pas anecdotique. En effet, si le public avait possédé une perception plus précise des faits, celui-ci aurait certainement été plus large à juger la « guerre préventive » contre l'Irak, invoquée par Bush, imprudente et injustifiée. Les certitudes plutôt fragiles du public américain présentaient pour beaucoup les mêmes caractéristiques et aspérités qui avaient permis à l'histoire des bébés de se développer et de finir par apparaître comme une vérité : un battage parfaitement orchestré d'allégations et d'insinuations provenant de l'administration Bush, des lobbies et des cercles de réflexion pro-guerre influents et très actifs, et des commentateurs en relais qui œuvraient dans ce sens. Autant de déclarations, de communications ou d'informations qui étaient, comme nous le verrons plus loin, souvent fausses ou trompeuses. Autant de manipulations qui poursuivaient un même objectif, celui de créer le sentiment que l'Irak constituait un péril imminent.

L'arsenal irakien

De tous les arguments avancés par l'administration Bush pour justifier une intervention armée en Irak, le plus percutant reposait sur l'affirmation que les Irakiens possédaient ou pouvaient à tout instant se procurer des armes de destruction massive. L'Irak a en effet eu en sa possession des armes biologiques et chimiques au moment de l'opération Tempête du désert (dont beaucoup de souches avaient été fournies par les États-Unis et d'autres nations occidentales). Elles servirent dans le génocide qui décima une partie de son propre peuple et lors de la guerre contre l'Iran[25]. Saddam Hussein avait aussi tenté de développer des armes nucléaires[26]. Au lendemain de l'opération Tempête du désert, la pression internationale imposa la destruction de l'arsenal irakien. Mais, le régime n'ayant fourni aucun document attestant de leur éradication, certaines avaient pu être conservées[27].

Ce qui était intéressant à observer dans ce débat sur l'Irak, c'est que la propre propagande de Saddam Hussein pouvait elle-même laisser croire, et donc renforcer le sentiment, que son pays constituait effectivement une véritable menace. Comme l'avait justement observé le dramaturge Jean Anouilh, « la propagande est une arme rampante, vous la tenez entre vos mains et elle se déplacera comme un serpent, avant de frapper là où vous ne l'attendiez pas ». À la suite de la défaite de l'Irak, à la fin de l'opération Tempête du désert, beaucoup de ces armes interdites furent détruites, raconte le journaliste du *Washington Post,* Barton Gellman, qui a largement suivi les travaux de la United Nations Special Commission (Commission spéciale des

Nations unies, UNSCOM) dans ses enquêtes sur les armes irakiennes. Cela a pu se faire non pas parce que Saddam était soudainement devenu quelqu'un de bien, mais parce qu'il avait voulu créer une image en conformité avec ce que la communauté internationale attendait, et ainsi se ménager les moyens de reproduire des armes semblables dans l'avenir. « Les Irakiens avaient si abondamment employé les armes chimiques lors du conflit entre l'Iran et l'Irak qu'ils ne pouvaient prétendre ne pas en détenir le programme, analysait Gellman. Ils ont décidé de sacrifier leurs armes chimiques les plus anciennes et les moins sophistiquées. Leur armement était suffisamment important pour que cela fût possible. La restitution des armes à l'UNSCOM fit l'objet d'une grande publicité. L'UNSCOM les fit détruire à la dynamite et enterrer dans des fosses. Chacun estima à cet instant que l'on avait sincèrement beaucoup progressé. Mais les Irakiens avaient pris soin de dissimuler aux inspecteurs une somme de documents concernant la réalisation de programmes d'armement. Ces dossiers comprenaient des plans et des indications techniques sur les armes chimiques et biologiques, sur des équipements en matière de missiles et autres armes nucléaires[28]. »

En 1995, Hussein Kamel, gendre de Saddam Hussein et surtout responsable des programmes de développement des armes de destruction massive pendant dix années, fuit l'Irak pour la Jordanie, emportant dans ses valises de précieuses informations qu'il livrera aux envoyés de l'ONU. Impressionnés par le contenu de ces révélations et par le fait que l'on ait pu leur cacher autant de pièces, les inspecteurs vont renforcer leurs contrôles. « Nous avons été abasourdis de découvrir qu'Hussein Kamel avait réussi, pendant tout le temps de notre présence et sous notre nez, à cacher une importante quantité de documentation, avait confié un inspecteur au journaliste Barton Gellman. Nous avons découvert nombre d'éléments dans sa propre ferme. Il y avait là dans un poulailler des boîtes renfermant des microfiches, des disquettes, des bandes vidéo, des photographies et des articles interdits. Tout le monde pouvait y avoir accès. » La Commission spéciale des Nations unies mettra la main au total sur près d'un million de nouveaux documents montrant l'existence de nombreux projets de programmes en matière de missiles, d'armement biologique, chimique mais aussi nucléaire[29].

Pendant les semaines précédant la guerre, la défection de Kamel fut à plusieurs reprises utilisée par le Président Bush et d'autres membres de son administration comme élément de preuve pour affirmer que l'Irak n'avait pas été désarmé et que les inspections de l'ONU n'avaient servi à rien. Dans son discours du 5 février 2003 devant le Conseil de sécurité des Nations unies, le secrétaire d'État américain Colin Powell rappela qu'« il avait fallu quatre années pour que l'Irak admette enfin qu'il avait produit quatre tonnes d'agent neurotoxique mortel VX ». Le vice-président, Dick Cheney, avait tenu à souligner que « ces aveux n'avaient été rendus possibles qu'après que les inspecteurs eurent recueilli des informations lors d'une audition d'Hussein Kamel, alors qu'il venait de fuir son pays. (...) Cela doit nous rappeler que nous en apprenons souvent davantage au contact d'exilés que lors d'opérations d'inspection auprès des régimes ».

C'était vrai, mais il y avait cependant un problème. Hussein Kamel avait aussi dit à ses interlocuteurs, lors de cet été 1995, que l'Irak avait détruit tous ses stocks d'armes biologiques et chimiques, ainsi que les missiles vecteurs après la fin de la première guerre du Golfe.

Le 3 mars 2003, le grand reporter John Barry publiait dans *Newsweek* le procès-verbal de la déposition de Kamel devant les inspecteurs Nikita Smidovich de l'UNSCOM et Maurizio Zifferero de l'International Atomic Energy Agency (Agence internationale à l'énergie atomique, IAEA). L'ancien responsable de l'armement irakien avait aussi confié que l'Irak avait conservé « des plans secrets, des disques informatiques, des microfiches et même des moules pour les ogives de missiles. (...) Des armes avaient été détruites secrètement pour cacher leur existence aux inspecteurs, dans l'espoir de pouvoir reprendre un jour leur production une fois les inspections terminées ». La CIA et les services secrets britanniques, qui avaient également interrogé Kamel, avaient recueilli les mêmes informations que celles révélées par John Barry. Un aide de camp, déserteur et compagnon de fuite de Kamel, devait confirmer les affirmations sur les destructions des stocks d'armes de destruction massive[30].

Nous retranscrivons ici quelques passages forts du procès-verbal :

> SMIDOVICH (à propos des armes biologiques) : Les armes et les agents ont-ils été détruits ?
> KAMEL : Tout a été détruit.
> SMIDOVICH : Avant ou après le début des inspections ?
> KAMEL : Après les visites des équipes d'inspection. Vous avez un rôle important en Irak. Vous ne devez pas vous sous-estimer. Vous êtes très efficaces en Irak...

Smidovich l'interroge sur le programme d'armes chimiques de l'Irak, en particulier sur l'emploi d'agents neurotoxiques mortels VX.

> KAMEL : Ils ont été intégrés aux bombes lors des derniers jours de la guerre Irak/Iran. Mais ils n'ont pas été utilisés et le programme a été stoppé. Pendant l'opération Tempête du désert, il n'y avait aucune intention d'employer des armes chimiques tant les forces adverses étaient écrasantes. (...) Nous avons donné des instructions pour ne pas produire des armes chimiques. Je ne me rappelle pas qu'il y ait eu une reprise de fabrication d'armes chimiques avant la guerre du Golfe. Peut-être y avait-il une petite production, mais il n'y avait eu aucune décision prise pour employer des armes chimiques. Nous avons réalisé que si nous utilisions les armes chimiques, les représailles seraient alors nucléaires. (...) Toutes les armes chimiques ont été détruites. J'ai ordonné la destruction de toutes les armes chimiques. (...) Toutes les armes, biologiques, chimiques, nucléaires, et les missiles ont été détruits[31].

Bien sûr, les paroles des transfuges de l'Irak ne peuvent pas être considérées comme étant totalement véridiques, mais le fossé est saisissant entre ce que Kamel a réellement dit lors des différents interrogatoires et la manière dont les officiels de l'administration Bush ont rendu compte de ses révélations au public. De plus, la défection d'Hussein Kamel a conduit la Commission spéciale de l'ONU à intensifier ses efforts de recherche et de destruction des composants restants du programme d'armement de l'Irak. Étant donné les dissimulations et les destructions d'informations auxquelles s'est livré le régime irakien dans le passé, il est impossible de savoir avec certitude si toutes les armes avaient été détruites quand les inspecteurs de la Commission spéciale des Nations unies ont quitté l'Irak en 1998. À l'époque, eux-mêmes étaient arrivés à des conclusions différentes. Scott

Ritter, un des principaux contrôleurs de 1991 à 1998 — et qui avait démissionné parce qu'il estimait que la Commission ne bénéficiait pas suffisamment du soutien du Conseil de sécurité de l'ONU et de son secrétaire général Kofi Annan —, est revenu plus tard sur ces inspections, qui selon lui avaient été couronnées de succès et avaient permis l'élimination de la plupart des armes. Il est revenu sur sa mission et ses résultats dans un article publié par le *Boston Globe* en juillet 2002 :

« Si nous n'avons jamais été en mesure de préciser avec certitude le niveau d'équipement irakien en matière d'armes prohibées, nous avons cependant pu vérifier, lorsque nous sommes partis, que l'Irak était désarmé à 90 ou 95 %. Cette évaluation tient compte du démontage et de la destruction de toutes les usines associées à l'industrie des armes interdites, de la destruction de tous les produits et équipements permettant leur fabrication et bien sûr de la destruction de la majorité des armes et agents fabriqués par l'Irak.

« À l'exception de l'agent moutarde, tous les agents d'armes chimiques produits par l'Irak avant 1990 auront été détruits en cinq ans. De même pour les agents d'armes biologiques qui ont été neutralisés en trois ans, en usine, par des processus naturels. Les inspections de contrôle effectuées entre 1994 et 1998, sans la moindre obstruction significative de l'Irak, n'ont jamais permis de détecter un seul élément autorisant à affirmer que les Irakiens avaient conservé des activités proscrites ou encore entrepris la reconstitution de leur arsenal militaire dont les inspecteurs avaient signifié et assuré la destruction.

« En réponse aux observations des inspecteurs, l'administration Bush n'oppose que des spéculations, incapable de fournir une seule information fiable qui pourrait étayer ses déclarations quant à la possession ou l'effort supposé entrepris par l'Irak pour acquérir des armes de destruction massive. Jusqu'à aujourd'hui, personne n'est venu attaquer de front l'administration Bush sur son refus ou son incapacité à fournir le moindre élément de preuve[32]. »

Il faut souligner que les évaluations et les analyses de Ritter firent l'objet de discussions et différèrent, pour certaines, de celles de plusieurs autres inspecteurs en désarmement. C'est une fois en guerre et lors de combats sur le territoire irakien que les troupes américaines sauront, en réalité, si l'Irak détenait ou non des armes chimiques et biologiques. En ce qui concerne les armes nucléaires, il était déjà établi que l'administration Bush s'était livrée à des manipulations et interprétations personnelles des évaluations.

Personne ne discute le fait que Saddam Hussein ait désiré des armes nucléaires et tenté activement de les développer avant la première guerre du Golfe. Les suites du conflit ont en effet amené, grâce aux inspections de désarmement déléguées sur place, à la destruction d'équipements rendant difficile, sinon impossible, pour l'Irak tout projet de reprise d'un programme. (Il est considérablement plus compliqué de dissimuler un programme de production d'armes nucléaires que de cacher un programme de développement d'armes biologiques et chimiques.)

Voici quelques-unes des manipulations auxquelles s'est livrée l'administration Bush :

— Le 7 septembre 2002, Bush citait un rapport de l'Agence internationale à l'énergie atomique (IAEA), lequel, affirmait le Président américain, démontrait que les Irakiens étaient sur le point de produire des armes nucléaires. « Je vous rappellerai que quand les inspecteurs se sont présentés pour la première fois en Irak, les Irakiens leur ont refusé l'entrée. Or un rapport publié par l'IAEA a révélé qu'ils pouvaient développer une arme en six mois. Je ne vois pas de quelle preuve supplémentaire vous avez besoin[33] ! » En réalité, ce rapport n'a jamais existé. L'IAEA a bien publié un document en 1998, à l'époque où les inspecteurs de désarmement se sont vu effectivement refuser l'accès en Irak. Mais il disait ceci : « Sur la base des informations crédibles recueillies jusqu'à présent, l'IAEA n'a trouvé aucun élément démontrant que l'Irak élaborait un programme ayant pour but de produire des armes nucléaires, ou encore que celui-ci ait conservé le matériel nécessaire à la fabrication d'armes nucléaires, ou même qu'il ait pu se procurer clandestinement celui-ci. » En réponse aux affirmations de Bush et à la publication du prétendu rapport, le porte-parole de l'Agence à l'énergie atomique, Mark Gwozdecky, certifiait que son organisme n'avait « jamais publié un tel document[34] ».

— Le 12 septembre 2002, s'adressant aux Nations unies, Bush évoqua l'« appétit sans fin » de l'Irak pour les bombes nucléaires. Il devait rappeler que le régime de Saddam avait fait l'acquisition de milliers de tubes d'aluminium extra-dur, lesquels, prétendait-il, étaient « employés pour enrichir l'uranium servant à la fabrication des armes nucléaires[35] ». L'IAEA allait à son tour apporter quelques précisions sur ces fameux tubes en janvier 2003. Pour l'Agence, la taille de ces tubes ne convenait pas pour l'enrichissement de l'uranium. Mais ils étaient identiques à ceux que l'Irak avait eu l'habitude d'utiliser dans le passé pour la fabrication de fusées conventionnelles[36]. Ces mises au point n'empêchèrent pas Colin Powell de faire une nouvelle allusion à ces tubes d'aluminium extra-dur lors de son discours du 5 février 2003 à l'ONU.

— Le 7 octobre 2002, dans une allocution à la nation, Bush avertissait que l'Irak avait renforcé sa flotte aérienne d'un avion sans pilote qui pouvait être équipé d'armes biologiques et chimiques, et utilisé « pour des missions ayant pour cible les États-Unis ». En réalité, l'avion manquait de portée pour atteindre les États-Unis[37].

— Lors de la même intervention, Bush devait aussi déclarer : « Une information recueillie auprès d'un ingénieur irakien de haut rang — spécialiste du nucléaire et qui avait fui son pays — nous a révélé que Saddam Hussein avait ordonné en 1998 la poursuite du programme nucléaire, malgré ses promesses publiques de les interrompre[38] ».

Les allégations de Bush impliquent que cette information ait été contemporaine de 1998. En fait, le transfuge et informateur dont il parlait était Khidhir Hamza. Celui-ci s'était en réalité retiré du programme nucléaire de l'Irak en 1991 et avait quitté le pays en 1995[39]. Le Président américain avait aussi oublié de signaler que durant les entretiens avec les enquêteurs de l'UNSCOM, Hussein Kamel avait dit qu'il considérait Hamza comme un « menteur professionnel »[40].

— Finalement, au printemps 2003, à l'occasion de son discours sur l'état de l'Union, le Président Bush devait avancer des preuves censées attester que l'Irak avait essayé d'acheter 500 tonnes d'oxyde d'uranium au Niger. Or des fonctionnaires de l'Agence internationale à l'énergie atomique ont examiné les documents et conclu qu'il s'agissait de faux grossiers. Une équipe d'experts les a également analysés et est arrivée à la même conclusion[41]. Au Congrès, le démocrate californien Henry Waxman, qui avait voté en faveur de l'effort de guerre de Bush, fut troublé par ces révélations. Exprimant son inquiétude dans une lettre adressée à la Maison-Blanche, il rappelait que la CIA avait déjà signalé en 2001 que ces documents étaient falsifiés. « Ces faits soulèvent des questions préoccupantes, écrit Waxman. Il apparaît que vous-même, le secrétaire à la Défense Rumsfeld et des hauts fonctionnaires du Département d'État, avez cité ces documents décrivant les démarches réalisées par l'Irak pour obtenir de l'uranium d'un pays africain — le Niger — comme des éléments prépondérants de votre cause contre l'Irak. Cela alors que des agents des services secrets avaient jugé ces mêmes “preuves flagrantes” comme plus qu'incertaines. Si c'est vrai, cela est profondément inquiétant. Ça signifierait que votre administration a demandé au Conseil de sécurité de l'ONU, au Congrès et au peuple américain de croire une information que vos propres experts et votre entourage savaient ne pas être vraie[42]. »

L'idée que des armes de destruction massive de l'Irak représentaient une menace imminente contrastait curieusement avec la réaction plutôt réservée de l'administration Bush à l'annonce que la Corée du Nord avait développé des armes nucléaires et possédait les moyens de les envoyer sur les États-Unis. « La Corée du Nord a déjà 100 missiles d'une portée de 1 000 kilomètres, reconnaissait le sénateur de Floride Bob Graham dans une interview télévisée en octobre 2002. Les Coréens travaillent actuellement sur un missile qui pourrait avoir une portée suffisante pour atteindre la côte ouest des États-Unis. Aujourd'hui, ils ont deux armes à leur arsenal nucléaire, et ils pourraient en ajouter d'autres. Au contraire, concernant Saddam Hussein, nous n'avons aucune raison de croire qu'il a des armes nucléaires, bien qu'il s'efforce de les obtenir. Et il ne dispose que de peu de possibilités lui permettant de les développer ou de se les procurer. Alors, si vous mettez côte à côte la Corée du Nord et l'Irak, et que vous me posez la question : "Qui représente aujourd'hui la plus grande menace pour le peuple des États-Unis d'Amérique ?", je vous répondrai : la Corée du Nord[43]. »

Graham, président du Senate Intelligence Committee (Commission sénatoriale du renseignement), fut déconcerté par les avis contradictoires émis par les différents organismes au point de demander, en juillet 2002, à la CIA de lui préparer un rapport sur les probabilités pour que Saddam Hussein utilise des armes de destruction massive. Il posa directement la question à un responsable de la CIA : ce dernier lui répondit que « dans un avenir proche » cette éventualité était « faible »[44]. Comme nombre d'analyses contredisant la nécessité d'une guerre, cet avis de la CIA fut également en grande partie étouffé.

Quels Scud irakiens ?

Le décalage entre le discours et la réalité de l'armement de l'Irak éclata au grand jour lors du déclenchement de la guerre le 20 mars 2003. Alors que les forces américaines souhaitaient en découdre avec l'armée irakienne, des officiels américains et koweïtiens ont rendu compte de deux prétendus tirs de Scud irakiens prohibés contre des positions américaines basées le long des frontières à l'intérieur du Koweït. Aucun missile n'avait, en fait, atteint de lignes américaines, mais des centaines de journaux et de médias allaient titrer sur cette prétendue attaque aux missiles Scud. « Les missiles que Saddam Hussein a envoyés sur les forces américaines stationnées au Koweït semblent être les mêmes armes qu'il avait prétendu ne pas posséder ou qu'il avait dit consentir à détruire », annonçait l'agence américaine Associated Press le 21 mars 2003. « Ces premières salves étaient bien la preuve évidente de l'existence d'armes cachées en Irak et le rappel que Saddam possède toujours les moyens de produire des ogives chimiques ou biologiques », commentait pour sa part le *San Francisco Examiner* ce même jour[45]. Ces commentaires prirent fin quand les responsables koweïtiens et américains se rétractèrent quant au fait que des Scud avaient été employés[46]. À la fin de la guerre, l'Irak avait seulement tiré une vingtaine de missiles vers l'extérieur de ses frontières. La plupart étaient tombés en plein golfe Persique ou dans le désert, sans causer de réels dégâts. Un seul avait occasionné des blessés légers sur le parvis d'un centre commercial koweïtien[47]. Le nombre total d'armes prohibées utilisées par l'Irak pendant toute la guerre semble approcher le zéro.

Un rapport britannique estimait en septembre 2002 que l'Irak pouvait posséder tout au plus 20 missiles Scud prohibés. Si cette estimation était vraie, cela représentait moins d'un quart des 88 missiles Scud tirés par l'Irak pendant l'opération Tempête du désert. Et même si Saddam Hussein détenait toujours ces armes, le spécialiste en armement John Clearwater jugeait qu'il était peu probable qu'elles fussent toujours en état de fonctionner, rappelant que les Irakiens n'avaient pas eu la possibilité d'effectuer des essais et donc d'évaluer ces missiles, ni de se procurer des pièces de rechange durant la décennie écoulée. « Ces missiles ont une durée de vie courte », précisait

Clearwater, auteur de trois livres sur les armes nucléaires et les missiles de croisière. « Moins vous effectuerez de tests, moins vous pourrez avoir confiance en leur efficacité[48]. »

Un arsenal hypothétique de 20 Scud qui fait pâle figure en comparaison du nombre de missiles lancés contre Bagdad par les États-Unis au premier jour de guerre dans le cadre de leur opération de bombardement « Shock and Awe » (Choc et Stupeur). (*NdT : « Shock and Awe » est une doctrine militaire américaine inspirée des bombardements de Guernica, Dresde, Tokyo, Nagasaki et Hiroshima, et dont le principe est d'infliger à l'ennemi une souffrance massive et brutale qui le laisse hébété et convaincu qu'aucune résistance ne sera possible.*) Les forces britanniques et américaines ont entamé la guerre avec 3 500 missiles Tomahawk, plus de 14 000 armes de précision guidées de forte puissance et un nombre non spécifié de bombes à fragmentation[49]

L'Irak et Al Qaïda

Un rapprochement entre Al Qaïda et l'Irak paraissait peu plausible, puisque l'hostilité d'Oussama Ben Laden à l'égard du régime de Saddam Hussein, qu'il qualifiait lui-même d'« infidèle », était connue de longue date, bien avant le 11 septembre. Les spéculations relatives à lien entre Al Qaïda et l'Irak reposaient sur une rencontre prétendue entre le chef des pirates de l'air du 11 septembre 2001, Mohammed Atta, et un agent des services secrets irakiens à Prague, entre les 8 et 11 avril 2001.

Les premiers échos de ce rendez-vous sont venus de fonctionnaires tchèques en octobre 2001, en pleine période d'interrogations consécutives aux attaques terroristes de septembre. Selon le ministre de l'Intérieur tchèque, Atta avait rencontré Ahmed Khalil Ibrahim Samir Al-Ani, diplomate de l'ambassade irakienne, mais aussi l'un des chefs principaux de l'espionnage de Saddam Hussein. Pour le service de renseignement tchèque, la véracité des faits semblait d'emblée très mince. Elle reposait en effet sur l'unique témoignage d'un émigré arabe qui, après avoir vu les photographies d'Atta parues dans la presse praguoise après le 11 septembre, s'était rendu auprès des autorités pour leur communiquer l'information. Mais, comme le *New York Times* devait le rapporter en décembre 2001, l'histoire reposait simplement sur une confusion d'identité : « Al-Ani possédait une affaire de vente de voitures et avait pour habitude de rencontrer régulièrement l'un de ses clients allemands, dont la ressemblance physique avec M. Atta était saisissante[50]. »

Le FBI enquêta minutieusement sur Mohammed Atta aux États-Unis. « Nous avons étudié des centaines et des milliers de pistes et vérifié tous les documents possibles », annonça Robert Mueller, le patron du FBI, dans une déclaration en avril 2002 à San Francisco. Les rapports conclurent qu'Atta était à Virginia Beach, en Virginie, au début du mois d'avril. La période où il était censé avoir rencontré Al-Ani à Prague[51].

Après avoir conduit ses propres recherches, le président de la République tchèque, Vaclav Havel, a mis un terme à cette affaire. En octobre 2002, le *Times* révéla qu'Havel « avait discrètement appelé la Maison-Blanche pour faire part de ses conclusions : il n'existait aucune preuve d'une rencontre entre Mohammed Atta et un agent des services secrets irakiens à Prague ».

Havel l'avait fait sobrement « afin d'éviter de mettre dans l'embarras » les fonctionnaires tchèques qui avaient donné vie à cette histoire. « Depuis, d'autres officiels ont confirmé qu'ils ne détenaient aucune preuve de la présence de M. Atta dans le pays en avril 2001 », concluait l'article du *Times*[52].

Malgré l'absence totale d'éléments pour prouver qu'une rencontre entre Atta et un représentant de l'Irak avait eu lieu, l'administration Bush continua à entretenir la rumeur, se livrant au petit jeu des sous-entendus. En février 2002, le journaliste Robert Collier du *San Francisco Chronicle* interrogea le secrétaire adjoint à la Défense Paul Wolfowitz, l'un des partisans les plus chauds d'une guerre avec l'Irak. « Possédez-vous des pièces irréfutables prouvant que l'Irak est lié à Al Qaïda ou à son réseau international ? demanda Collier.

— Beaucoup d'éléments concernant cette question sont classés "secret défense" et vous comprendrez que je ne puisse vraiment pas en parler », a répondu Wolfowitz. Il ajouta cependant : « Nous savons aussi qu'il y a des faits que nous n'avons pu encore éclaircir. (…) Comme la rencontre de Mohammed Atta avec des officiels irakiens à Prague.

— L'affaire est entendue maintenant, non ? enchaîna Collier. Vous auriez encore des doutes ?

— Nous entrons de nouveau dans un secteur classé "confidentiel" », commença à répondre Wolfowitz. Avant de poursuivre : « Je pense que cette question est fondamentale, je dis bien fondamentale. Je perçois bien le sens de votre interrogation. Vous vous dites : "Au-delà d'un doute raisonnable, nous attendons une preuve." Je pense que le postulat d'une politique doit être : "Nous ne pouvons pas attendre une preuve quand nous sommes en présence d'un doute raisonnable[53]." »

Le numéro de Wolfowitz illustre parfaitement la manière dont l'administration Bush utilisa l'affaire du présumé rendez-vous de Prague.

On évite ainsi d'entrer dans les détails, on évoque l'existence de vagues informations confidentielles, ou encore on prétexte des obstructions bureaucratiques et juridiques qui freineraient l'accès aux informations. Le procédé, immuable, est décliné à chaque intervention :

— En mai 2002, William Safire, l'ultra-conservateur chroniqueur du *New York Times* — et l'un des faucons les plus partisans d'une guerre contre l'Irak —, citait les propos d'un « haut fonctionnaire de l'administration Bush » qui lui aurait livré sous le couvert de l'anonymat : « Vous ne pouvez pas dire que le rapport tchèque sur l'entrevue entre Atta et un responsable irakien en 2001 est discrédité ou réfuté. En aucun cas. Les Tchèques ont en leur possession des informations que nous nous efforçons de récupérer et que nous examinerons pour les exploiter le moment venu. »

— En juillet 2002, Donald Rumsfeld répétait au cours d'une conférence de presse que l'Irak entretenait des « contacts » avec Al Qaïda, mais il se refusait toutefois à être plus disert sur le sujet[54]. Le mois suivant, le *Los Angeles Times* publiait de nouvelles confidences, toujours sous le sceau de l'anonymat, d'un autre « haut fonctionnaire de l'administration Bush ». Celui-ci confiait au journal qu'il existait une preuve « extrêmement fiable » du rendez-vous d'Atta à Prague. Il concluait : « Nous pourrons en dire davantage à ce sujet prochainement[55]. »

— En septembre 2002, le conseiller du secrétaire à la Défense, Richard Perle, surenchérissait dans les colonnes d'une publication italienne, *Outlook India :* Mohammed Atta avait personnellement parlé à

Saddam Hussein. « La rencontre entre les deux hommes s'est déroulée à Bagdad avant le 11 septembre, affirmait Perle. Nous en avons la preuve. Nous sommes sûrs qu'il n'était pas seulement là pour passer des vacances[56]. » On attend toujours la fameuse « preuve ».

— Le 8 septembre 2002, le vice-président Dick Cheney est interviewé lors de l'émission « Meet the Press » sur NBC. « Nous avons eu des informations, dit-il, qui laissent à penser qu'il y aurait eu plusieurs contacts au cours des dernières années. Nous avons, bien sûr, fait le lien avec les pirates de l'air. Mohammed Atta, qui en était le chef, s'est apparemment rendu à Prague à plusieurs reprises. Nous savons que lors de l'un de ses voyages, il a été aperçu en compagnie d'un agent des renseignements irakiens. C'était quelques mois avant l'attaque sur le World Trade Center[57]. »

— « Nous savons que l'Irak et le réseau terroriste Al Qaïda partagent un ennemi commun », déclarait Bush dans son discours à la nation du 7 octobre 2002. Au cours de celui-ci, il mentionnait également qu'« un personnage très important d'Al Qaïda avait reçu un traitement médical à Bagdad, au cours de l'année ». Or il n'a pas précisé que le terroriste en question, Abu Musab Zarqawi, n'avait séjourné que peu de temps en Irak. Et une fois de plus, aucun élément solide ne prouvait que le gouvernement de Saddam Hussein avait eu connaissance de sa présence. Encore moins s'agissant d'un contact avec lui. Une semaine plus tard, lors d'une réunion électorale, Bush affirmait que Saddam était un « homme qui, selon lui, souhaitait utiliser Al Qaïda comme éclaireur[58] ».

Comme dans l'histoire de Nayirah et des bébés arrachés à leurs couveuses, l'histoire du voyage d'Atta à

Prague s'est ancrée dans l'esprit du public à force de répétitions. Chaque nouvelle confidence d'un initié proche de l'équipe Bush a contribué à alimenter de nouveaux éditoriaux et articles de presse. Simplement en mentionnant à plusieurs reprises l'Irak et Al Qaïda dans la même phrase, dans le même discours, le message a fini par faire son chemin. Là où on leur a montré de la fumée, les gens ont fini par croire à l'existence d'un feu. Mais en réalité, il y avait seulement de la fumée.

Le document bidonné des Britanniques

La tentative pour fabriquer de toutes pièces une preuve démontrant l'existence de liens entre l'Irak et Al Qaïda fut au cœur d'un véritable scandale en Angleterre en février 2003, après que l'on eut révélé qu'une bonne partie d'un rapport à charge contre l'Irak distribué par le gouvernement britannique avait été bidonnée. Défini comme un remarquable travail des services secrets britanniques, le document, intitulé « *Iraq : its infrastructure of Concealment, Deception and Intimidation* » (Irak : ses infrastructures de dissimulation, de fraudes et d'intimidation)[59], fut présenté comme pièce à charge contre l'Irak par le secrétaire d'État américain Colin Powell lors de son discours devant le Conseil de sécurité des Nations unies, le 5 février 2003. « Je voudrais attirer l'attention de mes collègues sur l'excellent dossier présenté par le Royaume-Uni, qui décrit avec force détails les activités menées par l'Irak à des fins de dissimulation », devait en préambule déclarer Powell[60].

En lisant le document, Glen Rangwala, professeur à l'université de Cambridge, tomba des nues : « J'ai été tout à fait frappé quand je me suis aperçu que j'avais déjà lu cela auparavant. » Des paragraphes entiers avaient en effet été extraits de *Middle East Review of International Affairs*, une revue diffusée également sur Internet. Une enquête plus poussée devait révéler que 6 à 16 pages des 19 constituant le rapport britannique avaient été recopiées dans une thèse universitaire intitulée « *Iraq's Security and Intelligence Network : A Guide and Analysis* »[61], rédigée par Ibrahim Al-Marashi, un étudiant de troisième cycle vivant en Californie[62]. (*NdT : Ibrahim Al-Marashi avait publié son étude en septembre 2002 dans la* Middle East Review of International Affairs.) En vérité, le dossier n'avait pas été réalisé par les renseignements britanniques, mais par des assistants d'Alastair Campbell, le directeur de la communication du Premier ministre britannique Tony Blair[63]. Confrontés aux écrits d'Al-Marashi, ses collaborateurs, plutôt embarrassés, ont admis que dans leur précipitation à « fabriquer » le rapport, ils avaient coupé, collé et monté des passages sans solliciter la moindre autorisation de quiconque, allant même jusqu'à reproduire les erreurs de grammaire et les fautes d'orthographe[64]. Loin de représenter un travail comprenant des informations actualisées, la thèse reposait essentiellement sur des documents irakiens datant de 1991, ou plus anciens encore pour certains. Un nouvel examen minutieux permit également de constater que deux autres textes avaient été plagiés. L'un de Ken Gause et l'autre de Sean Boyne, tous deux publiés dans la revue *Jane's Intelligence Review,* référence en matière d'analyse en armement et de stratégie[65]. La diffusion de ce rapport faisait « évidemment partie de la campagne de propagande du Premier ministre, analysa Charles Heyman, le rédacteur en chef de *Jane's World Armies*. Les services secrets n'étaient pas impliqués dans cette opération. J'ai eu aujourd'hui même au téléphone deux agents des renseignements pour me confirmer qu'ils n'avaient "rien à voir avec ça"[66] ». Le *Jane's Intelligence Digest* relevait de son côté : « Quand le scandale a éclaté dans les médias du Royaume-Uni, l'administration Blair est apparue au mieux incompétente, au pis malhonnête. (...) En fait, beaucoup des informations contenues dans le rapport sont fiables et précises. Ibrahim Al-Marashi, Sean Boyne et Ken Gause — dont les articles ont été publiés auparavant dans *Middle East Review of International Affairs* et *Jane's Intelligence Review* avant d'être recopiés dans le dossier britannique sur l'Irak — sont tous les trois des spécialistes respectés pour leurs travaux. Les passages les plus attaqués furent ceux récrits ou développés pour renforcer l'allégation des États-Unis et de la Grande-Bretagne selon laquelle l'Irak avait activement soutenu le terrorisme international[67]. »

Il y a une raison pour laquelle les conseillers en communication de Tony Blair ont évité de faire appel à leur propre agence de renseignement pour produire le rapport. Les services secrets britanniques étaient en total désaccord avec les prises de position publiques du Premier ministre. Ils l'ont signifié en faisant parvenir à la BBC, sous le couvert d'une fuite simulée, leurs propres conclusions exposant la position officielle de leurs services, le jour même où Colin Powell prononçait son discours devant les Nations unies. Ce document allait, de manière explicite, à l'encontre de la position du gouvernement. Il affirmait qu'il n'y avait aucune relation connue entre l'Irak et le réseau Al Qaïda, pour la simple raison que « les aspirations idéologiques d'Oussama Ben Laden s'opposaient à celles poursuivies par l'Irak de Saddam Hussein[68] ».

Au cours de son intervention, Powell a décrit un site localisé au nord-est de l'Irak. Selon lui, « une fabrique de produits chimiques et de poisons » tenue par le groupe islamique terroriste d'Ansar Al-Islam. Quand le journaliste Luke Harding de l'*Observer*, un quotidien anglais, s'est rendu sur place trois jours plus tard pour enquêter, celui-ci a rapporté n'avoir « rien trouvé de tel ». Il a relevé la présence d'un « minable bâtiment militaire au pied d'une grande montagne enneigée, avec de part et d'autre d'une verte colline des dépendances en état de ruine ». Il a aussi observé, « derrière un reseau de barbelés, quelques petites bâtisses vides au milieu desquelles gisaient des pièces abîmées provenant sans doute de fusées. Également une boulangerie. Mais nulle part des signes de la présence d'armes chimiques. Seulement une odeur de paraffine et de légumes préparés pour la cuisine ». Harding ajoutait que les habitants de la ville de Khurmal, située à environ cinq kilomètres de l'endroit, craignaient un coup de force des troupes américaines une fois la guerre déclarée, et ce « depuis que M. Powell avait cité le nom de leur ville lors de ses affirmations concernant la prétendue existence d'un site d'armements chimiques[69] ». Khurmal allait être bombardée par des missiles de croisière américains à la fin de la première semaine de guerre avec l'Irak, ce qui tua quarante-cinq villageois[70].

L'Iran, premier soutien du terrorisme international

Chaque année, le Département d'État américain publie les Patterns of Global Terrorism, une synthèse de l'activité terroriste internationale de l'année écoulée. La lecture des 177 pages de l'édition 2002 est instructive au regard des déclarations de l'administration Bush sur la menace terroriste que représenterait, à ses yeux, l'Irak pour le monde. Selon les Patterns of Global Terrorism, le soutien de l'Irak au terrorisme en 2001 a consisté à être « le seul pays arabe musulman à ne pas avoir condamné les attaques du 11 septembre contre les États-Unis[71] ». L'Irak, mentionnait encore le document, aurait également apporté son soutien, logistique et politique, à diverses organisations palestiniennes impliquées dans l'Intifada, comme le Front populaire pour la libération de la Palestine. D'autres groupes terroristes auraient bénéficié de la main tendue des Irakiens, comme le Parti ouvrier du Kurdistan (Kurdish Workers Party, PKK) et l'organisation iranienne Mujahedin-E-Khalq (MEK). Les relations des terroristes avec ces deux derniers groupes méritent quelques précisions. Le PKK est un parti politique marxiste qui se bat pour un Kurdistan libre et indépendant de la Turquie. En 1999, il a publiquement renoncé à la lutte armée[72]. (*NdT : En 2002 le PKK est devenu le KADEC — Congrès pour la liberté et la démocratie au Kurdistan — et ne revendique plus un Kurdistan indépendant, mais demande le respect de la démocratie en Turquie, l'abolition de la peine de mort et la reconnaissance du droit des Kurdes de Turquie à exercer leur culture.*) Le MEK est une force armée de guérilla qui a pour unique objectif le renversement de la République islamique d'Iran. L'appui de l'Irak à ces groupes renvoie à des conflits qui l'opposent à ses voisins. En cela, il ne diffère pas fondamentalement des soutiens apportés dans la région à des groupes terroristes par d'autres gouvernements. D'après les Patterns of Global Terrorism, c'était l'Iran, et non l'Irak, qui « demeurait, en fait, l'État le plus actif à soutenir le terrorisme dans le monde en 2001 ». Un titre détenu depuis plusieurs années déjà. Alors, s'il en est ainsi, pourquoi manifester un tel empressement à vouloir en découdre avec l'Irak ?

Il va sans dire que la rédaction du rapport du Département d'État fut sérieusement dictée par la stratégie de communication de Washington. En condamnant la politique terroriste de l'Iran, de l'Irak et d'autres adversaires de longue date des Américains, les conclusions des Patterns of Global Terrorism cherchent à flatter des alliés, comme l'Arabie saoudite, dont le document précise qu'ils ont « joué un rôle déterminant dans la coalition internationale contre le terrorisme. En plus de leurs condamnations publiques des attaques du 11 septembre, ces États ont pris des initiatives positives pour enrayer le financement du terrorisme et, pour certains, autorisé la mise en place de bases et/ou le survol de leur territoire. La plupart d'entre eux ont agi ainsi malgré l'inquiétude et les réticences de leur propre peuple à voir leur gouvernement apporter une assistance militaire aux manœuvres "Operation Enduring Freedom" en mer d'Arabie ». Au côté d'une photo montrant le secrétaire d'État américain Colin Powell en train de serrer la main du prince héritier Abdallah d'Arabie saoudite, le rapport souligne cependant qu'aucun texte de loi interdisant le financement des terroristes « n'a été scrupuleusement mis en application » par les Saoudiens. Toutefois, est-il rappelé, ceux-ci ont « accepté de coopérer avec les Américains dans leur action contre le terrorisme[73] ».

Or, ironie du sort ô combien embarrassante, 15 des 19 pirates de l'air qui se trouvaient à bord des avions kamikazes du 11 septembre étaient des ressortissants saoudiens, et des liens entre le régime saoudien et Al Qaïda sont beaucoup plus aisés à établir que des liens entre l'Irak et Al Qaïda. En effet, Oussama Ben Laden et son réseau de terreur appartiennent à une école doctrinale spécifique de l'islam, le fondamentalisme wahhabite. Idéologiquement beaucoup plus radicale (*Ndt : Le wahhabisme se veut un islam plus intolérant et plus belliqueux*) que la religion pratiquée par la plupart des musulmans dans le monde entier, elle diffère indiscutablement de l'idéologie, en grande partie laïque, du Parti baas de Saddam Hussein. La doctrine wahhabite fournit les fondements religieux et idéologiques de la monarchie absolue qui gouverne d'une main de fer l'Arabie saoudite. Des organisations humanitaires des droits de l'homme, comme Amnesty International, y ont pointé du doigt de nombreux cas d'arrestations arbitraires, de détentions abusives et de pratiques de violence physique à l'égard des prisonniers, perpétrées par les forces de sécurité avec la bénédiction du gouvernement[74]. De plus, ce dernier interdit ou limite la liberté de parole, de la presse, les réunions, les associations et la pratique libre d'une religion. Afin de prévenir et de contenir tout mécontentement à l'intérieur du royaume, face à la nature et aux exactions totalitaires du régime, la monarchie tolère et encourage même l'antisémitisme et les attaques contre l'Amérique, faisant d'Israël et des États-Unis les boucs émissaires de tous les problèmes de la région[75].

En octobre 2002, le Council on Foreign Relations (Conseil des relations étrangères américain, CFR) — un influent cercle d'étude réunissant des spécialistes en diplomatie, finances, industrie, sciences — publiait un rapport intitulé « Le financement du terrorisme ». En préambule de ce texte, ses rédacteurs déclaraient qu'il était « temps de dire clairement ce que les officiels américains ont refusé jusqu'ici de dire. (...)

Depuis des années, affirmait le rapport, des particuliers et des organisations caritatives installés en Arabie saoudite ont été une source importante de financement pour Al Qaïda, et depuis des années les responsables saoudiens ont fermé les yeux là-dessus. C'est à peine surprenant quand on sait que l'Arabie saoudite concentre les plus grandes richesses et fortunes de la région. Ces ressortissants saoudiens et organisations caritatives constituèrent précédemment le réservoir principal de financement des moudjahidin — les fondamentalistes islamiques qui ont combattu l'occupation soviétique en Afghanistan. Les Saoudiens ont toujours représenté une proportion anormalement élevée des adhésions à Al Qaïda, qui a longtemps axé son message politique sur des questions concernant les intérêts des ressortissants saoudiens. Tout particulièrement de ceux qui se disaient déçus par leur propre gouvernement[76] ».

Il apparaît que certains de ces fonctionnaires saoudiens ont fait plus que simplement fermer les yeux. En novembre 2002, le FBI a lancé une enquête sur les dons effectués par Haifa Al-Faisal, l'épouse de l'ambassadeur saoudien aux États-Unis, le prince Bandar Ben Sultan. Depuis début 2000, Al-Faisal aurait — selon les révélations de *Newsweek* — versé 3 500 dollars par mois pendant un an à deux étudiants saoudiens de San Diego en contact avec deux des terroristes du 11 septembre. L'un des deux universitaires aurait dépensé une partie de cet argent pour accueillir les terroristes à leur arrivée à San Diego et pour assurer le paiement d'un loyer et d'une caution pour un appartement proche du sien. Son comparse, connu pour être un sympathisant d'Al Qaïda, aurait aussi apporté une aide amicale aux pirates de l'air avant qu'ils n'accomplissent leur terrible acte. Lors d'une fête, peu après les attaques, « il célébrait les héros du 11 septembre », n'hésitant pas à qualifier publiquement ce jour dramatique de « merveilleux » et « mémorable »[77].

La princesse Haïfa n'a pas envoyé directement d'argent aux pirates de l'air et il n'existe aucune preuve qu'elle ait eu connaissance de leurs plans. Néanmoins, l'empressement de l'administration Bush à accepter les explications fournies tranche de façon saisissante avec l'enthousiasme que celle-ci avait à poursuivre le moindre fil qui pouvait relier l'Irak à Al Qaïda. (*NdT : L'Arabie saoudite a démenti tout lien entre cet argent et les attentats du 11 septembre. Le royaume saoudien a produit des documents montrant que l'argent faisait partie des « œuvres charitables » de la princesse et était surtout destiné à payer les frais médicaux de la femme de l'un des étudiants.*) À propos de l'Arabie saoudite, le porte-parole de la Maison-Blanche, Ari Fleischer, devait déclarer au micro de la BBC fin novembre 2002 que « ce pays est un bon associé dans la guerre contre le terrorisme, mais qu'il peut faire plus[78] ».

Sur les pas des véritables tueurs

Plusieurs journalistes qui ont longuement enquêté, dont Joel Mowbray du *National Review*[79], Greg Palast de la BBC[80] et une équipe de reporters du *Boston Herald*[81], ont mis au jour l'existence de connexions entre d'importants citoyens saoudiens et le financement du réseau Al Qaïda. Matthew Levitt, chercheur spécialiste des questions de terrorisme au Washington Institute for Near East Policy, un important club de réflexion apprécié des autorités américaines et des médias sur les questions du Moyen-Orient, assure pour sa part qu'une bonne partie des fonds d'Al Qaïda provenait d'organisations caritatives « très liées au gouvernement saoudien et à la famille royale ». Parmi ces organisations figurent Al-Haramain Islamic Foundation, Benevolence International Foundation, International Islamic Relief Organization, Muslim World League, Rabita Trust, ou encore World Assembly of Muslim Youth[82]. Une note des services secrets canadiens a révélé de son côté, en juillet 2002, que des individus installés en Arabie saoudite « faisaient régulièrement des dons — à hauteur de 1 à 2 millions de dollars par mois — à des mosquées et autres collectifs caritatifs[83] ». En août 2002, 600 proches des victimes du 11 septembre, regroupés au sein du collectif « 9/11 Families United to Bankrupt Terrorism » (Familles du 11 septembre unies pour ruiner le terrorisme), ont déposé une plainte contre le gouvernement du Soudan, plusieurs membres de la famille royale saoudienne, sept banques internationales, huit organisations caritatives islamiques et plusieurs financiers, les accusant d'avoir tous aidé à financer le terrorisme international[84]. Les dommages et intérêts réclamés par les victimes s'élevaient à un trillion de dollars. En mars 2003, plus de 3 100 dossiers de plaignants avaient été enregistrés. Ron Motley, l'avocat représentant le collectif, a rencontré à trois reprises des responsables du Département d'État. À l'issue de ces réunions, il devait regretter que l'administration Bush ne lui apporte pas la moindre aide : « Aucun document ou information ne nous a été transmis. Nous n'avons reçu aucune aide. Zéro[85]. »

La coopération des Saoudiens aux investigations qui suivirent les événements du 11 septembre fut plutôt timide. Le *Boston Herald* rappelait en décembre 2001 que, malgré des arrestations dans une quarantaine de pays de plusieurs individus suspectés de terrorisme, aucune n'avait fait l'objet d'annonce en Arabie saoudite. De plus, les Saoudiens, qui s'étaient engagés à collaborer à la lutte contre les financements du terrorisme, n'étaient pas allés plus avant dans leur volonté : ils avaient reculé devant le gel des avoirs des organisations liées à Ben Laden et au terrorisme international. Les États-Unis ont à peine évoqué cette réticence à vouloir coopérer, sans doute parce qu'ils se savaient déjà sous les feux de quelques journalistes du *Boston Herald*. Jonathan Wells, Jack Meyers et Maggie Mulvihill avaient en effet dressé dans une édifiante enquête « l'impressionnant tableau de juteux marchés américano-saoudiens, estimés à des dizaines de milliards de dollars[86] ». Un certain nombre de ministres et de proches de Bush parmi les plus importants ont su profiter de la manne saoudienne et occupèrent, dans le passé, les commandes de fructueuses multinationales :

— Le vice-président Dick Cheney est un ancien patron d'Halliburton. Son passage à la tête de la première société mondiale de services pétroliers permit de réaliser plus de 174 millions de dollars de chiffre d'affaires en favorisant les développements de gisements de pétrole et d'autres projets pour l'Arabie saoudite.

— Condoleezza Rice, conseillère de Bush à la Sécurité nationale, a passé de nombreuses années au conseil d'administration de Chevron, une des plus grosses compagnies pétrolières américaines. Son travail a permis à Chevron d'investir des milliards de dollars dans l'exploitation des ressources pétrolières saoudiennes. En remerciement de ses bons et fructueux services, la compagnie a baptisé de son nom un super-pétrolier de 136 000 tonnes.

— Le père de l'actuel Président, George H. W. Bush, fut lui-même conseiller de Carlyle Group, une entreprise détenant d'importants intérêts financiers dans de nombreuses sociétés américaines de matériel de guerre. Le groupe a assuré d'importantes commandes d'armements et de formations militaires pour les Saoudiens[87].

« Tout repose sur le bon vieux dicton : “Si tu me grattes le dos, moi je gratterai le tien ! Autrement dit : “Si tu me rends ce service, je te le revaudrai…” En fait, vous avez une longue liste de gens qui se trouvent en affaires avec les Saoudiens. Des personnages qui sont aujourd'hui les piliers de la société américaine et de l'État. Vous avez d'anciens hauts fonctionnaires américains, d'anciens Présidents, des conseillers de l'actuel Président, énumérait Charles Lewis du Center for Public Integrity (Centre pour l'intégrité publique, CFPI), une association indépendante de contrôle des financements électoraux. Personne n'a intérêt à s'aliéner l'Arabie saoudite. Ce que nous désirons surtout, c'est ne pas voir ces vérités qui dérangent et pourraient causer notre colère. Nous regardons au-delà[88]… »

Les relations entre l'administration Bush et les Saoudiens au travers du groupe Carlyle sont particulièrement complexes. Carlyle est une société financière d'investissement américaine dans différents secteurs comme l'industrie d'armement, les télécommunications, les hautes technologies, l'industrie pharmaceutique ou la presse… Il est également le onzième plus grand entrepreneur militaire des États-Unis. Ce réseau de prestigieux conseillers, créé en 1987, est aussi considéré dans le monde des affaires comme le plus important « réseau de vieux garçons » (*old boys networks*) réunissant en son sein d'anciens hommes politiques très influents, des nababs saoudiens et de nombreux investisseurs majeurs. Le président de la société est Frank C. Carlucci, un ancien secrétaire à la Défense sous Ronald Reagan et vieux camarade de faculté de l'actuel secrétaire à la Défense Donald Rumsfeld. (*NdT : Le groupe Carlyle est dirigé depuis janvier 2003 par Louis Gerstner, ancien patron d'IBM. Jusqu'à cette date, Frank Carlucci était aux commandes.*) D'autres anciens hauts représentants de l'État américain et des personnalités politiques étrangères tout aussi prestigieuses figurent dans les rangs de Carlyle : on y croise John Major, ancien Premier ministre britannique, James Baker, ancien secrétaire d'État de Bush senior, et Dick Darman, ancien directeur de l'Office of Management and Budget du Président George Bush senior. Ces hommes politiques sont employés en tant que « *rainmakers* », autrement dit pour leur capacité à faire « la pluie et le beau temps ». Leur notoriété et leurs contacts sont utilisés pour favoriser la signature de contrats d'armement, faciliter des levées de fonds et autres transactions financières. « Ces “activités de tambour” (de représentation), qui furent pendant longtemps de la responsabilité exclusive de Washington, ont pris une tout autre dimension et trouvé un nouvel écho sous l'impulsion du groupe Carlyle, analysait *Fortune Magazine* en mars 2002. Plutôt que d'aller vendre leurs services à des boîtes de commerce ou autres cabinets de conseil pour un salaire de misère ne dépassant pas 250 000 dollars par an, plusieurs anciennes personnalités politiques — ayant exercé de hautes fonctions dans des gouvernements — tirent des sommes d'argent colossales de leurs collaborations avec le groupe Carlyle. Carlucci, Baker et Darman ont empoché des millions[89]. »

Le 5 mars 2001, Leslie Wayne du *New York Times* révélait que George Bush senior s'était investi personnellement pour la campagne de son fils lors des élections présidentielles de 2000, en invitant — dans un luxueux hôtel de Riyad — le prince héritier Abdallah d'Arabie saoudite à venir s'entretenir des futurs marchés entre leurs deux pays. M. Bush senior avait en quelque sorte enfilé son habit d'ambassadeur, non pour le compte de son gouvernement... mais pour la société qui l'employait. Accompagné pour l'occasion d'une belle délégation de dignitaires, dont son ancien secrétaire d'État, James A. Baker, M. Bush effectuait en réalité ce voyage en tant que représentant de Carlyle. La société d'investissement gérait un portefeuille de 12 milliards de dollars et elle avait réussi à transformer d'anciens hauts responsables politiques, pour la plupart ayant servi sous les administrations Reagan et Bush, en véritables machines à faire de l'argent. La mission de l'ex-Président américain consistait à vendre à ses interlocuteurs le savoir-faire de la société et de ses précieux consultants aux carnets d'adresses bien garnis. Wayne précisait dans son journal que Bush senior avait reçu un cachet de l'ordre de 80 000 à 100 000 dollars de la part de Carlyle pour promouvoir ses activités à travers le Moyen-Orient. Il signalait également qu'en 1990 le fils Bush avait bénéficié d'une embauche comme conseiller au sein de la compagnie aérienne Caterair, une filiale de Carlyle[90].

À la date du 11 septembre 2001, Carlyle comptait parmi les investisseurs un client au nom plutôt embarrassant : celui de Ben Laden. Depuis plusieurs années en effet, des membres de la famille du terroriste établis aux États-Unis étaient entrés dans le capital de Carlyle, en investissant près de 2 millions de dollars. Même si la famille a renié et condamné publiquement les actes terroristes d'Oussama Ben Laden, la présence de celle-ci au sein de la société avait fait se dresser quelques sourcils. À la demande d'autres actionnaires, elle fut contrainte de revendre ses participations et de se retirer de la société au lendemain du 11 septembre[91]. Pour traiter la situation concernant ses rapports avec la famille Ben Laden, Carlyle engagea, pour ce travail de relations publiques, Chris Ullman (un ancien fonctionnaire de l'US Office of Management and Budget) comme vice-président de la communication de l'entreprise[92]. Les Ben Laden — qui orthographient désormais leur nom de famille « Binladin » pour se différencier d'Oussama —, désireux d'investir leur argent dans la communication, approchèrent un instant Steven Goldstein, le fondateur du cabinet de relations publiques « Attention America ». Celui-ci, juif et proisraélien, pensa que l'on s'était intéressé à lui en partie à cause de sa religion et de ses opinions politiques[93]. Il refusa les avances des Binladin, qui se tournèrent vers deux autres sociétés de communication, Hullin Metz and Co[94] et WMC Communications, dirigées par David Wynne-Morgan, l'ancien président de Hill and Knowlton. Celui-ci devait confirmer à propos des Binladin : « Nous avons enquêté à leur sujet, ils n'ont aucun lien avec le terrorisme[95] ».

L'Arabie saoudite s'engagea également dans une grande campagne de relations publiques et s'adressa à des sociétés spécialisées dans ce domaine dès le lendemain du 11 septembre. Trois jours après les attaques terroristes, le géant de la communication Burson-Marsteller signait un accord avec le royaume afin de lui prodiguer ses « conseils en matière de gestion de crise » et de lui obtenir dans le *New York Times* des articles témoignant de la sympathie et du soutien des Saoudiens aux États-Unis dans la période douloureuse qu'ils traversaient[96]. À partir de novembre, l'Arabie saoudite commença à payer 200 000 dollars par mois à une autre société de relations publiques, Qorvis Communications, et sa filiale Patton Boggs. La publication *O'Dwyer's PR Daily* révéla que pendant les seuls neuf derniers mois de 2002, cette société avait perçu 20,2 millions de dollars du royaume. « Cette somme dépasse de très loin le précédent record : 14,2 millions de dollars, versés par Citizens for a Free Kuwait au cabinet de relations publiques Hill and Knowlton pour son travail au cours des six mois — de 1990 à 1991 — qui précédèrent la guerre du Golfe », notait justement *O'Dwyer's PR Daily.* Qorvis aida aussi les Saoudiens à créer Alliance for Peace and Justice (Alliance pour la paix et la justice), présentée comme une organisation américaine sensibilisée par les questions du Moyen-Orient. Le cabinet décrocha également pour les représentants saoudiens une série d'interviews avec les journalistes vedettes des médias américains, dont Ted Koppel, Bill Plant, Paula Zahn, Andrea Mitchell, Aaron Brown, Chris Matthews ou encore Bill O'Reilly[97].

Hill and Knowlton courtisa également les Saoudiens. C'est l'un de ses collaborateurs, Jim Cox, qui se chargea de leur faire la cour lors d'une interview accordée à *Arab News*, une publication appartenant aux membres de la monarchie. Présenté comme « franc et direct » par le journal, Cox expliqua sur un ton plutôt obséquieux : « L'Arabie saoudite dispose, certes, d'un encadrement compétent et apprécié, respectueux du royaume tant en affaires qu'au niveau de sa culture, mais il existe cependant un problème. Le royaume repose sur un groupe, un réseau d'affaires trop restreint… » Sous-entendu : peut-être serait-il bon pour lui de s'ouvrir à d'autres… Puis, évoquant la présence d'une majorité de ressortissants saoudiens parmi les pirates de l'air du 11 septembre 2001, Jim Cox reconnut que le royaume avait là un « sérieux obstacle d'incrédulité à surmonter ». Il posait la question : « Qui devons-nous blâmer ? Certainement pas le peuple saoudien. Pas plus que le gouvernement. Personne d'autre en particulier, d'ailleurs ! Sinon le monde dans lequel nous vivons[98]. » Hill and Knowlton devait signer un contrat de plus de 77 000 dollars par mois avec plusieurs compagnies publiques saoudiennes, parmi lesquelles figurait Saudi Aramco, l'une des plus grosses compagnies pétrolières mondiales[99]. Début 2003, c'est une autre prestigieuse société de relations publiques qui paraphait un accord avec le royaume. Le groupe Gallagher — dirigé par l'analyste politique républicain Jamie Gallagher — prêterait main-forte à Qorvis Communications dans son travail de relations publiques. Montant de la transaction : 300 000 dollars pour une année[100].

Patton Boggs, une filiale de Qorvis, distribua des documents aux journalistes et aux représentants du Congrès dans lesquels les Saoudiens témoignaient de leur soutien aux États-Unis dans leur guerre contre la terreur et rappelaient qu'ils étaient eux-mêmes des victimes du terrorisme[101]. L'un de ces documents — titré « Points chauds » — essayait de présenter point par point quelles étaient la position et les actions menées par l'Arabie saoudite en matière de lutte contre le terrorisme, et précisait l'état et la nature de ses relations avec les États-Unis. « Le soutien de l'Arabie saoudite à Oussama Ben Laden », « Le financement supposé de l'Arabie saoudite au terrorisme », ou encore « Le système saoudien d'enseignement et l'antiaméricanisme » étaient quelques-uns des chapitres censés appuyer la démonstration saoudienne[102]. Le document laissait cependant sur sa faim, tant les réponses aux questions soulevées se cantonnaient à des considérations générales et manquaient cruellement de détails et d'argumentation. Le document préférait s'établir sur une collection de satisfecit des fonctionnaires américains, à commencer par George W. Bush, Donald Rumsfeld, Colin Powell, Richard Boucher (porte-parole du Pentagone), Ari Fleischer (chef du service de presse de la Maison-Blanche) et le général Tommy Franks. Tous témoignaient des efforts saoudiens en matière de lutte contre le terrorisme et de la bonne tenue des relations entre les deux pays[103].

Parfois les Saoudiens furent leurs pires ennemis dans la guerre des relations publiques. En décembre 2001, par exemple, le ministre de la Défense nationale saoudien a provoqué des remous quand il a publiquement accusé le « lobby juif et sioniste » d'orchestrer une « campagne médiatique » contre le royaume du désert[104].

De même que la propagande américaine avait eu un impact limité au Moyen-Orient, la campagne de relations publiques des Saoudiens n'a trouvé que peu d'écho aux États-Unis. Des millions de dollars saoudiens ont pourtant été investis dans les médias américains, les chaînes télévisées et la presse, afin de diffuser toujours le même message, celui d'une Arabie saoudite alliée sincère des États-Unis et solidaire dans la guerre contre le terrorisme[105]. « Ces messages étaient tous signés : “Le peuple d'Arabie saoudite”, mais ce n'était qu'un mensonge, commentait Bob Garfield dans les colonnes d'*Advertising Age*. Depuis des décennies, les relations des États-Unis avec l'Arabie saoudite et d'autres États arabes prétendus “modérés” relèvent d'un pacte passé avec le diable. Nous soutenons leur régime corrompu, répressif et autoritaire avec de l'argent et de l'équipement pour l'armement. Et ils nous vendent leur pétrole. Des alliances aussi contre nature ne pouvaient avoir que des répercussions fâcheuses. Il y a eu la révolution iranienne de 1979 et des décennies de terrorisme financé par les États. En attendant, nous avons poursuivi nos relations avec l'Arabie saoudite et l'Égypte, et continué à traiter avec le diable, plutôt que de prendre le risque de laisser la boîte de Pandore s'ouvrir à un islamisme populaire. Résultats : aujourd'hui nous avons un régime saoudien qui soutient et finance des fondamentalistes radicaux, qui contribue à la propagation du virus d'un islam radical dans le monde musulman, et, en définitive, inocule au sein même de son royaume les risques de menaces révolutionnaires[106]. »

Quelques-unes des attaques les plus virulentes à l'égard du royaume saoudien provenaient des conservateurs, comme l'éditorialiste du *Wall Street Journal* William McGurn et le membre du Congrès Dan Burton. Ce dernier se montra notamment assez agressif quand il accusa, en octobre 2002, les Saoudiens d'avoir kidnappé des enfants nés de mariages mixtes, entre Américains et Saoudiens (plusieurs centaines de cas selon l'homme politique). Le sénateur Burton regrettait ouvertement que le Département d'État ne soit pas intervenu pour obtenir de l'Arabie saoudite qu'elle rende les petits Américains retenus contre leur gré. Cette réticence américaine à évoquer avec les responsables saoudiens la question de ces enlèvements amena Burton à s'interroger « sur la détermination des États-Unis à vouloir traiter avec l'Arabie saoudite d'autres problèmes, comme le financement du terrorisme ou encore l'éventuel soutien du royaume aux États-Unis dans son combat contre l'Irak[107] ». Qorvis a aidé les Saoudiens à faire face à ces accusations, ce qui incita Burton à assigner la société de relations publiques à révéler la nature de ses prestations et des contrats passés avec l'Arabie saoudite. Le royaume invoqua alors la violation de la convention de Vienne sur les privilèges et immunités diplomatiques. Burton répliqua par un courrier cinglant en rappelant que « la convention de Vienne signée en 1961 ne s'appliquait pas aux citoyens américains ayant choisi de vendre leurs services de relations publiques auprès d'intérêts étrangers. Bien au contraire, la loi sur l'enregistrement des agents étrangers (Foreign Agents Registration Act, vote du Congrès en 1937) établit très précisément que ceux-ci sont tenus de faire connaître leur identité et celle de leurs clients, de révéler leurs activités et de rendre publics les documents produits afin que le peuple américain sache qui s'adonne à des activités politiques pour le compte ou au nom de gouvernements, de partis politiques ou d'autres organismes étrangers[108] ». À l'intérieur même du cabinet Qorvis, le dossier saoudien semblait provoquer quelques remous. En décembre 2002, trois des fondateurs de la société partaient créer leur propre cabinet. Des associés de Qorvis confiaient le 6 décembre 2002 au *New York Times* que « ces départs reflétaient en fait le profond malaise ressenti au sein de Qorvis à représenter un gouvernement saoudien dont les dirigeants étaient accusés de fermer les yeux sur le terrorisme ». D'autres proches et collaborateurs, témoignant sous couvert de l'anonymat, ajoutèrent que « ces démissions avaient été largement conditionnées par l'existence de preuves de plus en plus flagrantes de liens entre d'importantes personnalités et responsables saoudiens et le financement du réseau terroriste Al Qaïda[109] ».

Chapitre 4
Le double langage

« AUJOURD'HUI, le discours politique sert en grande partie à défendre l'indéfendable, écrivait George Orwell en 1946. La présence britannique en Inde, les purges et les déportations soviétiques, les bombes atomiques sur le Japon peuvent certainement être défendues, mais seulement par des arguments difficilement acceptables par la plupart des gens et qui ne s'accorderaient pas avec les intentions proclamées des partis politiques. Ainsi le discours politique consiste-t-il pour une bonne part à s'exprimer par euphémismes, à avoir aussi recours à un vocabulaire appauvri ou encore à s'envelopper d'un véritable brouillard d'imprécisions[1]. »

Orwell était un observateur pertinent des connexions entre la politique et le langage. S'il n'a pas inventé l'expression même de « *doublespeak* » (double langage), il en a introduit et vulgarisé le concept dans son chef-d'œuvre, *1984*, publié en 1949. Le double langage est en fait l'association de deux notions qui apparaissent dans son ouvrage : « *doublethink* » (double pensée) et « *newspeak* » (nouveau langage ou novlangue). Orwell a utilisé le terme de « double pensée » pour décrire un processus antinomique de pensée et de parole qui fait que les gens expriment des choses tout en sachant pertinemment que celles-ci se situent à l'opposé de ce qu'ils pensent réellement. Il créa également le terme de « nouveau langage » pour décrire un vocabulaire « délibérément inventé à des fins politiques. Ces expressions et ces mots nouveaux portaient non seulement en eux des implications politiques, mais ils étaient surtout destinés à imposer une attitude mentale à la personne qui les employait[2] ».

La désormais célèbre expression « axe du mal » répond de cette logique. Elle fut employée la première fois par le Président américain lors de son discours sur l'état de l'Union du 29 janvier 2002. Bush devait qualifier l'Iran, l'Irak et la Corée du Nord (et leurs alliés terroristes) d'« axe du mal cherchant à s'armer pour menacer la paix mondiale. En voulant acquérir des armes de destruction massive, ces régimes constituent un véritable danger qui ne fait que s'accroître. Ils pourraient fournir ces armes aux terroristes, leur donnant ainsi des moyens à la hauteur de leur haine. Ils pourraient attaquer nos alliés ou tenter de faire du chantage auprès des États-Unis[3]. »

Le concept d'un « axe » évoque immanquablement les « puissances de l'Axe » qui désignaient l'Allemagne et ses alliés durant la Seconde Guerre mondiale. L'idée est de préparer l'opinion publique à une guerre contre des nations qui appartiennent prétendument à un « axe ». L'utilisation de ce terme est délibérément trompeuse. Elle suggère l'alliance ou la confédération d'États qui présentent un danger identifié précisément par leur alignement commun. Cette menace apparaît plus forte que la somme des parties elles-mêmes. En fait, l'Iran et l'Irak sont des ennemis jurés depuis des décennies et il n'existe aucun exemple de rapprochement entre la Corée du Nord et les deux autres États.

Qualifier ces nations de représentation du « mal » dépend pour une part de votre théologie et pour l'autre part de votre politique. Il ne fait aucun doute que l'Iran, l'Irak et la Corée du Nord ont commis des atteintes horribles aux droits de l'homme — même si l'Iran s'est engagé depuis peu sur les chemins de la démocratie (un processus qui pourrait être remis en cause si l'invasion de l'Irak venait à jeter de l'huile sur le feu du fondamentalisme islamique). On peut cependant se demander pourquoi l'administration Bush a écarté de sa vindicte des nations comme la Colombie ou l'Arabie saoudite, pourtant connues pour leurs violations des droits de l'homme. En réalité, ce choix et cette qualification d'« axe du mal » n'ont pour but que de permettre aux Américains de pouvoir justifier des actions militaires à venir.

L'utilisation par Bush de l'expression « axe du mal » a donné naissance à quelques histoires drôles dont certaines furent racontées sur le site Internet Satire Wire. com. Notamment celle-ci : « Cuba, le Soudan et la Serbie ont annoncé qu'ils avaient formé un "axe de ceux qui ont un peu à voir avec le mal". Dans la foulée, la Somalie, l'Ouganda et la Birmanie ont fait savoir qu'ils avaient formé un "axe de ceux à qui il arrivait de flirter avec le mal". Pour ne pas être en reste, la Bulgarie, l'Indonésie et la Russie ont prévenu à leur tour qu'elles avaient créé un "axe de ceux qui n'ont pas vraiment à voir avec le mal, mais qui sont juste désagréables"[4] ». Plaisanteries mises à part, il faut reconnaître que l'expression a joué un rôle déterminant dans la formation de l'opinion publique, dans sa perception de la question du terrorisme et de la nécessité, ou non, d'une entrée en guerre avec l'Irak.

La coalition des contraints et forcés

Si les « méchants » ont un « axe », les « gentils » ont leur « coalition des volontaires » (*coalition of the willing*), selon l'expression préférée de Colin Powell et des fonctionnaires américains. Cette appellation fut largement adoptée par les médias, souvent de manière peu critique, notamment par les télévisions. Le mot « coalition » cherchait à rappeler l'élan qui avait existé en 1991 lorsque la première administration Bush était parvenue à persuader les Nations unies de la nécessité d'une large coalition internationale pour conduire la guerre contre l'Irak de Saddam Hussein, coupable d'avoir annexé l'Émirat du Koweït (le 17 janvier 1991 débutait l'opération Tempête du désert).

Les États-Unis ont souvent comparé le soutien international dont ils disposaient pour leurs opérations militaires en Irak en 2003 à la force de coalition qui avait combattu lors de la première guerre du Golfe. « La coalition présente à nos côtés pour l'opération Liberté pour l'Irak est importante et ne cesse de s'élargir », devait marteler le sécrétaire à la Défense Donald Rumsfeld lors de ses différentes interventions. « Nous ne menons pas une action unilatérale, comme cela est souvent présenté dans les médias. La coalition engagée dans cette action est plus étendue que celle qui a existé pendant la guerre du Golfe en 1991[5]. » Mais pour Glenn Kessler, du *Washington Post*, « les affirmations de Rumsfeld et de l'administration américaine relevaient, aux yeux des nombreux experts et observateurs ayant suivi les deux conflits, de l'exagération ».

Cette « coalition des volontaires » se limitait en fait à une association anglo-américaine sans pour ainsi dire autre contribution militaire, sauf celle de l'Australie.

« Il s'agit d'une manipulation éhontée pour laisser croire que la coalition engagée dans cette guerre est plus importante que celle de 1991, lâchait Ivo H. Daalder, un ancien de l'administration Clinton, et qui soutenait une intervention contre l'Irak. Même nos trois grands alliés que sont l'Espagne, l'Italie et la Bulgarie ne fournissent pas de troupes[6]. »

Les nations qui ont participé à la guerre de 1991, mais ont refusé de collaborer à celle de 2003, comptent dans leurs rangs la plupart des grands pays européens, du Moyen-Orient et d'autres parties du monde : le Bahrein, l'Égypte, la France, l'Allemagne, la Grèce, le Maroc, le Qatar, l'Arabie saoudite et les Émirats arabes unis. À leur place les États-Unis peuvent compter sur le soutien officiel d'une trentaine de pays comme l'Afghanistan, l'Albanie, l'Azerbaïdjan, la Colombie, la Corée du Sud, l'Érythrée, l'Estonie, l'Éthiopie, la Géorgie, la Macédoine, le Nicaragua, l'Ouzbékistan, les Philippines, le Salvador, le Rwanda, l'Ouganda.

Contrairement à la première guerre du Golfe, très peu des nations présentes dans la coalition de 2003 ont fourni d'argent, de matériels ou de troupes. Elles se sont cantonnées à apporter une aide symbolique, comme leur soutien politique ou le survol de leur espace aérien par les avions de guerre américains. Plutôt que de demander aux États-Unis qu'ils les aident à s'équiper en armement, beaucoup d'entre elles ont réclamé — en contrepartie de leur participation à la coalition — d'importantes aides financières ou encore un appui à leur demande d'admission à l'OTAN.

Parallèlement à la publication — la veille de l'entrée en guerre — des noms des trente nations soutenant une intervention armée en Irak, les États-Unis affirmèrent détenir une autre liste sur laquelle figuraient quinze autres pays solidaires, mais qui avaient souhaité rester anonymes. Cette seconde liste fut sarcastiquement qualifiée de « coalition des volontaires à ne pas être nommés ». Au sein même des nations qui soutenaient ouvertement une opération militaire, les populations continuaient, elles, à s'y montrer hostiles. En janvier 2003, 68 % des Britanniques déclaraient ne pas être convaincus de la nécessité de la guerre. Ils étaient 80 % à partager cette opinion en Espagne, 73 % en Italie, 79 % au Danemark, 67 % en République tchèque, 82 % en Hongrie et 63 % en Pologne[7].

Des combattants de la noble cause

Le double langage accompagne la guerre depuis des millénaires. Le professeur anglais William Lutz en a trouvé des exemples dès Jules César, qui décrivait sa conquête brutale et sanglante de la Gaule comme une guerre de « pacification ». « L'armée est pleinement consciente que sa raison d'être est de faire la guerre, donc de tuer des gens et d'envoyer aussi des soldats américains à la mort, dit-il. Parce que la réalité de la guerre et ses conséquences sont si cruelles, les militaires utilisent presque instinctivement le double langage quand ils en parlent[8]. » Le double langage — que Lutz définit comme un « mode d'expression conçu pour que les mensonges sonnent vrai, (...) pour distordre la réalité, (...) pour que le mauvais semble bon et que le négatif paraisse positif » — invoque souvent une cause noble pour justifier la mort et la destruction. Un pays démocratique ne peut pas faire la guerre sans l'appui populaire de ses citoyens. Un mythe bien construit, un bon relais des médias peuvent permettre de conquérir ce soutien même quand la cause noble peut paraître peu convaincante au reste du monde.

Aussi, le choix des noms de code pour désigner les guerres est crucial dans le processus pour faire apparaître un conflit comme une cause noble. Ainsi, en 1989, pour éviter que l'invasion du Panamá soit perçue comme une guerre ou une occupation, cette intervention fut baptisée « opération Juste Cause ». On note que le mot « opération », plutôt inoffensif, devient un substitut terminologique pour dire « guerre ». La guerre en Afghanistan en 2001 fut à l'origine appelée « opération Justice sans Limites ». Cette dénomination offensa un certain nombre de musulmans, pour qui seul Dieu avait ce pouvoir de justice. Les stratèges militaires durent revoir leur copie et opter pour « opération Liberté immuable[9] ». Pour l'intervention en Irak en mars 2003, c'est le slogan « Liberté pour l'Irak » (*Iraqi Freedom*) qui devait être retenu. Le journaliste Paul Holmes, spécialiste des relations publiques et de la propagande, a étudié pour le magazine *PR Week* les termes employés par les militaires et les médias durant leur couverture de la guerre. Voici ce qu'il écrit concernant la signification de l'expression « opération Liberté pour l'Irak » : « Il est possible, je suppose, que la liberté de l'Irak puisse être une conséquence indirecte de cette campagne. Mais prétendre qu'elle constitue l'essentiel de la démarche est d'une malhonnêteté intellectuelle extrêmement perverse[10]. » Sans doute. Pourtant, cette devise fut la base d'un dispositif d'encadrement omniprésent dans les médias audiovisuels. Les télévisions, comme la Fox et MSNBC, l'ont utilisée comme accroche systématique de leurs programmes consacrés à l'événement. L'expression apparut en titre et sous la forme de logos dessinés en trois dimensions, encadrés d'images de drapeaux et autres symboles patriotiques. À côté, de nombreuses autres expressions — initiées par l'administration Bush — ponctuèrent à intervalles réguliers ces émissions : « Désarmement de l'Irak », « Forces de coalition », « Guerre à la terreur » ou encore « L'Amérique rend les coups ». Des tableaux et des bancs-titres reproduisirent et renforcèrent les propos et les arguments clés du gouvernement en faveur d'une intervention armée.

La cavalerie américaine à la rescousse

Bien maîtrisé, le langage peut permettre à celui qui s'exprime de dissimuler le fond réel de sa véritable pensée. On peut en trouver des exemples dans le document « *Rebuilding America's Defenses : Strategies, Forces and Resources for a New Century* » (Reconstruire les défenses des États-Unis : stratégies, forces et ressources pour un siècle nouveau) publié durant l'année 2000 par le groupe d'études néo-conservateur Projet du nouveau siècle américain (PNAC) et dont nous avons vu dans un précédent chapitre que plusieurs de ses membres collaboraient aujourd'hui étroitement à la politique étrangère de l'administration Bush. Très critiqué et présenté à l'étranger comme un projet visant à renforcer la domination américaine sur le monde, le rapport déclarait dès les premières lignes que les États-Unis voulaient rester la superpuissance mondiale qui « n'a en face d'elle aucune nation capable de rivaliser. L'Amérique doit aspirer à préserver et à prolonger cette position dominante aussi longtemps que possible ». Pour parvenir à cet objectif, les rédacteurs du document recommandaient le développement des bases militaires américaines existantes à l'étranger et la construction de nouvelles bases permanentes au Moyen-Orient, en Europe du Sud, en Amérique latine et dans le Sud-Est asiatique. Ils invitaient également les militaires à réfléchir à des stratégies permettant de contrôler le « nouveau territoire international représenté par l'espace et le cyberespace ». Il reviendrait à un nouveau corps militaire — les « forces américaines spatiales » (*US Space Forces*) — de veiller sur ce territoire spatial. Le rapport évoquait aussi « la nécessité de développer une nouvelle famille d'armes nucléaires. (...) Des armes plus sûres et plus efficaces, (...) équipées notamment de petites têtes nucléaires capables d'atteindre des bunkers cachés profondément dans le sol et souvent utilisés par nos adversaires potentiels[11] ». Les idées développées par le PNAC étaient trop radicales à présenter et elles ont conduit leurs initiateurs à trouver un langage approprié, plus enveloppé, pour en atténuer la véritable signification.

Le rapport du PNAC soulignait également le rôle de « gendarmes » et de « garants de la sécurité » que les États-Unis devaient « jouer dans les régions sensibles du globe ». Formules édulcorées pour présenter les soldats des troupes d'occupation américaines comme de simples et braves flics locaux, et afficher de manière moins brutale les velléités de contrôle et de mise au pas des pays des régions concernées. De la même façon, les armes nucléaires américaines (qui seraient appelées « armes de destruction massive » si quelqu'un d'autre ne les avait pas déjà possédées...) sont décrites comme la « force de dissuasion nucléaire des États-Unis » alors que les missiles à longue portée sont présentés comme l'« arsenal de défense protégeant la patrie américaine ». De quelle manière ces équipements nous « protègent-ils » ? Par leur existence, ils « assurent et renforcent la représentation de la prédominance américaine dans le monde ».

À la lecture et au décryptage des expressions utilisées dans ce rapport, on peut à cet instant réfléchir à la manière dont celles-ci sont perçues par les populations ne vivant pas aux États-Unis. Faire ce travail, c'est simplement imaginer que des pays autres que les États-Unis — pourquoi pas l'ex-Union soviétique, l'Irak, l'Inde ou l'Italie ? — en viennent à produire un document justifiant le développement et l'emploi de missiles pour « assurer et renforcer la représentation de la prédominance italienne (par exemple) dans le monde » et « empêcher l'apparition d'une grande puissance rivale ». Le double langage pratiqué par le PNAC permet à celui-ci d'offrir un discours à la fois franc et ambigu, notamment quand il évoque la mise en place d'une *Pax Americana* que les États-Unis imposeraient au monde. Cette *Pax Americana* reposerait « sur une prédominance, non sollicitée, de l'armée américaine », ses troupes stationnées dans les différentes régions du monde constituant la « première ligne de défense (...) d'un périmètre de sécurité américain ». « Depuis l'écroulement de l'empire soviétique, rappelle le PNAC dans son exposé, ce périmètre s'est élargi lentement, mais inexorablement. (...) Dans les années qui ont suivi la fin de la guerre froide, la région du golfe Persique a vu la présence géographique des forces armées américaines s'accroître. » Si un autre pays venait à « accroître la présence géographique » de ses soldats à travers le monde, il y aurait là de quoi s'inquiéter. Bien sûr... Mais il s'agit ici de soldats américains et ils ne constituent, selon l'expression du rapport, qu'une unité de « cavalerie sur de nouvelles frontières américaines ».

Le PNAC use du double langage pour exprimer et justifier l'idée que cette « cavalerie » devrait devenir une armée d'occupation permanente dans le Moyen-Orient. D'un point de vue américain, la présence de ces « bases avancées » installées dans la région permettrait de répliquer à Saddam Hussein si cela devait se présenter. Celles-ci pourraient faire front à l'Iran — le cas échéant —, ce pays pouvant se révéler une menace aussi importante que l'Irak pour « les intérêts des États-Unis » dans le golfe Persique. Et si les relations entre Américains et Iraniens venaient à s'améliorer, le maintien des « bases avancées » demeurerait un élément essentiel de la stratégie de sécurité américaine pour préserver ses « intérêts de longue date » dans la région.

Traduit en clair, cela voudrait dire : « Peu importe la nature des gouvernements en place, nous voulons la présence de nos soldats dans la région afin de pouvoir exercer un contrôle sur leur pétrole. » Mais comme il est difficile de dire les choses ainsi, les auteurs préfèrent s'exprimer par euphémismes. Ils ne disent pas « militaires » mais « bases avancées », ils ne parlent pas de « pétrole » mais des « intérêts américains de longue date[12] ».

Le choc et l'effroi

Si parfois le double langage peut apparaître sous une forme extrêmement agressive et directe, il n'en dévoile pas pour autant sa véritable signification. Il en est ainsi de l'expression « *shock and awe* » — littéralement « choc et effroi » — utilisée par le Pentagone pour désigner sa stratégie aérienne et les premiers bombardements massifs sur Bagdad au début du conflit. En tant que doctrine de guerre, cette formule a été théorisée en

1996 par deux stratèges militaires américains, Harlan K. Ullman et James P. Wade, dans leur ouvrage *Shock and Awe : Achieving Rapid Dominance* publié à l'initiative des services du secrétariat à la Défense[13]. Ce livre décrit « le choc et l'effroi » comme une stratégie « visant à infliger à l'ennemi une attaque si massive et si brutale que tout acte de résistance lui apparaît impossible ». Dans une telle approche, « ce n'est pas tant l'importance des destructions de la capacité militaire qui prédomine, mais la terreur qu'elles inspirent ». Le véritable objectif est d'atteindre l'adversaire dans ses capacités à « réagir », à « percevoir » et à « comprendre » ce qui lui arrive. Ces principes, sur lesquels a reposé la stratégie militaire adoptée par les Américains lors des premières heures de leur guerre contre l'Irak, ont déjà été couronnés de succès dans le passé.

« Dans l'exemple des bombardements d'Hiroshima et de Nagasaki, écrivent Ullman et Wade, l'intention était moins d'atteindre des objectifs militaires ou stratégiques que de détruire psychologiquement les Japonais par une démonstration de force massive et brutale. On l'a vu, cette doctrine "le choc et l'effroi" utilisant l'arme atomique a parfaitement réussi à transformer de manière définitive l'état d'esprit du citoyen japonais et celui des dirigeants. »

La « guerre éclair » — c'est ainsi que les Allemands appelaient initialement la stratégie du « *shock and awe* » avant que les Américains ne la remettent d'actualité — fut appliquée par les nazis durant la Seconde Guerre mondiale avec une approche un peu différente. « Dans la "guerre éclair" telle que nous l'entendons là, expliquent Ullman et Wade, il ne s'agissait plus d'exercer une puissance de feu massive et intensive sur un large front pour parvenir à ébranler l'adversaire. Au lieu de cela, l'intention était ici de cibler et de détruire des objectifs précis et stratégiques en pratiquant des frappes quasi chirurgicales et très concentrées avec un maximum de répercussions. Cette utilisation de la force, à la fois violente et extrêmement précise, s'est révélée d'une redoutable efficacité. Cette pratique de la "guerre éclair" montre à tout futur belligérant et aux États-Unis qu'il existe aussi une autre voie — reposant sur la précision, la rapidité d'exécution mais également l'utilisation de technologies appropriées — permettant de parvenir au "choc et effroi". »

Mark J. Conversino, commandant de l'US Air Force, a sévèrement critiqué le travail d'Ullman et Wade dans un article paru dans la publication militaire *Navy War College Review* en 1998. Les thèses développées par les deux hommes sur la « guerre éclair » et la stratégie du « *shock and awe* » souffrent, selon lui, d'un cruel manque de crédibilité. « Incohérent », « approximatif », « répétitif », « erroné » sont quelques-uns des qualificatifs qui reviennent sous la plume de l'officier[14]. Pour Conversino, les auteurs de l'ouvrage peinent à soutenir leur démonstration. L'accumulation d'interprétations, d'amalgames, d'approximations et d'erreurs le laisse souvent pantois. « Les auteurs, souligne-t-il, reviennent longuement sur l'utilisation de la "guerre éclair" par les Allemands durant la Seconde Guerre mondiale pour illustrer le concept de "choc et effroi". Mais il est regrettable de constater, à la lecture de ces passages, qu'ils apparaissent en réalité peu au fait de la stratégie militaire de la Wehrmacht. Ils n'hésitent pas non plus à orthographier le terme allemand désignant la "guerre éclair" de la manière suivante "*blitzkreig*" (au lieu de "*blitzkrieg*"). Dans une logique qui appartient à eux seuls, l'Holocauste nazi est défini comme une application politique du "*shock and awe*"[15]. »

En janvier 2003, alors que l'administration Bush apparaît plus que jamais déterminée à mener la guerre contre l'Irak, Harlan K. Ullman a de nouveau évoqué l'exemple des bombardements d'Hiroshima en 1945 pour illustrer le concept du « *shock and awe* » et la manière dont les États-Unis envisageaient l'usage de cette stratégie dans le conflit qui s'annonçait. Voici ce qu'il confiait au micro de CBS News : « N'oublions pas que notre but est de les pousser à se rendre, pas à se battre. C'est pour cela que nous nous devons de les marquer psychologiquement avec une action forte qui aura sur les consciences le même effet qu'Hiroshima en son temps. (...) Cette tactique repose sur une campagne de bombardements massifs (palais présidentiel, casernes, zones industrielles, réserves d'eau, moyens de communication et de transport sont des cibles envisagées) et une offensive éclair vers la capitale irakienne. Une fois Bagdad sous notre contrôle, avec la maîtrise de tout ce qui fait de cette ville une cité moderne, il suffira de deux, trois, quatre, au maximum cinq jours pour que les Irakiens craquent physiquement et psychologiquement[16]. »

Cependant, peu avant que ne débutent les premières frappes, l'armée, relayée par les médias et leurs experts, devait présenter cette stratégie en des termes plus « sanitaires », plus propres. Le Pentagone affirmait que la haute précision des bombes dites intelligentes, en particulier les bombes à guidage laser, permettrait d'anéantir le potentiel militaire irakien en épargnant les infrastructures du pays et en limitant le nombre de victimes civiles innocentes. De pareilles affirmations avaient été tenues au moment de la première guerre dans le golfe Persique. Après coup il s'était révélé — en étudiant les frappes de l'opération Tempête du désert — que les bombes en question étaient loin d'être aussi astucieuses qu'elles en avaient eu l'air aux informations télévisées. Le concept du « choc et effroi » n'échappe pas au double langage qui permet à ses utilisateurs de réconcilier symboliquement deux idées contradictoires, ses théoriciens employant tantôt le terme pour évoquer la puissance de frappe massive et mortelle que celui-ci recouvre, tantôt pour souligner l'effet psychologique provoqué par cette même force, réussissant ainsi à générer une distanciation du public avec la souffrance humaine que cette force crée.

Une guerre habillée de brouillard

Parfois le double langage consiste à inverser complètement le sens des mots. Le journaliste Paul Holmes observait dans un article publié dans *PR Week* que nous avions eu dans la période précédant la guerre une « parfaite illustration orwellienne de ce principe avec l'utilisation du mot "pertinence" quand les États-Unis ont demandé aux "Nations unies de prouver leur pertinence, et échoué". Dans ce contexte précis, "pertinence" voulait dire l'aptitude de l'ONU à accéder sans discuter à toute demande américaine. Maintenant, si tout cela vous paraît manquer de pertinence, peut-être n'avez-vous pas compris que nous vivons dans un monde où "la raison du plus fort est toujours la meilleure"[17]. »

En temps normal, la « diplomatie » se réfère au processus par lequel les nations cherchent à résoudre leurs différends de manière pacifique par les négociations et les compromis. Lors de la phase de préparation à la guerre, le terme de « diplomatie » a pris une tout autre signification pour devenir le processus par lequel les États-Unis ont tenté de faire pression sur d'autres nations afin qu'elles les soutiennent dans leur projet de guerre. Quand ces pays ont refusé de suivre l'Amérique, on parla alors d'un « échec de la diplomatie ».

Selon le même procédé orwellien, l'administration Bush a inventé l'expression « *preemptive defense* » pour désigner sa décision d'attaquer en premier sans attendre le moindre geste de provocation des Irakiens. Littéralement acte de « défense préventive », ce concept fut élaboré afin de légitimer l'entrée en guerre des Américains. Le message était : « L'Irak peut nous attaquer à tout moment. Détruisons cette menace avant qu'il ne soit trop tard. » L'attitude américaine apparaît comme un acte de prévention et celui-ci peut être perçu comme tel. Mais un acte de guerre tout de même. « Guerre préventive », c'est ainsi que l'expression fut reprise et traduite. La substitution du mot « défense » pour « guerre » n'est pas récente. Elle est un classique du double langage, des mots pour masquer la réalité. En 1947, les États-Unis abandonnaient leur « secrétariat à la Guerre » pour le rebaptiser « secrétariat à la Défense »[18].

Le langage permet parfois de dissimuler la véritable signification des choses derrière un rideau de brouillard plus ou moins dense. Ainsi, l'expression « *regime change* » (changement de régime) — que l'on doit au groupe belliciste Project for the New American Century — cache en fait l'impérieux projet de renversement d'un gouvernement étranger grâce à une invasion militaire. Défini de la sorte, ce plan prend l'apparence d'une démarche plutôt respectable et raisonnable. L'expression ainsi construite permet de parler de l'envahissement de l'Irak sans même que l'on ait à en évoquer les conséquences humaines : la mort de milliers d'innocents, les assassinats, la présence d'une force d'occupation. Et de fait, on a très peu débattu de ces réalités aux États-Unis avant la guerre. Le coût social et humain de cette opération armée ne fut à aucun moment soulevé par l'administration Bush ni même par le Congrès. Évoquer ces questions ne signifie pas nécessairement une hostilité systématique à toute intervention armée et il est toujours possible de défendre l'idée que les bénéfices d'une invasion de l'Irak et du renversement de son gouvernement dépassent de beaucoup les investissements engagés. L'administration Bush n'a jamais fait usage d'un tel argument. Il a su, en revanche, habilement jouer du langage pour éluder toute interpellation concernant les dommages qui découleraient de la guerre.

Dans un article signé par Bob Kemper, le *Chicago Tribune* mentionnait que la Maison-Blanche avait demandé aux employés fédéraux civils ainsi qu'au personnel militaire de n'évoquer l'invasion de l'Irak qu'en termes de « guerre de libération ». Alors que les forces paramilitaires irakiennes devaient être désignées comme « escadrons de la mort[19] ».

Une guerre pour ne jamais en finir avec les guerres

L'idée d'une « guerre au terrorisme » est une forme de double langage en soi. Cela reflète une habitude maintenant omniprésente d'user de la guerre comme d'une métaphore pour qualifier toutes sortes de choses qui n'en relèvent pas vraiment. « N'avez-vous jamais remarqué dans ce pays, se moquait un jour l'humoriste américain George Carlin, que quand nous avons un problème avec quelque chose, nous devons toujours lui déclarer la guerre ? La guerre à l'analphabétisme, la guerre au sida, la guerre aux sans-abri, la guerre à la drogue et ainsi de suite. (...) En réalité, nous ne faisons pas vraiment grand-chose, mais nous déclarons la guerre. »

L'histoire des guerres de l'Amérique pour des causes supérieures commence réellement avec la Première Guerre mondiale, qui fut vendue aux Américains comme « la guerre destinée à en finir avec la guerre » et « la guerre qui doit préserver la démocratie pour le monde ». De nos jours, presque un siècle plus tard, nous pouvons nous rendre compte à quel point, en fait, ces slogans étaient vides. Habituellement, les gens qui entament des guerres métaphoriques réalisent à leur terme que la victoire, telle qu'elle est admise dans les guerres réelles, n'adviendra jamais. L'usage de la drogue, la pauvreté, la maladie et le terrorisme ont existé de tout temps. Ces maux ne vont pas disparaître simplement parce qu'un quelconque politicien leur déclare la guerre. Ce qui arrive le plus souvent, c'est que ces guerres développent des bureaucraties qui attirent à elles des ressources et produisent régulièrement des appels à l'intention du public comme une manière de compenser le fait que la victoire n'est pas pour demain.

Au commencement de la « guerre contre le terrorisme », un journaliste demanda à Donald Rumsfeld : « Monsieur, qu'est-ce qui pour vous constitue une victoire dans ce nouvel environnement ? Je veux dire que Caspar Weinberger, en 1987, a établi quelques règles claires pour l'engagement des forces américaines. L'une disait que les buts de guerre militairement atteints sont ceux dont on peut énoncer une fin. Que demeure-t-il pour vous, aujourd'hui, de cette idée concernant ce qui constitue ou non une victoire ?

— C'est une bonne question, répondit Rumsfeld, notamment la partie relative à la victoire. Je la caractériserais de cette manière : je pense tout d'abord qu'il est hautement improbable que nous parvenions à changer la nature de l'être humain. De plus, en raison de la fin de la guerre froide et aussi à cause de la guerre du Golfe, qui ont signifié aux peuples de ne pas entrer en compétition avec les forces armées, terrestres, marines et aériennes, des pays ont recherché des moyens asymétriques susceptibles de menacer les États-Unis et les nations occidentales. Avec le relâchement de la tension, la prolifération des armes a permis aux gens de pouvoir entrer en possession de capacités toujours plus puissantes, au point qu'on ne parle plus de quelques centaines de gens mais de plusieurs centaines de milliers. Nous avons pu à présent identifier l'ampleur de la menace et dans quelle mesure les gens sont volontaires pour donner leur vie comme ces kamikazes des avions qui se sont écrasés sur les États-Unis et peuvent nous imposer les dommages que l'on sait. »

Le mot « asymétrique » cité précédemment est une référence au « conflit asymétrique », un terme que les militaires utilisent pour décrire des stratégies comme le terrorisme. La guerre asymétrique rend les gens dotés de peu de moyens militaires ou économiques capables de se confronter à des ennemis bien plus forts qu'eux. Après avoir admis que la domination américaine était précisément la raison pour laquelle le commando suicide avait fait s'écraser les avions sur les deux tours, Rumsfeld en vint à répondre à la question initiale : « En quoi consiste la victoire à présent ? Je dis que la victoire est de réussir à persuader les Américains et le reste du monde que ce n'est pas une question qui va être réglée en un mois, une année ni même cinq ans. C'est une action que nous devons mener de manière à pouvoir continuer de vivre dans un monde doté d'armes puissantes et dans lequel des gens veulent faire usage de celles-ci. Et nous ne pouvons le faire qu'en tant qu'État. Et c'est cela, de mon point de vue, qui constituerait la victoire[20]. »

Rumsfeld est un homme habile, et faire ressortir le sens derrière ces mots exige une lecture attentive. Au premier regard, on peut être tenté de penser qu'il disait que les États-Unis remporteraient une victoire en parvenant à maintenir leur propre possession d'« armes puissantes ». En réalité, il admettait que même en tant que superpuissance, les États-Unis ne seraient pas capables d'empêcher le reste du monde d'obtenir des armes puissantes avec lesquelles il pourrait « imposer les dommages que l'on sait ».

Par conséquent, si le terrorisme lui-même ne peut être réduit à néant, Rumsfeld expliqua qu'il était nécessaire de changer la façon de penser le problème, de manière à ne plus considérer la victoire contre la terreur comme une fin en soi. Sa définition de la victoire, en bref, signifiait « persuader les Américains » que la victoire véritable n'arrivera jamais, et que la guerre pourra continuer indéfiniment. Le Président Bush expliqua le concept plus succinctement en avril 2003, après avoir rendu visite à des soldats blessés durant la guerre en Irak. « Je leur ai rappelé ainsi qu'à leurs familles, déclara-t-il, que la guerre en Irak était véritablement à propos de la paix[21]. »

Ça, c'est bien du double langage !

Chapitre 5
Les recours à la peur

La terreur et la propagande se sont manifestées sous diverses formes tout au long de l'histoire, mais l'action terroriste est devenue aujourd'hui l'arme de propagande la plus capable de déstabiliser et d'atteindre dangereusement notre société moderne. Les campagnes militaires ont toujours cherché à inspirer la crainte dans le camp ennemi. La peur est une partie intégrante de tout combat militaire qui permet de toucher « les cœurs et les esprits » des adversaires. Cependant, son utilisation en tant que tactique guerrière demeure secondaire lors d'un conflit armé dont l'objectif reste avant tout d'occuper ou de détruire le territoire d'un ennemi, de prendre ou d'anéantir son arsenal militaire, de mettre la main sur ses infrastructures et ses ressources, de réduire sa capacité physique à pouvoir faire la guerre. En opposition, le terrorisme est une tactique souvent employée par des acteurs politiques qui n'ont aucun espoir de parvenir à vaincre physiquement leur adversaire. Leur but est alors de l'atteindre et de le détruire psychologiquement en ayant un recours systématique à la violence préparée et aux menaces.

Des années 1870 aux années 1920, le terrorisme fut parfois associé au courant anarchiste. Beaucoup des disciples de ce mouvement furent en effet compromis dans des attentats visant des chefs d'entreprise ou encore des membres de gouvernements. En 1900, le Président américain William McKinley, qui venait d'être réélu à la tête des États-Unis, fut assassiné par l'un d'entre eux. Ce recours à l'acte terroriste fut exposé au XIXe siècle par l'anarchiste Mikhaïl Bakounine sous l'expression de « propagande par le fait ». Ses défenseurs ont cru que l'héroïsme et l'audace de leurs actions inspireraient les masses et feraient des idées anarchistes des idées universelles. À la différence des terroristes modernes, ils se sont pratiquement toujours attaqués à des individus, des personnalités qu'ils considéraient comme directement coupables d'opprimer les masses, en évitant d'atteindre des personnes innocentes. Ainsi l'attentat qui coûta la vie au tsar Alexandre II, en 1881, fut plusieurs fois repoussé car il risquait de mettre en péril des femmes, des enfants ou des personnes âgées[1].

Au cours du XXe siècle, le terrorisme s'est sensiblement développé, devenant aussi plus meurtrier et plus aveugle, leurs auteurs cherchant à maximiser l'impact psychologique de leurs actions. Selon Jerrold Post, le directeur du Programme de psychologie politique de l'université George Washington, les groupes terroristes les mieux organisés intègrent aujourd'hui totalement les médias à la préparation de leurs opérations afin de réussir à capter au maximum leur attention.

Lors d'une conférence tenue devant l'US National Press Club, (Club national américain de la Presse, NPC), le 12 février 2003, Jerrold Post a rendu compte d'une étude qui montrait que les attaques terroristes en Irlande du Nord avaient tendance à se dérouler le jeudi en fin d'après-midi, entre 17 heures et 18 heures : « 17 heures correspond dans les rédactions à la dernière limite pour les journalistes pour remettre leurs articles devant paraître le vendredi. Et 18 heures est l'heure à laquelle sont épinglées dans les lieux de vente les manchettes du lendemain, rapportait le *O'Dwyer's PR Daily* qui assistait à la conférence de Post. N'importe quel acte terroriste commis avant 17 heures donnerait suffisamment de temps aux journalistes pour rédiger un papier et y intégrer une analyse resituant les événements dans un contexte. Après 17 heures, les journaux ont juste le temps de faire leur une et leurs gros titres sur l'horrible tragédie qui s'est déroulée un peu plus tôt. C'est ce que recherchent les terroristes, être vus. »

Au cours de cette même réunion, Hafez Al Mirazi — le chef du bureau de Washington de la chaîne de télévision tout info en langue arabe, Al Jazira — devait confirmer que les terroristes cherchaient effectivement à utiliser au maximum les médias à leur avantage : « Si CNN ou la Fox, par exemple, ne font pas de flash spécial alors que des Palestiniens sont tués, mais seulement si des Israéliens sont abattus, alors les terroristes palestiniens se manifesteront et tueront un Israélien[2]. »

James E. Lukaszewski, un conseiller en relations publiques auprès d'importantes sociétés américaines d'armements, va encore plus loin. Il affirme que « médias et terrorisme sont des collègues de travail partageant la même âme, pratiquement inséparables. Ils se nourrissent l'un de l'autre. Ils se livrent ensemble à une danse des plus macabres, l'un pour des motifs politiques ou idéologiques, l'autre pour des raisons d'audience et de succès commercial ». Les terroristes ont besoin des médias pour attirer l'attention sur leur cause, le caractère spectaculaire de leurs crimes leur garantit la couverture des médias qui en retour voient leur audience et leurs tirages s'envoler. « Les événements terroristes sont de tous les événements relayés par les médias ceux qui dopent le plus les ventes et les audiences, constate Lukaszewski. Les télévisions, les radios et la presse écrite doivent prolonger ces histoires parce qu'elles contribuent à construire et à consolider leurs audiences et leur lectorat. (...) Le mariage entre le terrorisme et les médias est inévitable. Une danse macabre souvent nécessaire[3]. »

James E. Lukaszewski a fait ces observations en 1987, quatorze ans avant les attaques d'Al Qaïda contre le Pentagone et les tours du World Trade Center. Elles peuvent sembler extrêmes et elles s'attiraient certainement les objections de journalistes comme Dan Rather, qui ont été choqués et horrifiés par ces événements. Et peut-être davantage parce qu'ils ont été personnellement témoins de ceux-ci et ont même pu suivre plus d'images que leurs téléspectateurs. Lukaszewski lui-même s'offenserait certainement à l'idée que l'on puisse penser qu'il a aussi quelque chose en commun avec les terroristes. Mais ce que les médias, les relations publiques, la publicité ont tous en commun, c'est une approche unilatérale des modes de communication qui peut être comme un « modèle de propagande ».

Le modèle de propagande diffère à bien des égards selon les représentations que l'on se fait de la communication au sein d'une démocratie et des attentes que nous en avons. Aussi, les propagandistes voient la communication comme un procédé destiné à endoctriner un « public cible ». Alors que dans son acception démocratique, la communication apparaît avant tout comme un processus constant d'échange et de dialogue. On l'aura bien compris, la préoccupation dominante de l'approche propagandiste de la communication se concentre sur la manipulation et les contraintes pouvant être exercées sur la pensée de populations ennemies ou encore internes. « Les propagandistes aspirent à promouvoir leurs intérêts propres ou ceux d'une organisation, et il arrive même que cela soit parfois aux frais du destinataire, décryptent Garth Jowett et Victoria O'Donnell dans leur livre *Propagande et Persuasion*. Le propagandiste ne considère pas le bien-être du public comme une fin en soi, là n'est pas le principal[4]. » Les propagandistes ont également une propension à avoir très peu de considération pour les capacités intellectuelles et cognitives du public auquel ils s'adressent. Dans *Mein Kampf*, Adolf Hitler écrivait qu'il préférait parler devant un auditoire qui venait de dîner, détendu et somnolent. Les premiers spécialistes à avoir étudié la propagande ont désigné cette forme de communication de masse sous le terme de « piqûre hypodermique », l'objectif du communicateur étant d'« injecter » dans l'esprit et la conscience de la population cible son message afin qu'il produise chez elle les effets souhaités[5].

Si tel est votre objectif, un public qui pense d'une façon critique et est préparé à affronter votre message devient un problème qui doit être surmonté. La démocratie repose sur le postulat que les « peuples » sont doués de raison et capables de s'autogouverner, autant de qualités qui constituent un réel obstacle à toute entreprise d'endoctrinement efficace. Puisque la propagande vise à persuader les gens de faire des choses qui ne sont pas dans leurs intérêts, celle-ci va chercher à contourner leur raison et tenter de manipuler leur cerveau sur un niveau plus primitif en faisant appel au symbolisme émotionnel. Les annonceurs parlent de vendre « le grésillement, pas le bifteck ». Ils plantent ainsi des femmes en bikini lovées sur des automobiles ou des chopes de bière à la main dans l'espoir que le consommateur associera leurs produits avec le sexe. La télévision envoie des sons soudains et forts afin de provoquer une réaction de sursaut, elle utilise des couleurs chatoyantes et fait appel à la violence — non pas pour ce qu'ils sont — mais parce qu'ils captent et retiennent notre attention. Quand ces procédés sont critiqués, les annonceurs et les professionnels de la télévision répondent qu'ils font cela parce que « le public le réclame ». En fait, ces pros de la communication savent très bien quels sont les aspects de la nature humaine qu'il convient de solliciter. Ce sont les plus primitifs : les plus prévisibles.

La peur est l'une des émotions les plus primitives de la psyché d'un individu. Elle est aussi celle qui est capable de fixer le plus notre attention. Si la simple aptitude à pouvoir saisir l'attention des gens était synonyme de « nous donnons au public ce qu'il attend », on pourrait dans un raccourci audacieux en conclure que le public « veut » le terrorisme. Le 11 septembre, Oussama Ben Laden a tenu en haleine le monde entier. Autant les gens ont abhorré ce qu'ils voyaient, autant la puissance de leurs émotions les a empêchés de s'en détourner.

La peur peut conduire les individus à agir autrement qu'ils ne le feraient s'ils pensaient rationnellement. Pendant les procès des criminels de guerre à Nuremberg en 1945-1946, le psychologue Gustave Gilbert a rendu visite au nazi Hermann Goering dans sa prison. Il a noté ceci dans son journal, *Nuremberg Diary* : « Lorsque nous avons à nouveau évoqué la guerre, je lui ai dit que, contrairement à sa position, je ne pensais pas qu'un peuple soit reconnaissant envers les responsables qui leur apportent la guerre et la destruction.

« — Bien sûr que les gens ne veulent pas de la guerre, répliqua Goering en haussant les épaules. Pourquoi un pauvre plouc de paysan irait-il risquer sa vie dans une guerre, alors que le mieux qu'il puisse en espérer c'est de revenir entier à sa ferme ? Naturellement, aucun peuple ne veut la guerre. Pas plus en Russie qu'en Angleterre, en Amérique ou en Allemagne. On est d'accord. Mais après tout, ce sont les chefs de ces pays qui décident de la politique et c'est finalement assez simple d'entraîner un peuple derrière soi, que cela se passe dans une démocratie, une dictature fasciste ou communiste.

« Il y a cependant une différence, remarqua alors Gilbert, car dans une démocratie le peuple peut s'exprimer sur la question grâce à ses représentants démocratiquement élus et aux États-Unis seulement le Congrès peut voter et déclarer la guerre.

« — Tout cela est très bien, lui rétorqua Goering, mais, que le peuple ait ou non la possibilité de s'exprimer, on peut toujours le rallier à la cause de ses leaders. Tout ce que vous avez à faire est de lui dire qu'il est menacé d'être attaqué, vous pointez du doigt les pacifistes en dénonçant leur absence de patriotisme alors que votre pays est exposé à un véritable danger. Cela fonctionne quel que soit le pays[6]. »

Arnold se paie une Hummer

Les politiciens et les terroristes ne sont pas les seuls propagandistes à utiliser la peur pour conduire le comportement humain dans des directions irrationnelles. Les pros du marketing commercial en firent la démonstration saisissante au lendemain de l'opération Tempête du désert, en 1991. La médiatisation et la popularisation par les chaînes de télévision de l'impressionnant Humvees — blindé de l'armée américaine — qui sillonna le désert pendant toute la durée de la guerre, encouragèrent le constructeur automobile American Military General à développer une version civile de ce 4x4 conçu à l'origine exclusivement à des fins militaires. L'idée originale de lancer une version grand public de ce véhicule — la Hummer — revenait en fait à l'acteur Arnold Schwarzenegger, grand amateur d'engins tout terrain et qui souhaitait pour lui-même un véhicule de route aux allures guerrières. Les premiers modèles de la Hummer sortirent des chaînes de montage d'AMG sous le prestigieux parrainage de Schwarzenegger en personne, courant 1992[7].

En plus de la construction de la Hummer, la guerre a contribué à lancer aux États-Unis la mode du véhicule utilitaire tout terrain. Le psychiatre Clotaire Rapaille, consultant pour l'industrie automobile, a dirigé pour la firme Chrysler des études sur le psychisme des consommateurs après la guerre. Il en est résulté que les Américains recherchaient des voitures « agressives »[8]. Dans un entretien accordé à Keith Bradsher, chef du bureau de Detroit du *New York Times*, Rapaille est allé encore plus loin en affirmant qu'aux yeux de leurs utilisateurs ces engins étaient assimilés à « des armes, (…) des véhicules blindés équipés pour le champ de bataille ». Des commentaires saisissants qui mettaient à la surface les peurs de la violence et du crime les plus enfouies chez les Américains[9].

Clotaire Rapaille participa à la conception du modèle PT Cruiser de Chrysler, spécialement imaginé pour ressembler à une automobile des années 1930 comme pouvaient en conduire les gangsters de cette époque : « Au volant, les conducteurs devaient pouvoir s'identifier à Al Capone armé d'une mitraillette. » La Dodge Durango (Chrysler) a été conçue pour ressembler à un chat sauvage de la jungle : « Un animal très puissant avec une mâchoire impressionnante, décrit Rapaille. C'est pourquoi nous avons voulu ces gros pare-chocs[10]. »

Participant du même phénomène, les constructeurs américains en ont profité pour introduire sur le marché des véhicules tout terrain totalement inadaptés aux conditions normales de conduite. « Certains de ces 4 × 4 sont à l'origine spécifiquement conçus pour la chasse, observe l'écrivain et journaliste Gregg Easterbrook, notamment utilisés en Namibie pour la capture des antilopes. Les fabricants leur ont fait un look plus agressif. C'est particulièrement impressionnant quand on les aperçoit dans son rétroviseur. Mais ce qui est sûr aussi, c'est que ces engins augmentent les risques de tuer quelqu'un lors d'un accident[11]. »

En présentant et en commercialisant leurs produits comme « véhicules de combat de luxe à usage urbain » (*urban assault luxury vehicles*)[12], les constructeurs de ces 4 × 4 exploitent la peur des gens, tout en se gardant bien de faire quoi que ce soit pour garantir davantage leur sécurité : ces monstres procurent à leurs propriétaires un sentiment de confiance, sans véritablement assurer leur protection. Seules sont assouvies, et n'est-ce pas là l'essentiel, leurs pulsions agressives. En raison, notamment, de la propension de ces véhicules à se retourner plus facilement, le journaliste Keith Bradsher note que le taux de mortalité est en réalité 6 % à 8 % plus élevé chez leurs occupants que pour les autres gammes[13]. Rapaille confie lui-même qu'il refuse de conduire un tel véhicule pour cette raison[14].

De plus, l'usage de ce véhicule contribue largement à aggraver la facture en carburant puisque la Hummer consomme en moyenne 18 à 20 litres d'essence aux 100 kilomètres[15], chiffre qui prend une signification supplémentaire quand on réfléchit au rôle joué par la dépendance pétrolière dans les relations américaines avec les pays du Moyen-Orient.

Pour Rapaille, vouloir vendre ces véhicules sur leurs qualités et caractéristiques intrinsèques plutôt que sur les peurs irrationnelles des consommateurs relevait du challenge. C'est ce qu'il devait dire à Ford Motors et à Chrysler. Six mois après les attaques du 11 septembre, la revue économique *Fortune Magazine* annonçait que les deux concessionnaires avaient écouté avec beaucoup d'intérêt les réflexions de Rapaille à ce sujet. Maintenant que « la patrie est en état de guerre », avait exposé le conseiller, les constructeurs automobiles doivent développer leurs arguments de vente autour des thèmes de « sûreté » et de « sécurité ». « Vos campagnes de publicité doivent toucher les émotions et les instincts les plus primitifs de vos clients (dans son jargon, *reptilian hot buttons*). Certaines sociétés, devait-il regretter, n'ont toujours pas adopté ce programme. Elles continuent de proposer des voitures de cortex[16]. » Par « voitures de cortex », il faisait allusion à ces véhicules pour lesquels leurs propriétaires déterminent avant tout leur acte d'achat sur une évaluation rationnelle des particularités du produit comme la consommation en carburant, la sécurité et la fiabilité.

La guerre contre l'Irak en mars 2003 s'est accompagnée d'une augmentation significative des ventes des véhicules tout terrain, en particulier des Hummer, constatait Danny Hakim, journaliste au *New York Times*. Le constructeur automobile — General Motors, qui venait de se rendre acquéreur de la marque — avait également décliné une gamme de produits autours du label Hummer, comme une reproduction miniature du modèle original téléguidée et équipée d'une caméra d'espionnage reliée à un petit moniteur, pour 449 dollars. Une bicyclette pliable, la Hummer Tactical Mountain Bike, initialement pensée pour les parachutistes de l'armée, fit son apparition sur le marché au prix de 795 dollars[17].

« Quand j'allume ma télé et que je vois le Humvees de l'armée, je suis fier, confiait Sam Bernstein, un antiquaire de cinquante et un ans vivant en Californie, et propriétaire d'une Hummer H2. Si je pouvais m'acheter un char Abrams, je le ferais bien[18]. »

L'industrie automobile n'a pas été le seul secteur à recourir à ce marketing exploitant les peurs surgies des attentats du 11 septembre. D'autres produits et d'autres services en firent leur credo. Un groupe d'experts en matière d'affaires publiques et d'investissements confiait à la revue *PR Week*, en mars 2002, qu'il « fallait maintenant penser et définir les produits autour des concepts de sécurité et de défense de la patrie. Si vous parvenez à convaincre le Congrès que votre société œuvre pour la consolidation et la sécurité des frontières de l'Amérique ou que le financement du projet de votre client contribuera à ce que les Américains soient moins dépendants des ressources étrangères, alors vous aurez des chances que l'on accède à vos demandes »[19].

Frank Murkowski, sénateur républicain de l'Alaska, utilisa la peur du terrorisme comme argument de pression sur le Sénat américain pour que ce dernier approuve le projet d'ouvrir à l'industrie du pétrole et du gaz l'Arctic National Wildlife Refuge, une réserve naturelle située à l'extrême nord-est de l'Alaska. Pour

Murkowski — également chef de la Commission sénatoriale de l'énergie et des ressources naturelles —, « les achats en pétrole de l'Amérique aux fournisseurs étrangers permettent de subventionner le régime de Saddam Hussein et les attentats suicides palestiniens[20] ». (*NdT : Les sous-sols de cette réserve de 73 000 kilomètres carrés recèleraient d'importantes richesses en hydrocarbures non exploitées qui permettraient aux États-Unis d'assurer leur sécurité énergétique.*) Les événements du 11 septembre ont accru l'attention des autorités sur les questions énergétiques et de sécurité nationale, et la puissante industrie du nucléaire en a profité pour tenter de peser sur l'administration Bush et le Congrès afin qu'ils approuvent la recommandation de Yucca Mountain, dans le Nevada, comme nouveau site de stockage géologique des déchets radioactifs, arguant que celui-ci offrait toutes les garanties pour éviter au potentiel nucléaire américain de tomber entre les mains des terroristes[21]. À aucun moment, bien sûr, il n'a été proposé de fermer des réacteurs nucléaires, qui eux-mêmes constituent pourtant des cibles idéales pour des terroristes. Selon un témoignage d'un haut fonctionnaire américain recueilli par l'agence de presse américaine Associated Press, « le crash d'un avion de forte puissance sur un réacteur nucléaire pourrait provoquer une catastrophe comparable à celle de Tchernobyl en 1986[22] ». Pour parer à cette inquiétude qui pourrait venir troubler les législateurs, le Nuclear Energy Institute (Groupe de pression de l'industrie nucléaire des États-Unis) lança, le 26 janvier 2002, une campagne dans les colonnes du *National Journal* (revue à destination des professionnels de la politique) qui se voulait rassurante : « Des tireurs d'élite hautement qualifiés, spécialement entraînés, veillent en permanence sur les centrales nucléaires, prêts à contrer toutes menaces », disait un des communiqués[23]. (Il va sans dire que l'on voit mal comment un « tireur d'élite » même « hautement qualifié » et « spécialement entraîné » serait capable d'abattre un Boeing 747 lancé sur sa cible.)

En janvier 2003, Detroit Project — une association qui vise à inciter les constructeurs automobiles à produire des véhicules moins polluants et moins gourmands en carburant — lançait une campagne de publicité télévisée qui, plutôt que choisir une approche écologique, préférait s'attaquer à l'industrie du pétrole et aux possesseurs de véhicules tout terrain en les accusant de financer le terrorisme. Mise sur pied par la rédactrice de presse Arianna Huffington, cette opération pastichait en fait des publicités anti-drogues présentées quelques mois auparavant sur les chaînes de télévision américaines à l'initiative du National Drug Council. Cet organisme d'État de lutte contre la drogue avait, dans une série de spots, lié les trafiquants aux terroristes et accusé les consommateurs de marijuana de contribuer à aider financièrement le terrorisme. Dans un des petits films du Detroit Project, on entendait une voix dire : « Voici George et voici l'essence que George a achetée pour son 4 × 4 ». Une carte du Moyen-Orient apparaissait alors à l'écran : « Voici les pays où les compagnies ont acheté le pétrole qui a permis de produire l'essence que George a achetée pour son 4 × 4 ». Suivait une scène où l'on découvrait des terroristes armés se déplaçant dans le désert : « Et voici les terroristes qui reçoivent l'argent chaque fois que George fait le plein de son 4 × 4 ». Cette campagne fit vivement réagir les constructeurs automobiles et fut refusée par plusieurs chaînes de télévision qui avaient en leur temps accepté de diffuser les messages du National Drug Council. Motif invoqué : la campagne de Detroit Project était « totalement déplacée »[24].

Le 11 septembre fut fréquemment comparé à l'attaque japonaise sur Pearl Harbor, des fonctionnaires de la Maison-Blanche prévoyant que la guerre au terrorisme serait longue et difficile comme la Seconde Guerre mondiale et qu'elle exigerait des sacrifices similaires. Pendant la Seconde Guerre mondiale, les Américains firent des réserves comme jamais auparavant. Ils durent faire face au rationnement sur l'essence, les pneus et même l'alimentation. Les gens récupérèrent tout ce qui pouvait être réutilisé et employé pour l'effort de guerre. Au lendemain des attentats du 11 septembre, l'industrie des relations publiques était cependant déterminée à ce que ces sacrifices, quels qu'ils soient, n'entraînent pas la frugalité des temps de guerre. Le 24 septembre 2001, moins de deux semaines après les attaques terroristes, le célèbre quotidien spécialisé *O'Dwyer's* titrait à sa une : « Les relations publiques doivent maintenir les dépenses des ménages. » À l'intérieur du journal, une professionnelle du marketing, Maureen Lippe, assurait que « le plus grand service que l'industrie des relations publiques et de la publicité pouvait apporter au soutien national était de garantir que les consommateurs continuent à acheter »[25].

Le Président Bush lui-même est intervenu sur les télévisions commerciales pour inciter les Américains à « vivre leur vie », à aller de l'avant, à faire des projets de vacances et à ne pas hésiter à consommer. « Le Président des États-Unis nous encourage à acheter, a écrit Chuck Kelly, un industriel, dans une tribune pour le journal *Star Tribune* de Minneapolis, et l'Amérique est engagée dans un voyage à la fois patriotique et spirituel où la fierté, la fidélité, l'humanité et la foi ont leur place. » Et bien sûr la vente : « Les marchands de produits et de services doivent comprendre les complexités de ce patriotisme spirituel pour espérer prospérer dans le marché d'aujourd'hui. (...) En tant qu'industriels et marchands, nous avons la responsabilité de faire tourner l'économie. (...) Notre travail est d'entretenir et de développer notre clientèle à un des moments les plus terribles de notre histoire[26]. »

Quand la peur dope les sondages de Bush

La peur fut également un facteur important dans l'embellie de popularité dont bénéficia le Président Bush au lendemain du 11 septembre. Dans la semaine qui précédait les attaques terroristes, les sondages accordaient à Bush seulement 50 % de bonnes opinions. Jamais il n'était descendu à un niveau de popularité aussi bas depuis le début de sa présidence. Dans les deux jours qui suivirent les attentats, son attitude face aux événements et ses déclarations de guerre au terrorisme lui permirent d'atteindre des sommets avec une cote de popularité de 82 %, certaines enquêtes le créditant même de 90 % d'opinions favorables[27]. Par la suite, le Président américain voyait sa cote osciller de haut en bas et de bas en haut, au gré de ses interventions radiotélévisées au cours desquelles il ne manquait pas de rappeler sa détermination à mener coûte que coûte la guerre aux terroristes. Sa popularité devait progressivement revenir à des niveaux moyens avant de chuter vers les 13 et 14 mars 2003 à 53 %. Soit un taux proche de celui enregistré avant le tragique 11 septembre. Lorsque, le 18 mars, le Président Bush déclare l'entrée en guerre des États-Unis contre l'Irak, les enquêtes réalisées le jour même lui accordent un soutien de l'opinion américaine de 68 %, et ce malgré l'éventualité, un instant évoquée, d'un conflit qui pourrait se révéler dramatique[28].

« Si un si grand nombre d'Américains ont apporté leur soutien à leur Président au cours de cette période — lui permettant d'atteindre un niveau record de popularité —, ce n'est pas tant en récompense du travail accompli et des succès rencontrés par son administration que par le besoin de la nation de se rassembler, d'être unie et solidaire dans ces instants de crise », analyse Ron Faucheaux, qui édite *Campaigns and Elections Magazine*, une publication pour conseillers politiques. Seuls quatre autres chefs d'État américains ont connu sous leur mandature, comme le Président Bush, des sondages aussi favorables atteignant ou dépassant les 80 % de satisfaits :

— Franklin Delano Roosevelt a atteint sa cote la plus élevée, 84 %, immédiatement après les bombardements japonais sur Pearl Harbor.

— Harry Truman a culminé à 87 % au lendemain de la capitulation de l'Allemagne lors de la Seconde Guerre mondiale.

— John F. Kennedy a connu paradoxalement les sommets, 83 %, après le retentissant échec de l'invasion de Cuba par la célèbre baie des Cochons.

— George H. W. Bush père a plafonné à 89 % au cours de l'opération Tempête du désert[29].

D'autres dirigeants ont aussi profité en pleine période de crise des faveurs des sondages. Certains ont vu pourtant leur autorité sérieusement malmenée : Richard Nixon fut au zénith de sa popularité en 1969, alors qu'il avait dû faire face à une semaine de protestation intense contre la guerre au Vietnam. La tentative d'assassinat sur la personne de Ronald Reagan par John Hinckley vaudra à l'ex-vedette hollywoodienne une sympathie record du peuple américain. Quant à Bill Clinton, il connaîtra le nirvana après sa mise en accusation par la Chambre des représentants pour son écart avec Monica Lewinsky[30].

La guerre à domicile

Cela semble être une loi de l'histoire que les périodes où l'on redoute une guerre et où l'on craint pour l'intégrité nationale soient accompagnées de restrictions des libertés civiques et d'atteintes à la liberté d'opinion. Pendant la guerre de Sécession, Abraham Lincoln a suspendu les droits de l'habeas corpus et la guerre froide a apporté le maccarthysme. Ces mesures de circonstance peuvent paraître peu de chose au regard des tortures et des arrestations politiques de mise dans la Chine de Mao, la Russie de Staline ou encore l'Irak de Saddam Hussein. Il n'en reste pas moins vrai que ces épisodes ont été des moments sombres dans l'histoire de l'Amérique[31].

Bien que l'administration Bush se soit donné beaucoup de peine pour répéter que « les musulmans n'étaient pas les ennemis » de l'Amérique[32] et que celle-ci considérait l'islam comme une « religion de paix »[33], elle ne parvint pourtant pas à contenir une série d'agressions verbales à l'encontre des musulmans au lendemain du 11 septembre, dont certaines provenaient des plus fervents partisans de Bush au sein de mouvements conservateurs « Ce n'est pas le moment de minauder ni de chercher à savoir quels sont les individus directement et personnellement impliqués dans cet attentat odieux, haranguait la chroniqueuse néo-conservatrice Ann Coulter de *National Review,* deux jours après les événements. Nous devons envahir leurs pays, tuer leurs leaders et tous les convertir au christianisme. Lors de la Seconde Guerre mondiale, nous n'avons pas été aussi tatillons pour ne punir que Hitler et ses officiers. Nous avons envahi et bombardé des villes allemandes, nous avons tué des civils. C'est la guerre. Et nous sommes en guerre[34]. »

Bien sûr, les propos de Coulter ne reflétaient pas le courant dominant américain. La très conservatrice *National Review*, qui avait publié la chronique, devait plus tard qualifier cette regrettable publication de « dérapage » et interrompre sa collaboration avec la journaliste[35]. Ce débordement illustre parfaitement ce que les gens peuvent dire sous l'emprise de la peur, les faisant même apparaître comme courageux et puissants alors que, fragilisés, ils jettent de l'huile sur le feu de la haine et de la violence. Ce constat peut s'appliquer indépendamment à l'un ou l'autre des deux camps d'un conflit.

Peu de temps après la publication de la chronique de Coulter, celle-ci devait refaire surface sur le site Internet du moudjahidin Lashkar-e-Taiba — membre d'un mouvement islamiste radical du Pakistan et entretenant des liens étroits avec le réseau Al Qaïda. La visite du site de Lashkar-e-Taiba est une expérience pour le moins instructive. Durant la publication du papier de Coulter, on pouvait découvrir, sur l'une des pages, une illustration montrant une main monstrueuse, velue et prolongée de griffes d'où s'écoulaient quelques gouttes de sang s'écrasant sur un globe terrestre en feu. Une étoile de David ornait le poignet de la main velue ; en fond, un drapeau américain. Un passage de l'article était repris avec des caractères agressifs et rouges : « Nous devons envahir leurs pays, tuer leurs leaders et tous les convertir au christianisme. » Afin de renforcer l'impact de cette citation, l'administrateur du site avait ajouté un commentaire : « La préparation du génocide de TOUS les musulmans a commencé. (...) Les médias font maintenant leur travail de fond pour créer et développer plus de haine contre l'islam et les musulmans, si bien que plus personne ne s'opposera à ce crime massif qui est sur le point d'avoir lieu. Les mosquées et les écoles seront fermées, les musulmans seront arrêtés et exécutés. Des primes seront même offertes à ceux qui réussiront à tuer des musulmans. Des millions et des millions seront abattus comme le mouton. Rappelez-vous ces mots, car cela va arriver. Allah est votre seul secours, vous ne pouvez compter que sur lui[36]. »

Au cours du mois du ramadan 2002, le Président Bush fut contraint d'intervenir pour condamner les commentaires anti-islamiques prodigués par des leaders du lobby chrétien américain. Pat Robertson, qui ne fut pas l'un des moins virulents, a déclaré que les musulmans étaient « plus mauvais que les nazis » parce qu'ils réservaient aux Juifs un « sort encore plus terrifiant »[37]. Le 15 février 2003, lors d'une conférence tenue par le lobby chrétien américain Christian Coalition of America (Coalition chrétienne américaine, CCA), des orateurs, dont Daniel Pipes, déclarèrent que « la place grandissante, l'influence et l'octroi du droit de vote aux musulmans américains constitueront un vrai danger pour les Juifs américains[38] ». Un autre intervenant, le journaliste Don Feder, a défini l'islam comme une religion qui « tout au long de son histoire s'était livrée aussi bien au fanatisme, au terrorisme, aux meurtres massifs qu'à l'oppression »[39].

L'administration Bush a bien essayé de se tenir à distance de ce genre de démonstration, mais sans y parvenir. Durant le même mois, le vice-président Dick Cheney a pris la parole lors de la réunion annuelle du Conservative Political Action Committee (Comité d'action politique conservateur, CPAC). Sur les stands de cette manifestation, on trouvait à la vente des articles islamophobes comme des autocollants sur lesquels on pouvait lire : « Non aux musulmans, non au terrorisme »[40].

Les musulmans n'ont pas été les seules cibles concernées pour tenter d'exploiter politiquement la crainte du terrorisme. Après qu'un Américain converti à l'islam, John Walker Lindh, a été capturé aux côtés des Talibans en Afghanistan, Ann Coulter a cherché à démontrer que la décision de ce citoyen de devenir un fondamentaliste musulman était certainement liée à son éducation dans le comté libéral de Marin, en Californie. C'est devant un public de 3 500 personnes, lors de la conférence 2002 du CPAC, qu'elle devait une fois encore se laisser emporter : « Nous nous devons d'exécuter des gens comme John Walker pour intimider physiquement des libéraux. Ils doivent se rendre compte qu'ils peuvent eux aussi être tués. Autrement, ils pourront se révéler de véritables traîtres pour la nation. » En apparaissant quelques jours plus tard sur les écrans de la Fox, Ann Coulter se vantait que son intervention ait eu un « impact énorme sur le public présent »[41].

Les conseillers en communication politique, les cercles de réflexion et les conservateurs ont utilisé la rhétorique de la peur à leurs propres fins. Avant le 11 septembre, beaucoup d'entre eux avaient cependant déjà engagé un combat afin de diaboliser les environnementalistes les plus radicaux et certains mouvements en tentant de les associer au terrorisme. Illustration de cette préoccupation, l'intervention du représentant du Colorado, Scott McInnis, sur l'éco-terrorisme programmée le 12 septembre 2001 devant le Congrès — un jour après que ce dernier a lui-même failli être détruit dans une attaque commise par de véritables terroristes[42].

Suite aux attentats du 11 septembre, le représentant républicain de l'Alaska au Congrès républicain, Don Young, émit publiquement l'hypothèse que des extrémistes environnementaux pourraient être les véritables cerveaux des attaques[43]. Sur le site Internet Reagan Information Interchange dirigé par Michael Reagan, le fils de l'ancien Président des États-Unis, la chroniqueuse Mary Mostert affirmait que les criminels étaient probablement d'« autres Américains » qu'elle devait identifier plus précisément comme étant des « environnementalistes et des antimondialistes, des militants appartenant à la gauche radicale »[44]. Les accusations de ces conservateurs devaient se poursuivre alors que l'on avait pourtant acquis la certitude que des fondamentalistes islamiques se trouvaient derrière les attaques du World Trade Center et du Pentagone. Le 7 octobre 2001, le *Washington Times* publiait un éditorial appelant à la « guerre contre les éco-terroristes », qualifiant ceux-ci de « éco-Al Qaïda » nourris d'une « idéologie fanatique et d'une moralité malsaine »[45].

Le conservateurs exploitèrent parfois la guerre au terrorisme pour diaboliser aussi les démocrates. Le chef de file du groupe démocrate au Sénat, Tom Daschle, fut la cible du lobby American Renewal, émanation de la très active institution conservatrice The Family Research Council, qui passe la plupart de son temps à prêcher la prière au sein des écoles publiques et à combattre les droits des homosexuels. Dans un communiqué à caractère publicitaire paru dans la presse, l'American Renewal a dépeint Tom Daschle et Saddam Hussein comme un couple formant un « étrange tandem »[46]. Dans ce même encart, il posait également la question : « Qu'est-ce que Saddam Hussein et Tom Daschle ont en commun ? » Réponse : « Les deux hommes sont hostiles à ce que les États-Unis autorisent les forages pétroliers dans l'Arctic National Wildlife Refuge de l'Alaska[47]. »

William Bennett, ancien secrétaire à l'Éducation de Reagan, publia en 2002 l'ouvrage *Why We Fight : Moral Clarity and the War on Terrorism.* Déjà à la tête de Empower America — une association très influente qui milite en faveur de valeurs morales sévères et d'une Amérique forte et musclée —, il créa parallèlement à la sortie de son livre un groupe de réflexion républicain, Americans for Victory over Terrorism (Des Américains pour la victoire sur le terrorisme), au sein duquel on retrouvait Jack Kemp, Jeane Kirkpatrick et Trent Lott. Voici ce qu'il écrivait dans une lettre ouverte publiée en mars 2002 dans le *New York Times* : « Les menaces auxquelles nous faisons face aujourd'hui sont d'ordre externe et interne. Externe, en ceci qu'il existe des organisations et des États qui veulent attaquer les États-Unis. Interne, puisque certains à l'intérieur du pays veulent profiter de cette crainte pour manifester leur rejet de l'Amérique. Ces deux menaces graves se nourrissent d'une même haine pour les idéaux américains de liberté et d'égalité ou bien d'une incompréhension de ce qu'ils sont et de leur application[48]. »

En mai 2002, la polémique a éclaté quand la Maison-Blanche a dû reconnaître que les services secrets américains avaient averti le Président que le réseau terroriste d'Oussama Ben Laden allait peut-être détourner des avions américains, avant le 11 septembre[49]. Les conservateurs firent face aux critiques qui suivirent en mettant en doute le patriotisme de ceux qui les avaient proférées. Le vice-président Dick Cheney déconseilla aux démocrates de « chercher à tirer profit des circonstances en répandant des propos incendiaires », sans pour autant préciser ce qu'il entendait par « propos incendiaires »[50]. Sur les antennes de la Fox, le commentateur conservateur Fred Barnes reprocha aux démocrates de ne pas se comporter en « opposition loyale » en demandant au Congrès « qui savait quoi et quand au sein de gouvernement »[51]. Le directeur de la communication de la Maison-Blanche, Dan Bartlett, y était aussi allé de son couplet dans les colonnes du *Washington Post* en déclarant que les démocrates agissaient exactement « comme les adversaires et les ennemis des États-Unis voulaient qu'ils agissent »[52].

La journaliste du conservateur *Washington Times*, Ellen Sorokin, prit pour prétexte la traque aux terroristes pour attaquer la National Education Association (Association nationale des enseignants américains, NEA), la plus puissante association d'enseignants des États-Unis, adversaire quasi systématique de la politique de l'éducation des républicains. Le crime de la NEA fut d'avoir créé un « Mémorial du 11 septembre ». Ce site — flanqué aux couleurs du drapeau américain — se voulait à la fois un lieu de commémoration du premier anniversaire des attentats et un support pédagogique des événements. Il proposait également des liens vers des sites de la CIA et d'autres d'organismes de sécurité intérieure du pays. On pouvait également y lire trois discours du Président que les créateurs du site décrivaient comme « un grand Américain ». Ellen Sorokin, qui tenait absolument à démontrer que ce groupement d'enseignants était de toutes les manières antiaméricain, visita de fond en comble les pages du site et finit par mettre le curseur de la souris sur un lien dirigeant vers un essai prêchant la tolérance à l'égard des Arabes et des musulmans américains. « Chacun veut voir les terroristes punis, c'est un fait, commentait ce texte. Mais nous ne devons pas agir comme les terroristes en envoyant de violents coups de poing aux gens innocents qui nous entourent ou en les détestant du fait de leurs origines. (...) Un groupe ne doit pas être jugé en fonction des actions de quelques-uns. Il n'est pas juste de condamner une communauté de gens en fonction de critères d'appartenance à une religion, une race, une patrie ou même de proximité. »

Dans un exercice plutôt stupéfiant de malhonnêteté et de manipulation intellectuelle, Sorokin sélectionna un très court extrait de ce texte qui disait ceci : « Ne suggérez pas que tel ou tel groupe est responsable. » Le « groupe » en question se référait à la population des musulmans américains. Isolé de son contexte, elle utilisa ce passage dans un article titré « La NEA donne une leçon d'histoire » (*Washington Times,* 16 août 2002) pour prétendre que l'Association nationale des enseignants américains recommandait à ses adhérents la plus grande prudence quant au blâme à porter sur les auteurs des attentats du 11 septembre et qu'elle ne tenait pas ces terroristes pour responsables de leurs actes[53]. L'ensemble des médias de droite, radios, télévisions, Internet et presse écrite, agissant comme un véritable écho, reprirent et amplifièrent ces allégations. Deux autres articles du *Washington Times* titreront en quelques semaines « Le terrorisme s'invite à l'école »[54] et « Les enseignants blâment l'Amérique et embrassent l'islam »[55]. George Will, éditorialiste au sein de ce même journal, écrira que le site Internet de la NEA est dans son genre autant « à craindre que n'importe quelle autre menace étrangère »[56].

Des atteintes aux libertés individuelles

Si, comme George Will le laisse entendre dans son papier, les enseignants sont autant à craindre que Saddam Hussein ou Oussama Ben Laden, on comprend mieux que le gouvernement ait eu à intervenir et jouer du fouet. Depuis les attentats, des lois inédites ont fixé de nouvelles limites aux libertés individuelles et élargissent l'autorité de l'État pour surveiller les citoyens.

Le 26 octobre 2001, le Congrès a ainsi adopté l'« USA Patriot Act » dont l'intitulé complet indique très précisément son ambition et son esprit : « Unir et renforcer l'Amérique en fournissant des outils appropriés pour repérer et contrer le terrorisme ». En plus d'introduire des dispositions permettant de faciliter la surveillance et l'arrestation de tout suspect, qu'il soit ressortissant américain ou non, le Patriot Act avertit que les individus reconnus pour avoir des opinions et des engagements dans la vie politique feront l'objet d'une attention toute particulière, s'éloignant en cela des principes de liberté de la Constitution américaine. Le texte législatif accorde aussi des pouvoirs plus étendus à la police en l'autorisant — en dispense de toute délégation judiciaire — à procéder à des perquisitions et à des écoutes téléphoniques, à contrôler les courriers et les communications par Internet dans le cadre d'enquêtes antiterroristes et à instruire des enquêtes pénales ordinaires sans relation avec le terrorisme. Il autorise encore le FBI et toutes les autres agences du gouvernement à conduire secrètement des recherches sans qu'elles aient à en justifier les fins et à accéder aux données personnelles des citoyens (consultations en bibliothèque, dossiers médicaux et scolaires, connexions Internet, appels téléphoniques, informations bancaires) sans qu'il y ait à informer les individus concernés que leur espace privé a été visité. Le texte en profite pour redéfinir et étendre la notion de « terrorisme interne » : tout opposant politique peut être poursuivi comme terroriste dès lors qu'il adopte une attitude et des actes se révélant « dangereux pour la vie d'autrui ». Les services de la CIA se voient confier des dossiers concernant des affaires d'espionnage impliquant des citoyens américains et qui jusqu'alors leur échappaient[57]. La panoplie du Patriot Act fut complétée le 13 novembre 2001 par un décret militaire relatif à la détention, au traitement et au jugement de ressortissants étrangers dans le cadre de la lutte contre le terrorisme. Cet acte autorise le Président des États-Unis en personne à prononcer l'emprisonnement d'un individu qui pourra être maintenu en détention indéfiniment, sans inculpation ni jugement. Il revient au chef de l'exécutif d'ordonner l'ouverture d'un procès devant une cour militaire. Le détenu ne pourra faire appel du jugement ni même bénéficier de la protection des « Bills of Rights »[58]. (*NdT : Ensemble des dix premiers amendements ajoutés à la Constitution américaine en 1791, et qui définissent les droits individuels et les pouvoirs respectifs du gouvernement fédéral et des États. Le sixième amendement garantit le droit à un procès équitable.*)

« En s'octroyant le droit de faire appel à une justice militaire, M. Bush et son gouvernement se sont aussi octroyé un pouvoir considérable, commentait le *Washington Post.* N'importe quel ressortissant non américain considéré par l'État comme appartenant au réseau Al Qaïda, comme étant lié avec le terrorisme d'une manière ou d'une autre, ou comme hébergeant un terroriste, peut être arrêté et détenu indéfiniment après que le Président en a donné l'ordre. Les procès pourraient en grande partie se dérouler sous couvert du secret. Notamment en ce qui concerne l'existence et la nature des pièces à charge. Au cours des débats, les militaires pourraient très bien appliquer des critères moins stricts en matière d'établissement de la preuve que les juridictions de droit commun et se prononcer sur des éléments de culpabilité en deçà du doute raisonnable. Les accusés peuvent être reconnus coupables en l'absence d'un verdict unanime puisqu'une majorité des deux tiers suffit. Les condamnés ne bénéficieront d'aucun pourvoi devant une cour d'appel. S'ils sont reconnus coupables, ils seront alors exécutés. Nous ne sommes pas loin de nous trouver en face de ce que l'on appelle une "justice sommaire". Les risques de voir emprisonnés ou exécutés beaucoup d'innocents sont grands », concluait le *Washington Post*[59].

Les atteintes aux droits des personnes se poursuivaient en 2002 avec l'apparition du projet « Total Information Awareness » (Connaissance totale de l'information, TIA). Sorti des manches du Pentagone et de John Poindexter — une vieille connaissance du scandale Iran/Contra[60] —, il prévoyait la création d'une gigantesque base de données alimentée à partir d'archives informatisées, publiques ou privées, des administrations et des entreprises. Pêle-mêle, les sources pouvaient être les fichiers des banques, des assurances, des abonnements à la presse, mais aussi des demandes de passeport, des permis de conduire, des inscriptions dans les écoles et facultés, des dossiers juridiques et des jugements de divorce ou encore des plaintes de voisins trop curieux… L'opposition du Congrès poussa le Pentagone et Poindexter à ajourner leur plan, qui devait toutefois ressortir en mai 2003 avec le même fond mais une petite différence. Il avait changé de nom. Il ne s'appelait plus « Total Information Awareness » mais « Terrorism Information Awareness » (Connaissance du terrorisme)[61].

Comme s'il avait décidé de prouver que l'ironie n'était pas morte, Ad Council — l'organisme en charge de la plupart des messages publicitaires de service public des États-Unis — lança en juillet 2002 une campagne sous le générique de « Freedom Campaign » (Campagne de liberté). De petites séquences mettaient en scène la liberté et montraient à quoi ressembleraient les États-Unis si cette valeur venait à disparaître. Dans l'une d'elles, un jeune homme visiblement perdu dans des rayonnages s'approchait d'une bibliothécaire pour demander où pouvait se trouver l'ouvrage qu'il recherchait en vain. L'employée, désolée, lui répondait que le livre n'était plus disponible. Un choc pour le jeune homme. Une bannière barrait alors l'écran, on pouvait y lire cette question : « Et si l'Amérique n'était pas l'Amérique ? » Un autre panneau lui répondait : « Liberté ». Puis cette recommandation : « Sachez l'apprécier, chérissez-la, protégez-la. » Ce slogan célébrant la liberté et les États-Unis — l'un et l'autre ne font qu'un, on l'aura compris — ponctuait chaque spot. Tout était dit. Là où l'ironie pointait son nez, c'est que quelques mois auparavant l'USA Patriot Act avait autorisé le FBI dans le cadre de sa lutte contre le terrorisme à procéder à des saisies de livres dans les librairies et également à se procurer les fichiers des fonds des bibliothèques. On aurait pu imaginer que quelqu'un au sein de l'Ad Council avait eu l'idée de la saynète se déroulant dans la bibliothèque afin de faire contrepoids aux mesures liberticides mises en place par le gouvernement. Mais « rien de tel, ce n'est qu'une pure coïncidence », confiait dans un grand soupir Phil Dusenberry, le concepteur de la campagne, au micro de la radio nationale publique lorsque le journaliste Brooke Gladstone évoqua ce rapprochement[62].

Si nous vous disons tout, les terroristes vous tueront

Le sentiment de peur qui habite l'opinion et la guerre contre le terrorisme offrent l'opportunité pour l'État de collecter le maximum de données sur ses concitoyens. On vient de le voir. Ce recours à la peur fournit aussi le prétexte à refuser l'accès à l'information quand les mêmes citoyens s'enquièrent de savoir ce que fait leur gouvernement.

En octobre 2001, l'attorney général (ministre de la Justice) John Ashcroft a présenté dans une déclaration de politique intérieure un nouveau mémorandum concernant les nouvelles règles d'application du « Freedom of Information Act » (FOIA) — la loi sur la liberté d'information qui permet au public d'accéder aux archives du gouvernement. Ce texte remplaçait celui mis en place en 1993 par le ministre américain de la Justice de l'époque — Janet Reno — et qui avait institué la « *presumption of disclosure* ». Le principe de « présomption de divulgation » autorisait les agences fédérales à communiquer des copies de documents secrets déclassifiés sauf dans le cas où il apparaissait « raisonnablement prévisible que leur diffusion puisse être nuisible[63] ». Le nouveau mémorandum abandonnait la notion de « nuisance prévisible » et recommandait aux agences de refuser chaque fois qu'il existait une « base légale » le permettant. Dans un message adressé aux délégations fédérales, John Ashcroft assurait de son soutien les fonctionnaires en charge de ce travail : « Si, après examen d'une requête effectuée dans le cadre de la FOIA, vous étiez amenés à refuser la communication de tout ou partie d'un document, je peux vous assurer que le ministère de la Justice défendra votre décision, à moins qu'il ne manque une base légale pour qu'il en soit ainsi ou que cette décision repose sur un risque injustifié censé porter préjudice à d'autres agences dans la protection de documents importants[64]. »

« Comme pour beaucoup des mesures adoptées pour restreindre l'accès du public à l'information, le gouvernement Bush justifie ses nouvelles décisions en invoquant sa lutte contre le terrorisme, relevait *Secrecy News*, la publication de la Federation of American Scientists (Fédération des scientifiques américains). Il semble plutôt exploiter les circonstances actuelles pour établir une situation qui généraliserait et institutionnaliserait le secret[65]. »

Des industries ont aussi revendiqué le droit d'adopter de nouvelles règles leur permettant de limiter l'obligation de fournir des informations sur leurs activités. L'American Chemistry Council, porte-parole de l'industrie chimique américaine, a fait de la menace terroriste la pierre angulaire d'une campagne agressive réclamant la révision du droit de savoir du public, l'accès aux informations donnant, selon l'argumentaire de cette campagne, la possibilité à ceux qui le souhaiteraient de jouer aux apprentis sorciers chacun dans son coin. Peu après le 11 septembre, la

National Review ouvrait ses colonnes à Jonathan Adler, du Competitive Enterprise Institute, un cercle de réflexion ultra-libéral s'intéressant aux questions d'environnement, mais aussi de santé, de technologie et de réglementation. Dans cette tribune intitulée « Comment le ministère de l'Environnement aide les terroristes », Adler appelait de toutes ses forces les agences fédérales à reconsidérer les dispositions du « Clean Air Act » (la loi sur la qualité de l'air) imposant aux compagnies la publication de rapports détaillés sur leurs activités, mais également sur les risques d'accidents chimiques, les scénarios catastrophes, et l'impact sur les populations et les régions voisines de sites. La loi sur l'air fait obligation de rendre disponibles ces informations au public mais, pour Adler, cette disposition constitue une véritable « aide aux terroristes »[66]. Dans un éditorial du bulletin d'informations du CEI, il insiste sur le sujet en affirmant que de telles lois sont en réalité des « promesses à faire plus de mal que de bien. Ces informations sont seulement utiles pour les groupes qui veulent effrayer le public avec les risques chimiques ou pour ceux (les terroristes) qui pourraient s'en servir afin de sélectionner des cibles potentielles »[67].

On l'aura compris, ces « groupes qui veulent effrayer le public » sont une référence habile à ces organisations environnementales qui « effrayent le public » chaque fois qu'elles cherchent à l'informer que l'usine chimique voisine peut émettre des fumées toxiques. L'argument du Competitive Enterprise Institute repose aussi sur l'insinuation subtile que cette stratégie de la peur utilisée par ces organisations relève du terrorisme, argument que des groupes de réflexion industriels ont développé pendant des années. C'est aussi un raisonnement paradoxal, puisque le CEI joue aussi de la crainte lorsqu'il essaye d'« effrayer le public » en évoquant son droit à la confidentialité.

Dès 1998, l'American Chemistry Council, le puissant représentant de l'industrie chimique américaine, avait déjà tenté le rapprochement entre le droit de savoir et les risques terroristes dans un rapport commandé par ses soins à un ancien agent à la Sécurité nationale. La publication de ce document intitulé « *The Terrorist Threat in America* » (La menace terroriste en Amérique) et un travail de lobbying particulièrement dynamique avaient permis, avant même les attentats du 11 septembre 2001, d'écorner quelque peu les lois en vigueur sur le droit de savoir et suscité une écoute attentive des autorités. Face à l'intérêt manifesté par le ministère américain de la Justice pour les revendications concernant un réajustement des dispositions régissant le droit de savoir des citoyens sur les dangers chimiques et au silence de celui-ci sur des mesures visant à réduire les risques à leurs sources, quelques-unes des plus importantes organisations environnementales, des groupes d'intérêt public mais également des représentants des travailleurs, ont pris l'initiative d'adresser une lettre au ministre de la Justice, Janet Reno, pour exprimer leur déception et leurs inquiétudes[68].

C'est sur Internet que le droit de savoir a été particulièrement écorné. Peu après le 11 septembre, la Nuclear Regulatory Commission (la Commission américaine de réglementation nucléaire, NRC) fermait son site web. L'État de Pennsylvanie décidait de supprimer l'information environnementale des pages de son site. L'US Environmental Protection Agency (Agence pour la protection de l'environnement, EPA) retirait les rubriques concernant la prévention des risques d'accidents chimiques. L'Agency for Toxic Substances and Disease Registry (organisme mandaté par le Congrès américain pour produire des études toxicologiques sur les substances dangereuses, ATSDR) a écarté de son site un rapport très critique qui dénonçait la sécurité de certaines installations en la qualifiant de « pauvre » à « non existante »[69].

Bien sûr, toute information n'est pas bonne à être communiquée : la localisation de maisons d'accueil pour femmes battues ou le mot de passe de votre compte bancaire. Et nous ferions certainement mieux de ne pas laisser se diffuser les formules dévoilant la composition du sarin ou du ricin ; malheureusement, « le cheval s'est déjà échappé de la grange ». Le Council on Foreign Relations (Conseil des Relations étrangères américain) constate que « pendant des décennies les plans de fabrication de certaines armes n'étaient disponibles que dans la littérature scientifique. Maintenant, il suffit de surfer quelques secondes sur Internet pour se les procurer. Et ce n'est pas plus compliqué d'obtenir de l'information sur la composition et l'exploitation de certaines matières premières »[70]. De même qu'il est aujourd'hui possible d'accéder aisément, et presque tout naturellement, à une grande quantité d'informations sur les différents agents entrant dans la fabrication des armes biologiques et chimiques[71].

En matière de sécurité, le secret peut se retourner contre ses utilisateurs. Un point relevé de façon ironique dans une étude confidentielle de la CIA réalisée en 1977 et qui ne fut pas déclassifiée avant octobre 2002. Pour le rédacteur de ce document, dont l'identité reste secrète, « le secret par nature peut affecter la personnalité de ceux qui le pratiquent ». Il a noté que « des effets psychologiques non recherchés semblaient davantage diminuer la sécurité que la renforcer ». Il revient ainsi sur l'attaque sur Pearl Harbor, qui révéla au grand jour les lacunes du renseignement américain. « Le plus retentissant échec des services secrets, écrit-il, était dû en grande partie à la mauvaise gestion du cloisonnement du renseignement. La diffusion des communications japonaises décodées fut tellement réduite que le théâtre de commandement d'Hawaii ne les reçut pas de façon régulière[72]. »

Les ratés du renseignement américain dans le partage de l'information avant les événements du 11 septembre relèvent du même exemple. Au lendemain de la tragédie, une commission spéciale du Congrès, composée du personnel des commissions du renseignement de la Chambre et du Sénat, fut nommée afin de déterminer pourquoi les différentes agences, CIA et FBI notamment, avaient été incapables de prévoir les attaques d'Al Qaïda. L'enquête finale a en fait révélé que les agences avaient eu en leur possession de nombreux éléments concernant des risques d'attaques terroristes bien avant les attentats du 11 septembre, et ce sans que le public en ait jamais été informé. Il ne s'agit pas ici de dire que la révélation de ces informations aurait pu empêcher ces attaques. Cependant, pour Eleanor Hill, qui a dirigé l'enquête parlementaire, les différents services, incapables de recouper et d'échanger leurs informations, et l'administration Bush, en dissimulant la réalité des menaces, ont entretenu les Américains dans une ignorance improductive. « Avant même le 11 septembre, devait-elle dire lors d'une audience publique, les services secrets et les autorités américaines livraient déjà une guerre contre le terrorisme. Mais ils menaient cette guerre en se privant de leur arme la plus puissante : leurs concitoyens. Un public solidaire et prévenu peut s'avérer très efficace. Non seulement en donnant l'alerte, mais également parce que de nombreux détails échappent aux services de renseignement. Je rappellerai l'acte courageux des passagers du vol 93 *(NdT : Le 11 septembre 2001, un quatrième avion — Boeing 757 — devait s'écraser vraisemblablement sur la Maison-Blanche ou Camp David. Si les pirates ont échoué, c'est parce que certains passagers se sont battus avec eux. L'appareil s'est écrasé en Pennsylvanie)* ou encore l'intervention rapide de cette hôtesse de l'air du vol Paris-Miami qui a identifié Richard Reid alors qu'il tentait de mettre le feu à ses baskets explosives[73]. »

La démocratie et le libre accès à l'information peuvent constituer notre meilleure arme contre de futures menaces terroristes. Paradoxalement, c'est précisément ce que nous risquons de perdre si nous permettons à la peur de décider de nos vies.

Chapitre 6
La bataille des ondes

L'EXPLOSION des nouveaux médias permet aujourd'hui, à qui veut comprendre le monde, de collecter une masse inépuisable d'informations. De tous ces supports, Internet est celui qui offre le service le plus impressionnant puisqu'il suffit de quelques clics pour avoir accès instantanément à une quantité de données, mais également d'opinions sur un nombre quasi illimité de sujets très divers provenant de sources qui le sont tout autant. Face à cette profusion d'informations, le temps consacré au filtrage et à la sélection de l'information pertinente est devenu plus essentiel que jamais. En réponse à ces nouvelles donnes apparues avec l'avènement de la Toile, les médias audiovisuels traditionnels rétorquent qu'ils sont les seuls à pouvoir mériter la confiance du public car ils proposent de l'information produite par des journalistes professionnels compétents et intègres, sachant par leur métier séparer le bon grain de l'ivraie.

En réalité, toute information produite est empreinte de filtres et de priorités qui relèvent des choix éditoriaux et idéologiques de ces médias, et dont souvent le public n'a pas connaissance. Ainsi, la chaîne Fox News, dont le patron est un ancien conseiller de Nixon, Reagan et Bush père, prétend offrir à ses téléspectateurs une information « juste et équilibrée », et proclame selon un autre de ses slogans : « Nous informons, vous décidez. » Afin justement de vous faire une opinion, nous vous proposons de lire un extrait du script d'une interview « juste et équilibrée » conduite par Bill O'Reilly — présentateur vedette de la Fox mais également connu pour ses opinions conservatrices — au cours de son émission « The O'Reilly Factor ». Ce talk-show est l'un des programmes phares de la chaîne et se veut le rendez-vous d'où la « langue de bois » est bannie. Le 24 février 2003, O'Reilly interviewait Jeremy Glick, dont le père est mort le 11 septembre lors des attaques sur le World Trade Center[1]. À la différence d'O'Reilly, Glick s'est opposé à une intervention américaine et s'est joint aux milliers d'autres Américains pour signer une pétition à cet effet. Voici donc un passage plutôt savoureux de cet échange :

O'REILLY : Vous vous situez plutôt à l'extrême gauche. C'est votre droit, mais c'est une position assez marginale dans la société américaine aujourd'hui...

GLICK : C'est une position marginale, c'est juste.

O'REILLY : Effectivement, c'est votre droit et je suis sûr de votre sincérité. Mais quelque chose me chagrine, je ne pense pas que votre père vous approuverait.

GLICK : En réalité, mon père a toujours pensé que l'élection de Bush n'était pas légitime.

O'REILLY : Peut-être bien, mais...

GLICK : J'ai aussi toujours pensé que Bush...

O'REILLY (l'interrompant) : Je ne pense pas qu'il comparerait les États-Unis à une nation terroriste comme vous le faites.

GLICK : Bien..., je n'ai pas dit exactement cela.
O'REILLY : OK, ça va comme ça. Je ne veux pas...
GLICK : Peut-être...
O'REILLY (coupant de nouveau la parole) : Je ne veux pas débattre de politique internationale avec vous.
GLICK : Bien, pourquoi pas ? Pourtant, c'est bien de politique...
O'REILLY : Parce que, primo, je me fiche vraiment de ce que vous pouvez penser...
GLICK : Mais cela doit vous intéresser parce que...
O'REILLY (il le coupe) : Non, non. Voyez plutôt...
GLICK : Je vais vous dire pourquoi ça doit vous intéresser. Vous évoquez le 11 septembre...
O'REILLY (il le coupe de nouveau) : Ce qui me préoccupe...
GLICK : ... pour justifier...
O'REILLY (il l'interrompt toujours) : Ce qui me préoccupe...
GLICK : Laissez-moi finir ! Vous évoquez le 11 septembre pour justifier la récession du pays mais aussi pour justifier l'impérialisme des États-Unis à travers le monde.
O'REILLY : Vous avez une vision bien déformée du monde et de ce pays.
GLICK : Laissez-moi vous dire ceci...
O'REILLY (il le coupe violemment) : Non, je n'ai pas envie de débattre de cela avec vous. D'accord ?
GLICK : Je vais vous dire ce que j'ai fait le 14 septembre...
O'REILLY : Non ct non !
GLICK : Le 14 septembre...

O'Reilly interrompt violemment de nombreuses fois Glick sans que celui-ci parvienne à dire ce qui s'était passé ce 14 septembre.

O'REILLY : Mon garçon, j'espère que votre maman n'est pas devant la télé.

GLICK : J'espère bien que si.

O'REILLY : J'espère que votre mère n'assiste pas à ça parce que vous... Non, je n'en dirai pas plus.

GLICK : OK.

O'REILLY : Par respect pour votre père...

GLICK : Le 14 septembre, savez-vous ce que j'ai fait ?

O'REILLY : Taisez-vous, taisez-vous donc !

GLICK : S'il vous plaît, vous n'avez pas à me dire de me taire !

O'REILLY : En hommage et par respect pour votre père, je voudrais rappeler que c'était un ouvrier courageux et un bon Américain, qu'il a été tué inutilement par des barbares...

GLICK : Par des fanatiques formés et entraînés par ce gouvernement...

O'REILLY : Ayez un peu de respect pour la mémoire de votre père...

GLICK : ... pas par le peuple américain...

O'REILLY : Je ne vais quand même pas...

GLICK : ... par les gens de la classe dirigeante, la petite minorité.

O'REILLY (s'adressant à son réalisateur) : Coupe-lui son micro ! Nous allons en rester là par respect pour votre père. Nous serons de retour dans un instant avec encore plus de « The O'Reilly Factor »[2].

Les débats entre personnalités d'opinions différentes doivent permettre au public de mieux appréhender les éléments et les idées qui opposent les divers protagonistes. Les téléspectateurs qui ont suivi cet échange sur la Fox ont éteint leur téléviseur sans avoir une meilleure compréhension des points de vue sur le monde de Glick et d'O'Reilly qu'avant sa diffusion. O'Reilly reconnaît ne pas s'être vraiment soucié de ce que Glick pouvait penser et juge que ses téléspectateurs ne s'en sont pas plus préoccupés. Alors pourquoi l'avoir invité sur le plateau ? Parce que le programme proposé ne prétend pas être un débat mais un spectacle au cours duquel on observe, en voyeur et en sadique, le combat d'un homme devant les caméras. Comme un taureau dans une arène ou un catcheur sur un ring. Les spectateurs qui suivent ce talk-show sont implicitement d'accord sur le principe. Le jour de l'émission, de nombreux supporters d'O'Reilly ont témoigné sur le forum du site Internet conservateur « FreeRepublic. com » de leur jubilation après avoir suivi cet affrontement entre les deux hommes. Voici un petit florilège de ces interventions :

— « O'Reilly a voulu donner un bon coup de pied au cul du petit punk ! »

— « J'attendais que Bill lui fiche son poing dans la figure. Quelle merde ce Glick ! »

— « C'était très amusant. »

— « Sa famille ne saura jamais combien il a eu de la chance qu'O'Reilly lui demande seulement de la fermer. Si ça avait été moi ou mon mari, je pense que l'Amérique aurait été témoin d'un meurtre hertzien et peu de tribunaux nous auraient condamnés[3] ! »

Sur 219 messages arrivés sur ce forum (sans compter ceux qui ont été écartés par le modérateur qui les considérait comme trop excessifs...), 31 préconisaient de s'en prendre physiquement à Glick ou de l'humilier. Pour O'Reilly et ses fidèles, la télévision s'apparente avant tout à une forme de combat — particulièrement à une « guerre des ondes ». Ce fait est implicite dans la description qu'O'Reilly fait de son programme, qu'il qualifie d'« espace sans langue de bois » (*no spin zone*). Une expression qui n'est pas sans rappeler l'« espace interdit » (*no fly zone*), une zone de protection et de contrôle imposée sur l'espace aérien irakien par l'aviation des États-Unis. O'Reilly le dit lui-même, l'« espace sans langue de bois » et l'« espace interdit » répondent au même principe : « Violez les règles, et vous serez abattu[4]. »

La police patriotique

« FreeRepublic. com » est le point de ralliement virtuel des chauds supporters de Bill O'Reilly. On vient de le voir. Il agit surtout comme un puissant groupe de pression, riche d'un important réservoir de militants acquis à la cause du mouvement conservateur. Il constitue un soutien de poids pour le journaliste star de la Fox dans sa guerre des ondes contre les médias libéraux. Ses activités sont directement financées par de riches organismes comme le très conservateur « chien de garde des médias » (*media watchdog*) Media Research Center (MRC). Cet observatoire des médias bénéficie d'un budget annuel de 7,8 millions de dollars. Pratiquement dix fois celui du Fairness and Accuracy in Reporting (FAIR), son pendant à gauche[5]. MRC envoie quotidiennement des courriels à ses 11 000 adhérents, passant en revue et dénonçant les prises de position de journalistes stars comme le libéral Dan Rather ou encore Peter Jennings. Il encourage aussi vivement ses membres à se plaindre des réseaux qui n'adopteraient pas, par exemple, une ligne favorable à une intervention en Irak. À la suite des événements du 11 septembre, ces pressions ont pris une nouvelle intensité. Durant ce mois, le *New York Times* a rapporté que les chaînes de télévision essuyaient « de plus en plus le feu des critiques des conservateurs » leur reprochant leur « manque de soutien patriotique à l'antenne et leurs commentaires excessivement négatifs à l'égard du gouvernement ». Erik Sorenson, patron de MSNBC, témoigne de cette pression omniprésente : « Ces types guettent toutes les opportunités pour pouvoir vous tomber dessus et jouer aux gendarmes de la patrie[6]. »

D'autres attaques contre les médias sont venues directement de l'administration Bush. Après que le journaliste vedette de télévision Bill Maher a formulé des commentaires critiques sur les campagnes et déclarations du gouvernement au lendemain des attentats du 11 septembre, le responsable du service de presse de la Maison-Blanche, Ari Fleischer, a rappelé à l'ordre les journalistes en leur signifiant que les Américains devaient avoir « connaissance des déclarations et des actions de leurs dirigeants. Le temps n'est pas aux remarques et aux commentaires, en aucun cas »[7]. En réponse aux plaintes concernant les restrictions des libertés individuelles, l'attorney général John Ashcroft a aussi dénoncé certains propos des journalistes : « Continuez à agiter les fantômes d'une liberté perdue et vous allez finir par effrayer les pacifistes. » S'adressant à leur responsabilité : « Mon message est celui-ci : votre attitude contribue seulement à aider les terroristes car elle entame notre unité nationale. Elle donne des munitions aux ennemis de l'Amérique. Vous encouragez les gens de bonne volonté, comme les amis de l'Amérique, à rester silencieux face au mal[8]. »

Dennis Pluchinsky, un ancien agent des services secrets, est allé encore plus loin dans sa critique des médias, dans une tribune libre que lui a accordée le *Washington Post*. « J'accuse les médias américains de trahison », écrivait-il d'une plume extrêmement violente. Il suggérait même qu'on leur décerne un « Oussama Ben Laden Award ». Il se prononçait aussi ouvertement pour que « le Président et le Congrès élaborent des lois interdisant temporairement aux médias la publication des informations concernant la sécurité du pays susceptibles d'être exploitées par nos ennemis »[9].

Le propriétaire de Fox News, Rupert Murdoch, qui s'était résolument prononcé pour la guerre en Irak dès le début de la crise, a su brillamment exploiter la période et son contexte politique en adoptant un ton et un contenu résolument patriotiques pour l'ensemble de ses supports. Une position populaire et acceptée, alors que pendant ce temps-là les libéraux et les opposants à la Maison-Blanche subissaient des pressions. En plus de la Fox — qui a énormément gagné en popularité grâce à l'émission de Bill O'Reilly —, Murdoch possède, par l'intermédiaire de son gigantesque groupe de presse News Corp, 140 tabloïds à travers le monde. Soit l'équivalent de plus de 40 millions d'exemplaires vendus par semaine. De l'Australie — le berceau de son empire — à la Grande-Bretagne en passant par la Nouvelle-Zélande — pays dans lesquels il domine le marché de la presse —, l'ensemble des rédactions se sont fait l'écho de leur patron, qui s'était prononcé en faveur d'une intervention armée[10]. Aux États-Unis, le *New York Post* de Murdoch baptisa la France et l'Allemagne d'« axe des sournois » en raison de leur refus de soutenir les plans de guerre de Bush. Le quotidien publia une photo pleine page en couverture montrant les ministres des Affaires étrangères français et allemand, aux Nations unies, les visages masqués d'une tête de putois[11]. En Angleterre, le *Sun* qualifia le président Jacques Chirac de « ver de terre » et illustra sa une d'un photomontage représentant le chef de l'État français sous les traits de cet animal peu flatteur[12].

Ce type de représentation a des précédents. L'écrivain Sam Keen a étudié l'illustration de guerre dans son ouvrage *Les Visages de l'ennemi* (*Faces of the Enemy*, 1986). Il a noté qu'en temps de guerre les nations réalisaient systématiquement des dessins, des affiches et autres représentations qui visaient à déshumaniser leurs ennemis. « L'accentuation des traits du visage et des particularités physiques permet la métamorphose des individus en des bêtes immondes comme l'insecte ou la vermine, décrit Keen. Quand la caricature de l'ennemi est terminée, vous êtes alors capable de tuer sans la moindre culpabilité et la moindre honte[13]. » Le recours à ce procédé contre des alliés de longue date, parce qu'ils refusent d'approuver les ambitions de guerre des États-Unis, illustre parfaitement — sous des traits symboliques — comment la presse de Murdoch lit la doctrine de Bush : « Si vous n'êtes pas avec nous, vous êtes avec les terroristes. »

Pendant ce temps, au cours de ce mois de février 2003, MSNBC décidait d'interrompre brutalement la diffusion d'un talk-show libéral mis à l'antenne depuis à peine six mois et présenté par le populaire Phil Donahue. Cette déprogrammation et la mise à l'écart du présentateur intervenaient quelques semaines avant que ne débute l'offensive américaine. L'émission fut remplacée par un programme intitulé « Countdown : Iraq » (Irak : le compte à rebours). Pour justifier la suppression de l'émission, la chaîne invoqua sa faible audience. Mais le *New York Times* devait révéler que Donahue rassemblait davantage de téléspectateurs que n'importe quelle autre émission de la grille de MSNBC, y compris son émission vedette retransmise en prime time, « Hardball », animée par sa star Chris Matthews[14].

On devait avoir une explication de ce soudain changement de programmation lorsque « AllYourTV.com » — site Internet consacré à l'actualité de la télévision — se procura un rapport commandé par les services internes de MSNBC. Les responsables de ce document conseillaient le licenciement de Donahue car le présentateur possédait « une image publique que MSNBC pouvait difficilement afficher en période de guerre. (...) L'homme est parfait pour recevoir des invités comme des pacifistes, des opposants à Bush et à son administration. Mais il nous est impossible, alors que nos concurrents agitent la bannière étoilée à chaque occasion, de conserver une ligne libérale affichant des positions anti-guerre »[15]. En période de surenchère patriotique, il s'agissait bien là de changer son fusil d'épaule. Alors que MSNBC remerciait Donahue, la chaîne faisait signer dans le même temps Michael Savage, le sulfureux présentateur connu pour ses dérapages verbaux, homophobes et racistes. Il n'hésite pas à qualifier les pays du tiers-monde de « nations peuplées d'étrons » ou cncorc à mettre en garde les États-Unis qui seraient sur le point de se faire ravir le pouvoir par une armée de « pervers, d'estropiés, de drogués et de malades mentaux ». Au cours d'une interview, Savage a justifié ses insultes racistes en les présentant comme une arme permettant de préserver la sécurité nationale : « Nous avons besoin de stéréotypes racistes clairs pour définir nos ennemis afin de pousser nos soldats à les tuer. » Ces propos outranciers illustrent de manière non équivoque la thèse développée par Sam Keen dans son ouvrage[16].

La surenchère patriotique a aussi gagné la radio américaine. Clear Channel Communications possède plus de 1 200 stations — la moitié du parc émettant sur l'ensemble des États-Unis, cinq fois plus que ses deux concurrents principaux, CBS et ABC. À l'approche du déclenchement des hostilités, ses responsables n'ont pas hésité à user de leur pouvoir pour imposer leurs choix idéologiques et s'engager dans le débat politique. Le puissant diffuseur a ainsi apporté son soutien à la guerre en finançant et en promouvant une série de manifestations en faveur d'une intervention en Irak, sous le label « Rassemblements pour l'Amérique » (*Rallies for America*)[17]. Dans le même temps, un grand nombre de stations appartenant au réseau retiraient de leur programmation le groupe country américain Dixie Chicks. Au cours d'un concert londonien, la chanteuse du groupe, Natalie Maines, avait déclaré sur scène qu'elle avait « honte » d'appartenir au même État, le Texas, que le Président George W. Bush. Des auditeurs outrés ont dénoncé ces propos sur les radios country, d'autant que les Dixie Chicks sont très populaires aux États-Unis. Quelques jours avant cet incident, Clear Channel se félicitait encore d'être le partenaire de la tournée internationale de la formation[18]. À Colorado Springs, deux animateurs de KKCS, radio du réseau Clear Channel, furent suspendus pour avoir enfreint l'interdiction de diffuser Dixie Chicks à l'antenne. Le directeur de la station, Jerry Grant, reconnut que sur 200 appels téléphoniques d'auditeurs parvenus au standard de KKCS au lendemain de l'éviction des deux présentateurs, 75 % des interlocuteurs demandaient leur retour au micro.

Grant proposait une alternative très claire aux présentateurs : « Soit ils renoncent à diffuser Natalie Maines et son groupe, et ils réintègrent l'antenne ; soit ils continuent à vouloir les programmer et alors ils ne remettent plus les pieds dans les studios[19]. » Cumulus Media, un autre grand réseau radiophonique du pays, a lui aussi banni les Dixie Chicks de la programmation musicale de ses 262 stations[20]. Le journaliste politique Don Imus, dont les émissions sont reprises sur l'ensemble du territoire national par de nombreuses stations, a demandé à son producteur de refuser systématiquement tous les invités qui auraient « à protester contre le choix de Bush d'une intervention militaire et son échec à trouver une issue diplomatique à la crise irakienne. Laissez tomber ces invités, je ne suis pas intéressé par de telles discussions »[21].

Si les médias audiovisuels ont proposé une exposition quasi monocolore de la situation politique avant l'intervention en Irak, la presse écrite a proposé, elle, une plus grande diversité des opinions. Les voix pro-guerre sont cependant parvenues à dominer les débats. Le professeur en journalisme Todd Gitlin a en effet étudié durant les douze semaines qui ont précédé les combats, les éditoriaux parus dans le *Washington Post*. Sur 51, 39 étaient consacrés aux partisans de la guerre contre seulement 12 aux tenants d'une solution non armée. Soit un rapport de 3 à 1[22].

Les radios et les télévisions, comme on vient de le voir, ont fort peu ouvert leurs micros aux pacifistes. Les fois où elles l'ont fait, ce fut souvent dans une présentation assez sélective. Ainsi les voix principales que les téléspectateurs et auditeurs ont pu entendre furent celles d'une poignée de célébrités hollywoodiennes dont Sean Penn, Martin Sheen, Janeane Garofalo et Susan Sarandon, toutes signataires avec 30 000 autres artistes et intellectuels américains d'un appel contre un conflit avec Bagdad. Les journaux, les radios et télévisions auraient pu facilement interviewer des universitaires ou d'autres représentants du mouvement pacifiste. Ils l'ont rarement fait. Le 6 octobre 2002, Michael Getler, l'« *ombudsman* » du *Washington Post* — le médiateur entre les lecteurs et la rédaction du journal —, écrit dans son éditorial que le sénateur démocrate du Massachusetts Edward Kennedy (l'un des plus farouches opposants à une guerre contre l'Irak au sein du Congrès américain) a « certainement tenu cet automne le discours le plus pertinent à l'encontre de la politique de l'administration Bush concernant la gestion de la crise irakienne et sur les éventuelles conséquences d'un affrontement par les armes ». Il reconnaît aussi dans son périlleux exercice que le *Post* « n'a en fait retenu dans son édition du lendemain qu'une phrase de son intervention ». Une semaine plus tôt, Kennedy avait déjà fait part de ses réflexions et de ses craintes lors d'une audition devant la Commission des forces armées de la Chambre des représentants. Getler rappelle que son journal « n'avait alors pas couvert l'intervention ». Poursuivant son numéro d'autocritique, le médiateur évoque aussi les manifestations anti-guerre du samedi précédent : « 200 000 personnes à Londres et plusieurs milliers dans les rues de Rome… et aucun compte rendu dans l'édition dominicale du *Post*… Quel que soit aujourd'hui l'avis que l'on porte sur l'opportunité d'une nouvelle guerre, une fois les événements en marche, il est trop tard pour débattre de son utilité et de la sagesse de la mener à son terme. Il fallait le faire avant[23]. »

Des organisations pacifistes ont bien essayé d'acheter de l'espace publicitaire sur les chaînes commerciales afin d'y diffuser des appels à la paix. Mais tous les grands « networks » ont refusé de leur vendre du temps d'antenne, y compris MTV. (Quelques groupes sont cependant parvenus à acheter des espaces aux heures de décrochage dans les villes principales[24].) Le président de CBS, Martin Franks, a justifié son refus en expliquant que selon lui « cela relevait des programmes d'informations de la chaîne ». Le responsable de la communication de MTV, Graham James, a dit de son côté : « Nous n'acceptons pas de faire de la publicité pour des causes ou des plaidoyers, sinon nous serions amenés à ouvrir notre antenne à tous les sujets et à veiller à ce que chaque point de vue puisse s'exprimer. Ce n'est pas possible[25]. » Alors que les experts des différents groupes de réflexion les plus actifs et les plus bellicistes avaient généralement un accès direct aux différentes émissions d'informations et de débats, il a fallu attendre le 15 février 2003, et les manifestations massives de millions de gens et de militants pacifistes à travers le monde, pour que les journalistes daignent enfin s'intéresser à cet impressionnant élan populaire pour la paix. Malgré cette formidable démonstration, les médias devaient se contenter de reproduire et de diffuser des images de foules agitant des banderoles, sans vraiment chercher à analyser ou même présenter les arguments avancés par les opposants à la guerre.

La guerre du Golfe II : arrêts sur images

La couverture médiatique de la guerre de 2003 en Irak est la conséquence, tant sur le fond que sur la forme, de ce que fut la phénoménale couverture de la première guerre du Golfe en 1991 par CNN. « Pour la première fois dans l'histoire, félicitations au malin Saddam Hussein, un réseau de télévision est devenu un participant actif du déroulement d'une crise majeure internationale », observait l'ancien directeur de l'Agence France Presse à Washington, Claude Moisy, dans son ouvrage *The Foreign News Flow in the Information Age.* « CNN est devenu le canal par lequel communiquaient les différents protagonistes de cette guerre et le commentateur instantané du conflit, notait Moisy. L'impact sur la communauté internationale fut si fort que cette couverture mondiale et en direct devint rapidement, et partout dans le monde, la marque de fabrique de CNN[26]. »

Ces tendances se sont prolongées et même intensifiées en 2003 lors de la couverture de la guerre par les médias américains. « La télévision est sortie largement victorieuse en Irak, même dans des secteurs où la presse écrite était attendue », a analysé John Lavine, directeur du Readership Institute, un organisme d'aide à la recherche au financement des journaux mais également chargé d'enquêtes sur la presse[27]. Pendant la durée du conflit, l'institut a conduit une étude portant sur les habitudes de consommation des médias. Le résultat fut sans appel pour les journaux de presse écrite, écrasés par les télévisons que les téléspectateurs considérèrent comme « plus complètes, plus précises, plus attrayantes, disposant des meilleurs intervenants et offrant une bien plus grande diversité de points de vue »[28].

Concernant les télévisions, les chaînes du câble ont tiré leur épingle du jeu en devançant les traditionnels journaux de la nuit d'ABC, CBS et NBC. Une enquête réalisée par le *Los Angeles Times* a révélé que 70 % des Américains s'étaient informés sur la guerre en suivant essentiellement les chaînes d'informations en continu disponibles sur le câble comme Fox News, CNN et MSNBC. Seulement 18 % ont regardé les habituels journaux télévisés de la nuit sur les grands réseaux[29]. MSNBC NetworkSNBC, dont la part de marché était de 33 % inférieure à Fox News et CNN, a vu son audience augmenter de 350 % pendant les hostilités[30]. Mais c'est Fox News avec son bellicisme et son hyper-patriotisme qui a finalement gagné la bataille de l'audimat[31]. De même que le succès de CNN lors de la première guerre du Golfe avait forgé et initié la politique éditoriale de nombreuses rédactions, le succès de Fox News a déclenché un effet de vague identique auprès de ses concurrents. C'est ce que les professionnels ont défini comme étant l'« effet Fox »[32].

Le développement et le succès des chaînes d'informations en continu du câble se sont cependant accompagnés d'une réelle baisse dans la quantité et la qualité des informations internationales proposées aux spectateurs américains. Moisy le rappelle dans son livre, CNN ne disposait en 1995 que de 20 bureaux et 35 correspondants en poste à l'étranger. La moitié des moyens de la BBC (radio et télévision) pour couvrir pendant une longue période l'ensemble des événements du monde. Alors que l'agence de presse américaine Associated Press peut produire une centaine d'articles et de dépêches de nouvelles internationales, CNN (incluant CNN International) ne propose jamais plus de vingt sujets internationaux par jour à ses téléspectateurs[33].

À l'exception des guerres et des catastrophes, analysait le journaliste spécialiste des médias du *Washington Post*, Howard Kurtz, « un grand nombre de responsables de l'information — en particulier dans les télévisions — ont conclu, il y a une dizaine d'années, que les

Américains portaient peu d'intérêt aux nouvelles de l'étranger ». Le temps consacré au compte rendu des événements étrangers sur ABC, CBS et NBC est, de fait, tombé de 4 032 minutes en 1989 à 1 382 en 2000 pour rebondir légèrement à 2 103 minutes en 2002 après les attentats du 11 septembre. Une fois les guerres terminées, les pays concernés ont rapidement été écartés de la lumière des projecteurs. L'Afghanistan avait fait l'objet de 306 minutes de traitement en plein cœur du conflit, en novembre 2001. Trois mois plus tard, ce chiffre était tombé à 28 minutes et à juste une petite minute en mars 2003. Après le renversement du régime de Saddam, l'Irak a connu le même phénomène de désintérêt de la part de l'ensemble des chaînes câblées comme des grands réseaux. Les caméras et les micros se sont alors passionnés pour le mystère Laci Peterson, cette jeune femme de Californie, retrouvée assassinée avec son nourrisson ; mais aussi pour l'histoire de ce chien qui survécut par miracle à ses blessures après qu'un automobiliste l'eut renversé[34].

L'information en continu se fait trop souvent au détriment de l'approfondissement des sujets et des reportages diffusés à l'antenne. Ce choix éditorial de couvrir l'actualité vingt-quatre heures sur vingt-quatre privilégie en effet l'image et fait la part belle à l'émotion et au spectaculaire, laissant peu de place à l'analyse ou à la mise en perspective historique des événements donnés à voir aux téléspectateurs. En 1991, alors que se déroulait sur tous les écrans américains l'opération Tempête du désert, une équipe de chercheurs de l'université du Massachusetts s'est interrogée sur les liens qui pouvaient exister entre la formation de l'opinion et la connaissance que celle-ci pouvait avoir de la politique américaine menée dans la région du Moyen-Orient. Le résultat fut assez édifiant : « Plus les gens regardaient la télévision, moins ils semblaient en savoir sur le conflit. Malgré les mois de couverture, la plupart d'entre eux ne connaissaient rien ou presque de la situation politique au Moyen-Orient, ou encore de la politique récente des États-Unis à l'égard de l'Irak. De plus, notre étude a montré une vraie corrélation entre la connaissance et l'opposition à la guerre. Plus les personnes avaient une approche complète des événements, moins elles étaient disposées à soutenir la guerre. » Pas étonnant, donc, « que ceux qui regardaient énormément les télévisions se soient déclarés de manière significative plus enclins à soutenir une intervention armée contre l'Irak »[35].

La couverture de la seconde guerre du Golfe en 2003 a fourni à maintes reprises des exemples flagrants de cette tendance. Les téléspectateurs américains ont pu ainsi assister sur Fox News au numéro de Neil Cavuto traitant de tous les noms d'oiseaux un professeur de la prestigieuse Ivy League (*NdT : Littéralement la « Ligue bon chic bon genre ». C'est le nom généralement employé pour désigner huit grandes universités de la côte est des États-Unis*), auteur d'une lettre ouverte contre la guerre. Les interventions pertinentes du journaliste se résumèrent à des invectives du genre : « Vous n'êtes qu'un pauvre type odieux et prétentieux. (...) Espèce d'abruti égocentrique, (...) vous n'êtes qu'un petit intellectuel de rien du tout de la Ivy League[36]. » Les téléspectateurs américains ont peut-être trouvé que la télévision avait été bien meilleure que la presse écrite dans son traitement des événements irakiens, mais il y a bien eu en réalité un renversement des rapports entre l'émotionnel et la véritable information, tant en quantité qu'en qualité, dispensée au public.

« À la différence d'autres chaînes de télévision, Fox News a davantage privilégié la tenue de plateaux avec des invités réagissant à chaud plutôt que la diffusion des informations ou des reportages », a noté Chuck Barney — le critique de télévision du *Times* — après avoir visionné plus de 200 heures de vidéos provenant de différentes chaînes[37]. En retrait, MSNBC n'était cependant pas très loin derrière. L'extrait qui suit — du 2 avril 2003 – nous donnera une idée de la manière dont les journalistes de la chaîne ont travaillé, mais aussi sur la pauvreté des informations communiquées, les intervenants revenant inlassablement sur les mêmes thèmes : la joie des Irakiens libérés, la nature horrible de Saddam et de son régime, les dangers du terrorisme, les armes de destruction massive, l'héroïsme des troupes américaines et la détermination du Président Bush :

> *Le speaker* : MSNBC, c'est l'information en continu. Vingt-quatre heures sur vingt-quatre. Voici les toutes dernières nouvelles de l'opération *Liberté pour l'Irak.*
>
> *Chris Matthews* (en plateau) : Dans le sud de l'Irak, les habitants se montrent encore méfiants à l'égard des forces de la coalition, mais ils commencent peu à peu à se montrer plus chaleureux. Nous rejoignons Bill Neely, d'ITV, qui se trouve avec les troupes britanniques à Umm Qsar.
>
> *Neely* : Une autre nuit, un autre raid, et un autre coup décisif a été porté au régime répressif et brutal de Saddam. Un peu plus au sud, ses hommes de main sont la cible des Marines américains… Les polices secrètes et les forces paramilitaires de Saddam sont encerclées. L'ancien régime disparaît, une nouvelle

aube se lève sous le regard visiblement heureux de quelques Irakiens.

Matthews : Le sénateur de Géorgie, Saxby Chambliss, membre de la Commission des forces armées de la Chambre des représentants, est avec nous. Sénateur Saxby Chambliss, j'ai envie de vous demander : comment vont maintenant se poursuivre les combats ?

Chambliss : Chris, je pense que les combats vont s'intensifier. Nos hommes et nos femmes sont courageux. Ce sont les mieux entraînés, les mieux équipés. Nous avons l'armée la mieux préparée au monde. En l'espace de seulement treize jours, nous nous sommes déplacés plus avant et plus rapidement que n'importe quelle autre armée dans l'histoire du monde. Nous allons mener des raids aériens sur Bagdad et ses environs. Nous allons anéantir la Garde républicaine irakienne tout en opérant de manière chirurgicale afin de ne pas atteindre les sites civils. Nous ne détruirons pas beaucoup du patrimoine de ce pays et occasionnerons le minimum de dommages.

Matthews : Est-ce, jusqu'à présent, la guerre que vous vous attendiez à mener ? Nous sommes en face d'un régime à bout de forces, qui n'a plus rien à espérer.

Chambliss : C'est juste. Quand vous avez un type comme Saddam en face de vous, un assassin, un tortionnaire et un violeur, vous devez vous attendre au pire avec lui. Nos hommes sont préparés à toute éventualité.

Matthews : Savez-vous si les Irakiens ont l'intention d'utiliser des armes chimiques ?

Chambliss : Non, je ne sais pas. Nous savons qu'ils les possèdent mais nous ignorons s'ils vont les utiliser maintenant ou pas. Ils peuvent le faire à tout instant.

Matthews : Est-il juste de penser que le gouvernement irakien aurait des liens directs avec un site terroriste situé dans le nord du pays ?

Steve Emerson, spécialiste du terrorisme à MSNBC : On a trouvé des indices de nature chimique et biologique qui pourraient se révéler nocifs. On n'en est pas certain à cent pour cent. Ils ont été envoyés en laboratoire pour des analyses. Mais ça y ressemble. Ça pourrait bien être du ricin…

Matthews : Laissez-moi vous poser une question sur les dangers du ricin. Comment agit-il sur les personnes ? Donnez-moi juste un effet que nous devons craindre.

Emerson : Il peut totalement vous paralyser, vous tuer au bout de trente-six heures si vous n'êtes pas traité dans les minutes ou l'heure qui suit.

Matthews : Bienvenue et merci si vous nous rejoignez. Nous allons maintenant à la Maison-Blanche retrouver notre reporter Campbell Brown. Comment le Président Bush aborde-t-il son rôle de commandant en chef des armées ?

Brown : Un article de *USA Today*, ce matin, présentait le Président comme accablé par sa charge et plutôt nerveux. Le porte-parole de la Maison-Blanche Ari Fleischer s'est empressé de répondre en déclarant que selon lui l'article était bien trop pessimiste et que le Président Bush était plus déterminé et sûr de lui que le journaliste n'avait bien voulu l'écrire…

Matthews : Mais, Campbell, faut-il rappeler que le Président mène une guerre et que des Américains peuvent être tués ? S'il était en train de danser autour de la Maison-Blanche en sifflant « *dippity doo da* », les gens se demanderaient s'il n'est pas tombé sur la tête. Vous ne vous attendiez quand même pas à trouver quelqu'un qui ne paraisse pas concerné par ce qui se passe en ce moment[38] ?

La seconde guerre du Golfe donna à voir aux téléspectateurs des images qui leur étaient presque familières puisqu'ils les avaient déjà aperçues lors de la première intervention en 1991. Les plans spectaculaires montrant le ciel de Bagdad éclairé par les tirs verts et lumineux de DCA ne leur étaient pas inconnus. D'autres images furent plus inédites, comme celles retransmises pour la première fois par le biais des visiophones, nouveaux moyens de transmission emportés par les journalistes embarqués auprès des troupes américaines progressant dans le désert. « Les personnages sont les mêmes : le Président est un Bush et l'autre type est Saddam Hussein. Mais la technologie — militaire et de transmission des images — a véritablement explosé, constatait Erik Sorenson, le patron de MSNBC, quelques semaines avant l'intervention américaine. Si l'on devait faire une comparaison, ça serait entre une console Atari et une PlayStation. Grâce à des effets visuels et à une technologie de plus en plus sophistiquée, la télévision va donner aux téléspectateurs une vision en 3D de cette guerre et la possibilité de la suivre vraiment en direct. Peut-être que la deuxième édition sera encore plus spectaculaire que la première[39]. »

À Doha, au Qatar, le Pentagone a fait construire un centre de presse de 1,5 million de dollars dans l'enceinte du Centre de commandement américain (Centcom). Chaque jour, entouré par des écrans de plasma bleu, le général Vincent Brooks y a tenu des points de presse devant les caméras, les micros et les stylos du monde entier. Très rapidement, les différentes chaînes de télévision ont élaboré la mise en scène visuelle de leur couverture de la guerre. Choix du titre, des logos, des couleurs, de l'utilisation des effets 3D, des bandes-annonces sonores et visuelles : rien ne fut laissé au hasard, les mises en images se voulaient accrocheuses et percutantes, à la hauteur de l'événement. CBS choisit d'appeler son programme « L'Amérique en guerre » ; CNN : « Offensive sur l'Irak » ; CNBC : « Le Prix de la guerre » ; alors que NBC et MSNBC optèrent toutes les deux pour « Objectif Irak ». MSNBC et Fox News avaient choisi, ensemble, dans un premier temps, « Opération Liberté pour l'Irak ». Elles durent y renoncer. Le Pentagone avait en effet retenu ce slogan comme nom de code pour l'intervention américaine. Par force, beaucoup de ces visuels firent appel à des éléments similaires : les logos symbolisaient le drapeau américain flottant au vent ; les différents motifs — caractères des lettres et représentations — déclinaient les couleurs de la bannière des États-Unis, le rouge, le blanc et le bleu. Sur Fox News, des battements de tambour aux résonances martiales accompagnaient le décompte des jours de guerre. MSNBC ouvrait son programme avec un photomontage montrant des GI's, et en fond sonore une interprétation au piano de l'hymne national américain, *The Star-Spangled Banner*. Toutes les chaînes entrecoupèrent leurs émissions de jingles du genre « Vous êtes sur CNN, la guerre en direct. "Opération Liberté pour l'Irak" continue après cette courte pause. » À chaque fois que le journaliste prononçait à l'antenne ce slogan ou que ce dernier apparaissait dans un coin de l'écran, les télévisions accréditaient implicitement les déclarations de la Maison-Blanche justifiant la guerre contre l'Irak.

Les chaînes ont également cherché à produire des réflexes d'identification, de compassion, et d'admiration chez les téléspectateurs américains en leur montrant la souffrance endurée par leurs soldats. Fox News avait pris le parti de désigner les troupes américaines en utilisant les mots « nous », « nos » ou encore l'expression « nos garçons ». MSNBC a intégré à son programme une séquence intitulée « Les braves d'Amérique » qui montrait des photographies de soldats sur le terrain. Fox News prit l'habitude de diffuser les photos d'identité des soldats tombés au combat dans une rubrique baptisée « L'ultime sacrifice ». Une autre rubrique intitulée « Au cœur de la guerre » dressait le portrait d'un soldat engagé dans cette guerre.

La plupart de ces programmes de début de soirée ont pris l'allure de véritables shows patriotiques à l'américaine. Des musiques prenantes et des montages d'images de guerre contribuaient à créer l'émotion nécessaire et servaient d'habiles transitions au lancement des pauses publicitaires. Les manœuvres militaires qui se déroulaient en direct sur nos écrans ont donné lieu à une profusion d'animations, d'infographies et d'effets spéciaux plus sophistiqués les uns que les autres, censés — en plateau — mieux nous faire comprendre la tactique en place sur le terrain, nous montrer cartes à l'appui les progressions des troupes sur le sol irakien, les trajectoires et les localisations des raids aériens. Les bombardements illuminaient ainsi les écrans de vifs éclairs rouges et sphériques alors qu'un son off soulignait les trajectoires et les points d'impact. Des tableaux et des graphiques détaillaient, chiffres à l'appui, les forces en présence, hommes et armements. La plupart des studios avaient fait confectionner de magnifiques maquettes reconstituant avec un souci du détail le champ des opérations pour le plus grand bonheur de généraux à la retraite — en guise d'experts nous éclairant de leurs commentaires pertinents — qui évoluaient autour, munis d'une baguette afin d'appuyer leur démonstration. Des reproductions de modèles réduits d'avions de combat et de tanks venaient parfaire le décor de certains plateaux.

« Ne faisons-nous pas une guerre remarquable et captivante, Jesse ? » lança le 26 mars le présentateur

Lester Holt de MSNBC à Jesse Ventura — ancien catcheur professionnel et Marine devenu gouverneur du Minnesota —, embauché pour l'occasion comme consultant. « Ça me rappelle beaucoup le Super Bowl ! » devait lui répondre, fidèle à son franc-parler, un Ventura visiblement emballé par le spectacle[40].

Surmonter le syndrome du Vietnam

Durant les deux guerres mondiales, la censure envers les correspondants de guerre fut de mise. Très présente, elle n'a été cependant que très peu remise en cause par les journalistes. La plupart se sont même appliqué une autocensure s'interdisant dans leurs reportages des descriptions ou des commentaires trop traumatisants sur la guerre[41]. Elle fut souvent appliquée lors de la guerre de Corée (1950-1953), quoique cependant moins présente. Des reporters ont alors commencé à rapporter certains faits de guerre qu'ils avaient jusqu'alors passés sous silence, comme l'ampleur des pertes au sein de certaines unités ou encore des informations sur le moral des soldats américains[42]. Le Vietnam (1963-1973) a été la première guerre télévisée et aussi la première au cours de laquelle apparurent de sérieux différends entre les militaires et les reporters présents sur le terrain. Une fois la guerre terminée, beaucoup de personnes ont pensé que la couverture du conflit par la télévision avait fini par entamer le soutien des Américains envers la guerre en leur apportant chaque jour des scènes effroyables de mort et de violence directement dans leur salon.

Cette idée constitue en grande partie un mythe, selon le professeur Daniel Hallin, de l'université de

Californie, qui a largement étudié les rapports des médias avec la guerre du Vietnam. « Les combats et le sang n'ont été que rarement montrés à la télévision, dit-il. La violence exposée au cours des journaux télévisés se limitait le plus souvent à des nuages de fumée dissimulant un ennemi invisible touché au loin par le bombardement d'un avion de guerre. C'est seulement au cours des offensives de l'été 1968 et celles du printemps 1972, quand la guerre a gagné les zones urbaines, que les souffrances et les destructions sont apparues véritablement sur les écrans de télévision. Pendant les premières années du conflit, la plupart des reportages télévisés qui parvenaient dans les salons des Américains reflétaient l'optimisme et le bon moral des troupes. Mais lorsque le conflit a commencé à s'enliser, que l'armée américaine fut contrainte de se replier, le moral des soldats a décliné. Le ton et le contenu des reportages ont du même coup également changé. Ce changement d'humeur des Américains s'est produit alors qu'aux États-Unis des voix de plus en plus nombreuses s'élevaient pour manifester leur désaccord avec ce conflit. Les représentants de mouvements anti-guerre étaient de plus en plus souvent conviés à s'exprimer sur les antennes, comme le courant communiste, qui fut — avec d'autres — pendant des années dénigré et qui devait à cette occasion gagner en légitimité[43]. »

Indépendamment de la question de savoir si la manière dont les télévisions avaient couvert la guerre du Vietnam avait oui ou non contribué à l'apparition d'un sentiment anti-guerre, Daniel Hallin remarquait que ce conflit avait définitivement marqué la ligne de partage des eaux dans le rapport entre les militaires et les médias. Au cours des guerres suivantes, les stratèges ont particulièrement pris soin de maîtriser l'information destinée au public américain. Les correspondants furent interdits de terrain dans les conflits de Grenade et du Panamá jusqu'à la fin des hostilités. Ces dispositions amenèrent les journalistes à manifester leur mécontentement au nom du droit à l'information. Afin d'éviter qu'une telle protestation se reproduise, le Pentagone adopta, pour la guerre en Irak de 1991, un système de pools de journalistes triés sur le volet. Les reporters retenus étaient autorisés à accompagner les troupes sous la haute surveillance et l'encadrement d'officiers. À charge pour eux de rapporter leurs impressions à leurs collègues. Entre août 1990 et janvier 1991, seuls 23 groupes de journalistes furent autorisés à suivre des unités militaires sur le terrain des opérations. Les services en charge de l'information et responsables des autorisations refusèrent les accès à certaines zones de guerre sur ordre militaire. « Afin de restituer la vérité historique et de parler franchement, il faut répéter qu'il n'y a eu aucun œil et aucune oreille indépendante pour rendre compte de ce qui s'est passé au cours de cette guerre », a rappelé Frank Aukofer, ancien responsable du *Milwaukee Journal Sentinel*[44]. Par conséquent, le public a vu une version aseptisée de la guerre. Le Pentagone a fourni lui-même des images des « *smart bombs* » (mini-bombes téléguidées), en démonstration, parvenant à atteindre des bâtiments et d'autres cibles non vivantes avec la précision d'une pointe d'épingle. Des journalistes ont refusé le système des pools. Le photographe Peter Turnley était de ceux-là et il a réussi à prendre et à éditer une série de clichés remarquables sur l'épouvantable carnage provoqué par ce conflit. D'autres réfractaires ont été moins heureux puisque leurs reportages décrivant une guerre à laquelle ils n'étaient pas conviés ne furent pour beaucoup pas publiés[45].

Au temps de la guerre en Afghanistan, en 2001, des pools de journalistes furent reconduits et invités par les autorités militaires à s'« identifier » aux soldats qu'ils allaient suivre. Le correspondant de guerre de Fox News, Geraldo Rivera, poussa cette identification assez loin quand il apparut à l'antenne en treillis, un pistolet rivé à la ceinture, et déclara dans les colonnes du *Philadelphia Inquirer* qu'il espérait lui-même « tuer Oussama Ben Laden. (...) Qu'il allait lui arracher la tête et la ramener à la maison pour la brûler ». À l'image de la télé-réalité qui avait brisé les frontières séparant le journalisme et le divertissement, Fox News et Geraldo venaient de briser celles séparant les journalistes et les combattants. Plutôt que de chercher à écarter les journalistes du champ de bataille, le Pentagone s'est rendu compte qu'il avait peu à perdre et tout à gagner en les conviant.

Torie Clarke — la secrétaire adjointe aux Affaires publiques du secrétariat à la Défense des États-Unis — est à l'origine du concept d'« *embedding* », l'intégration des journalistes dans les corps de troupes[46]. Avant de se retrouver en poste au Pentagone, Clarke dirigea le cabinet Hill and Knowlton, de Washington, qui orchestra la campagne de relations publiques du gouvernement koweïtien en exil lors de la préparation de l'opération Tempête du désert, dix ans plus tôt. Un document de treize feuillets rédigé par ses soins décrit les règles du jeu à respecter pour les journalistes « *embedded* », autrement dit « embarqués ». Il y est écrit en préambule que « la couverture médiatique des futures opérations militaires participera, pour une bonne part, à la perception publique du conflit ». Le système de l'« *embedding* » mis au point par les services de l'armée autorisait les journalistes à se déplacer au cœur des unités militaires à condition de se soumettre à des règles de conduite, sous peine d'expulsion. Celles-ci stipulaient que les reporters ne pouvaient pas voyager par eux-mêmes, les interviews réalisées devaient être consignées, et les officiers s'autorisaient à censurer ou à retarder temporairement des reportages au titre de la sécurité des opérations[47]. Le Pentagone délégua auprès des journalistes « embarqués » ses propres officiers de relations publiques pour les guider dans leur travail, les aider à trouver des sujets d'articles, des angles de reportages, faciliter les interviews ou encore les prises de photos[48].

La censure en tant que telle n'a joué qu'un rôle mineur, pour ne pas dire inexistant, dans le contrôle stricto sensu du contenu des reportages en provenance du front. L'idée prioritaire de l'« *embedding* » était de permettre aux journalistes, en vivant le conflit de l'intérieur, de partager au plus près le quotidien des soldats jusqu'à éprouver de l'empathie pour ceux qu'ils suivaient sur le terrain. La perception et l'opinion qu'un reporter se fait d'un événement dépendent pour beaucoup de l'emplacement et du contexte dans lesquels celui-ci se trouve pour y assister. La guerre moderne implique une technologie militaire de plus en plus sophistiquée qui a souvent recours à une aviation de reconnaissance et à une artillerie de longue portée. Les reporters intégrés aux troupes ont donc pu assister à des tirs mais n'ont que très rarement eu l'occasion de constater les dégâts à l'arrivée. Alors que des centaines de journalistes accompagnaient les troupes américaines et britanniques (*NdT : Ce sont quelque 600 journalistes* « embedded » *qui ont intégré les troupes de la coalition*), il n'y avait presque aucune présence journalistique dans les villes irakiennes.

Avant que ne débute la guerre, les fonctionnaires du Département à la Défense avaient conseillé aux journalistes de quitter Bagdad, affirmant que cette guerre serait beaucoup plus intense que celle de 1991. « Si vous prenez l'opération Tempête du désert pour référence, dites-vous que vous devez vous attendre à quelque chose de très, mais vraiment très différent », avait averti le chef de l'état-major interarmées Richard Myers[49]. Bien que quelques journalistes de la presse soient restés dans Bagdad, presque toutes les chaînes de télévision ont suivi le conseil du Pentagone et se sont retirées de la capitale irakienne les jours précédant le début des hostilités[50]. Seule CNN avait conservé des correspondants[51]. En l'absence de leurs propres équipes de reportage, les autres télévisions durent s'informer auprès de CNN et d'Al Jazira, la chaîne par satellite d'informations du monde arabe que l'administration Bush avait ironiquement rebaptisée : « Al Jazira : tout Oussama, vingt-quatre heures sur vingt-quatre »[52].

L'« *embedding* » a aussi permis de développer des liens émotionnels très forts entre les journalistes et les soldats. Le journaliste de CBS NEWS Jim Axelrod a voyagé avec la 3e division d'infanterie. Un jour qu'il sortait d'un briefing avec les officiers des services secrets militaires, il s'est adressé ainsi à ses téléspectateurs : « Nous avons reçu des ordres de... » Avant de se corriger : « Les soldats ont reçu des ordres[53]... »

Le correspondant de NBC News David Bloom (mort tragiquement d'un caillot sanguin pendant la guerre) a confié : « Les soldats font tout et encore plus que nous ne pouvons leur demander. Nous essayons en retour d'en faire autant[54]. »

« Ce sont mes protecteurs », lâchait John Donovan, d'ABC[55].

Oliver North, ancien lieutenant-colonel de la marine américaine, est devenu reporter « embarqué » pour le compte de Fox News, gommant ainsi davantage la frontière entre les journalistes et les combattants. Voici l'une de ses interventions à l'antenne : « Je dis que le général Franks doit être félicité, et c'est un ancien de l'US Marine qui le dit d'un général de l'armée[56]. »

« Du génie à l'état pur ! s'est exclamée Katie Delahaye Paine, consultante en relations publiques. Les journalistes incorporés ont été extraordinaires, ils ont réussi à transporter la guerre directement dans notre salon comme jamais cela n'avait été fait avant. (...) Tout le génie de cette formule est qu'elle repose sur les principes de base des relations publiques : les contacts. Plus vous aurez de bonnes relations avec un journaliste, plus vous aurez de chances qu'il soit réceptif à ce que vous lui dites et qu'il relaie votre message. En plus, nous avons maintenant des journalistes qui se font des douzaines, sinon des centaines, de nouveaux amis au sein des forces armées[57]. »

Vous êtes sur Combat Camera

En plus de l'armada de journalistes « embarqués » au sein des troupes de la coalition, le Pentagone s'est adjoint la collaboration de combattants-journalistes avec la présence sur le terrain des opérations de sa propre équipe de tournage, appelée « Combat Camera ». Cette structure de production s'est illustrée en filmant en exclusivité la libération de la jeune soldate américaine Jessica Lynch par un commando américain. *(NdT : Jessica Lynch circulait le 23 mars dans un convoi de la 507e compagnie de maintenance quand son unité est tombée dans une embuscade près de Nasiriyah. Onze soldats furent tués et neuf autres blessés lors des combats qui suivirent. Lynch a été récupérée le 1er avril par un commando américain dans un hôpital où elle était soignée par du personnel irakien.*) Le correspondant Ariel Sabar, du *Baltimore Sun*, a suivi le travail de cette équipe : « Une douzaine de personnes sont affectées à des terminaux d'ordinateurs qui traitent et distribuent chaque jour entre 600 et 800 photographies, 25 à 50 vidéos ; 80 % de cette production sont à la disposition de l'ensemble des médias et du public. (...) Les images sont projetées sur des écrans géants installés dans les salles de presse du Pentagone à Washington et du commandement central américain à Doha. Une galerie de photos a été mise en ligne sur le site Internet du Département à la Défense, visité chaque jour par près de 750 000 internautes, soit trois fois plus qu'avant la guerre. Combat Camera expédie par courrier électronique un échantillon de photographies aux principales agences de presse. Les spécialistes affirment que, dans ce champ de bataille que constitue l'opinion publique, l'impact d'une photo vaut l'impact d'une balle. Les images des avions de chasse de l'armée américaine, celles de prisonniers de guerre, d'Irakiens tout sourire acclamant l'arrivée de troupes américaines se trouvent aisément parmi les images publiques offertes par Combat Camera. Les photos des destructions après les bombardements de Bagdad et de ses environs sont très rares[58]. »

« Nous disposons d'énormément de photos très positives et très humaines. Elles montrent nos soldats aidant les Irakiens et les habitants en joie dans Bagdad, a tenu à souligner le lieutenant Jane Laroque, l'officier responsable des militaires appartenant à l'équipe de Combat Camera en Irak. Beaucoup de nos images auront un grand impact sur l'opinion mondiale[59]. »

À l'extérieur des États-Unis, les images que les gens ont vues furent tout à fait différentes. Au lieu de soldats héroïques offrant des bonbons aux petits Irakiens ou portant secours à des prisonniers blessés, les chaînes de télévision en Europe et dans le monde arabe ont montré des images de guerre extrêmement violentes et traumatisantes. Il était du même coup peu probable qu'elles aient eu l'impact que le lieutenant Laroque escomptait.

Chapitre 7
Le regard des autres sur les États-Unis

« VOUS ÊTES SUR CNN, et nous attendons d'un moment à l'autre l'arrivée spectaculaire du Président Bush, lança Wolf Blitzer, le présentateur de CNN, ce 1er mai 2003.

— Dites-nous, Frank (Buckley), qu'est-ce qui nous attend ?

— Ça va vraiment être très spectaculaire, Wolf », lui a répondu simplement Frank Buckley.

Comme tout bon programme de télévision, la guerre en Irak a eu un final effectivement spectaculaire retransmis en direct à une heure de grande écoute. Les rayons du soleil luisaient sur les vagues de l'océan quand le Jet Fighter présidentiel flanqué du nom du chef de l'État et de l'inscription « *Commander in chief* » (commandant en chef) amorça sa descente vers le porte-avions nucléaire américain *Abraham Lincoln* au large de la Californie. L'avion de chasse se présenta face au pont avant de se poser et d'être agrippé par un câble tendu en travers, qui stoppa sa course dans un crissement. Le jet immobilisé, Bush est sorti de l'appareil vêtu d'une combinaison de vol vert kaki, son casque sous le bras. Il a traversé le pont à grandes enjambées, il a posé pour les caméras et serré les mains des membres de l'équipage du porte-avions. Il a confié aux journalistes avoir aidé à copiloter le jet et avoir beaucoup aimé. (*Ndt : Bush fut lui-même pilote dans la garde nationale texane dans les années 1960.*) Entouré d'un matériel militaire étincelant et par des centaines de marins en uniforme l'applaudissant, une banderole en arrière-plan sur laquelle on pouvait lire « Mission accomplie », il a prononcé un discours passionné dans le rougeoiement du soleil couchant. C'est dans ce cadre impressionnant qu'il a déclaré : « La campagne d'Irak est une victoire dans la guerre contre le terrorisme. (...) Nous avons combattu pour la liberté et pour la paix dans le monde. (...) Grâce à vous, le tyran est tombé et l'Irak est libre[1]. »

Au lendemain de ces festivités, les démocrates en profitèrent pour dénoncer le numéro de *Top Gun* de Bush en l'accusant d'utiliser la guerre à des fins de propagande pour sa prochaine réélection[2]. Ils critiquèrent également le coût de la spectaculaire mise en scène de ce discours, un million de dollars. Cette somme avait permis de régler minutieusement les moindres détails afin de créer un décor, un show impressionnant et une image la plus parfaite possible[3]. Après avoir affirmé un moment que l'arrivée à bord du Jet Fighter avait été nécessitée par la position éloignée du porte-avions, les fonctionnaires de la Maison-Blanche ont admis plus tard que le bâtiment était en fait suffisamment près des côtes américaines pour qu'une arrivée en hélicoptère fût possible. L'*Abraham Lincoln* était si proche du rivage qu'il dut être repositionné de telle manière que les caméras de télévision ne puissent filmer que l'horizon et non le littoral de San Diego[4]. Afin de bénéficier de la lumière idéale pour la retransmission télévisée et d'être parfaitement positionné au moment du prime time, le navire effectua au large des manœuvres concentriques pendant des heures et se déplaça à une vitesse si faible qu'il mit vingt heures à parcourir une distance que l'on effectue normalement en une heure[5]. Les commandants de bord durent également jouer avec le vent qui traversait régulièrement le pont, changeant sensiblement de cap lorsque le souffle venait à provoquer des bruits indésirables pendant le discours du Président Bush[6].

Finalement, tous les spécialistes et conseillers en communication politique ont reconnu que ces images resteraient gravées dans l'esprit du peuple américain.

« En termes d'image, ça a été une belle réussite », commentait McCurry, ancien porte-parole et responsable des relations publiques du Président Clinton[7].

« C'est un moment qui a atteint des sommets, s'est emballé Michael Deaver, l'ancien homme de communication de Ronald Reagan. C'est une image forte. Elle montre la puissance de l'Amérique. Une Amérique victorieuse, celle d'un jeune Président qui a eu le courage de faire ce qu'il a fait[8]. »

« Ce n'était pas seulement un discours. C'était un véritable show patriotique avec le porte-avions et son équipage servant de cadre solennel au discours de Bush, comme un hommage à la nation tout entière et à la stature de commandant en chef du Président, a décrit le critique de télévision du *Washington Post*, Tom Shales. Il y a eu plusieurs passages forts dans les propos du Président, certains ont été parfois écrasés par l'impact visuel de l'image, à la fois gigantesque et intimiste. Tout fut magnifique, même le coucher du soleil[9]. »

Brain Salad Surgery

(NdT : En référence au titre de l'un des albums mythiques du groupe de rock progressiste Emerson, Lake and Palmer, ELP.)

« Vous avez montré au monde entier la compétence et la puissance des forces armées américaines », a déclaré Bush dans son hommage aux soldats lors de son discours à bord de l'*Abraham Lincoln*. Puis : « Aujourd'hui, grâce à de nouvelles tactiques et à des armes de précision, nous pouvons atteindre des objectifs militaires sans diriger le feu des armes contre les civils. Certes, aucune invention humaine ne pourra jamais éliminer la tragédie de la guerre ; pourtant, quand les coupables ont beaucoup plus à craindre que les innocents, un grand progrès moral a été accompli[10]. »

Autant les mots prononcés par le Président Bush pouvaient paraître rassurants pour les Américains, autant ils pouvaient être reçus différemment par la communauté internationale. Depuis la première guerre du Golfe, les États-Unis ont remporté des victoires grâce à des démonstrations écrasantes de force. Pour beaucoup de monde à l'étranger, c'est justement le problème. Cette puissance et cet arsenal militaire dont se sont équipés Bush et les États-Unis sont plus sujets à susciter la crainte que des félicitations.

Suivie par le reste du monde, cette guerre ne fut ni propre ni chirurgicale comme les télévisions américaines ont essayé de le montrer. Interrogées sur cette différence de perception — pourquoi elles n'avaient que très rarement diffusé des images de civils innocents tués ou blessés —, les principales chaînes évoquèrent le choix de telle ou telle information plutôt qu'une autre ou encore le souci de pas vouloir heurter des téléspectateurs. « Le choix de diffuser telle photo plutôt qu'une autre est un dilemme de tous les jours reconnaissait Cecilia Bohand, responsable du département photographique au service étranger du *New York Times.* Nous ne cherchons pas à placer systématiquement des clichés en faveur de l'armée, comme on peut parfois le penser, pas plus que nous ne cherchons à l'éviter coûte que coûte. Certains parmi nous pensent que nous devrions faire des choix un peu plus esthétiques. » Elle ajoutait aussi qu'à chaque fois que son journal avait publié une photo montrant la mort d'un soldat ou celle d'un enfant, la rédaction avait été inondée de courriers de lecteurs en colère. « Les lecteurs ne veulent pas les voir[11]. »

« La manière aseptisée dont la télévision américaine montre cette guerre est répugnante ! » L'indignation du docteur Gene Bolles n'est pas feinte. Il a vu arriver dans son service de neurochirurgie de l'hôpital de Landstuhl, en Allemagne, les soldats américains les plus gravement atteints lors de cette guerre. « J'ai vu des blessures absolument terrifiantes. Certains ont perdu des bras, des mains, des pieds, d'autres sont très profondément brûlés. Beaucoup ont subi des dommages cérébraux et des lésions du système nerveux périphérique irréversibles. La plupart sont des jeunes hommes qui ne seront plus jamais les mêmes. Je ne suis pas certain que les gens comprennent très bien ça[12]. »

Pour Paul Holmes, écrivain d'origine britannique vivant aux États-Unis, « les Américains assistent à une guerre totalement différente de celle à laquelle assiste le reste du monde » et cela aura selon lui des « conséquences importantes sur le long terme. (...) Cela peut accentuer davantage le fossé entre la manière dont les

États-Unis voient leur rôle dans le monde et la manière dont le reste du monde nous perçoit. Cela peut aussi conduire à de graves malentendus, comme celui de croire que les envahisseurs américains seraient accueillis comme des libérateurs. À ce niveau, il semble qu'il n'y ait que peu de gens en mesure de faire quelque chose pour notre image à l'étranger (non pas que personne dans l'administration ne s'en préoccupe), mais les médias américains ne rendent pas service au public en refusant de lui montrer les réalités de la guerre »[13].

Les bombes à fragmentation

Afin d'avoir une idée de la différence de traitement de la guerre entre le modèle américain et le modèle étranger, nous avons consulté la base de données LexisNexis pour recenser une liste de dépêches et d'articles incluant les mots « bombes à fragmentation » et « Irak » sur la période du 3 au 10 avril 2003. Cet intervalle était intéressant à prendre en compte parce qu'il marquait les derniers jours avant la fin du conflit (les États-Unis ont pris Bagdad le 9 avril). C'est aussi au cours de cette période que les généraux américains et britanniques ont admis pour la première fois l'utilisation des bombes à fragmentation (« *cluster bombs* »).

Des organisations de défense des droits de l'homme et d'autres vouées à l'aide humanitaire — parmi lesquelles Human Rights Watch, Amnesty International, Oxfam International, Christian Aid et Save the Children — ont condamné l'emploi des bombes à fragmentation parce qu'elles tuaient de manière aveugle[14]. Chaque « *cluster bomb* » contient et libère jusqu'à 200 minibombes de la taille d'une canette de soda ou d'une sphère fluorescente semblable à une balle de tennis. Ces petites bombes se dispersent sur une zone équivalente à la taille de deux terrains de football et explosent en touchant le sol. Dans la réalité, 5 à 15 % d'entre elles restent intactes et n'explosent pas immédiatement. Après la guerre, ces petites bombes demeurent alors des armes mortelles pouvant continuer à tuer. « Les bombes à fragmentation bénéficient d'une très mauvaise réputation méritée », commente Colin King, auteur d'un ouvrage sur les explosifs, *Jane's Explosive Ordnance Disposal*, et ancien artificier de l'armée britannique lors de la première guerre du Golfe en 1991[15]. Considérées comme des mines antipersonnel, elles ont été mises hors la loi par plus de cent nations dans un traité que les États-Unis ont refusé de signer. Il reste qu'elles continuent à être utilisées et fortement controversées.

Pendant l'intervalle de huit jours que nous avons étudié, les publications américaines ont cité seulement 120 fois les bombes à fragmentation bien qu'elles aient représenté 2 044 publications archivées dans la base de données LexisNexis. Par comparaison, les publications australiennes et européennes ont évoqué ces bombes dans 394 articles, pour 673 publications inscrites. En termes de proportions simples, cela signifie que les bombes à fragmentation ont été certainement mentionnées dix fois plus par l'ensemble de la presse australienne et européenne que par la presse américaine.

Les chiffres en eux-mêmes ne révèlent pas tout. En étudiant le contenu de ces articles recensés dans la presse américaine, on constate que les bombes à fragmentation ne sont évoquées que dans des passages.

Ce sont, par exemple, quelques mots ou quelques phrases au détour d'un papier sur la politique de l'Irak[16], ou alors d'un compte rendu par le *New York Times* d'une enquête d'officiels américains sur leur usage contre des villages[17]. D'autres citations consistent également à démentir leur emploi lors de conflits précédents ou à rappeler et critiquer leur utilisation passée par Saddam Hussein à l'encontre des populations kurde et chiite. Pas plus.

Interrogé au lendemain des bombardements de la région de Hilla, au sud de Bagdad, le 1er avril 2003 et sur l'utilisation de bombes à fragmentation qui auraient causé la mort de dizaines de civils, selon les différentes organisations humanitaires déléguées aussitôt sur place, le général Vincent Brooks a répondu : « Je n'ai pas d'information particulière sur cette attaque faisant état de l'utilisation de bombes à fragmentation[18]. » Le Comité international de la Croix-Rouge, qui avait dépêché une équipe de quatre personnes, devait rapidement réagir à ces propos en apportant une contradiction : « C'est une véritable horreur, il y a des dizaines de corps déchiquetés, des membres éparpillés[19]… » Amnesty International était également dans la région. Son rapport, tout aussi accablant, fait froid dans le dos :

> « En arrivant à l'hôpital d'Hilla, on a immédiatement vu que quelque chose d'épouvantable était arrivé. Des hommes, des femmes et des enfants — morts et vivants — avaient été transportés là, le corps transpercé de nombreux éclats d'obus et de tessons provenant de bombes à fragmentation. Les reportages tournés par les agences de presse Reuters et Associated Press montrant les victimes ont été jugés trop insupportables pour être diffusés à la télévision. Des journalistes de l'*Independent* ont vu ces images. Ils décrivent des

> bébés coupés en deux, des enfants aux membres arrachés. Des camions bâchés dans lesquels s'entassaient des corps stationnaient à l'extérieur de l'hôpital.
> Des blessés ont raconté aux journalistes que les bombes étaient tombées du ciel sous forme de petites grappes, qu'elles avaient rebondi contre les fenêtres et les portes des maisons avant d'exploser. Un médecin a assuré que pratiquement toutes les personnes transportées à l'hôpital avaient été les victimes de bombes à fragmentation[20].

Même après avoir reconnu que des bombes à fragmentation avaient bien été employées, les militaires refusèrent durant la guerre de communiquer combien d'armes de ce type avaient été utilisées, se limitant à déclarer qu'« un nombre non déterminé de bombes à fragmentation avaient été lâchées sur l'Irak[21] ». La presse américaine évoqua les efforts consentis par l'armée pour garantir la protection de ses soldats contre les dangers de ces bombes, sans toutefois préciser s'il s'agissait de se prémunir contre les armes larguées par les États-Unis ou non. Quelques articles reprirent aussi l'histoire de ce soldat blessé à un pied après avoir marché sur une minibombe qui n'avait pas explosé lors de son impact sur le sol. Le *San Francisco Chronicle* rédigea un papier sur les gilets en Kevlar conçus pour protéger les soldats des blessures dues aux grenades et aux éclats des bombes à fragmentation[22].

Ce n'est qu'après la guerre que des médias américains commencèrent à parler avec moins de tabous de certains aspects du conflit qu'ils avaient pris soin de négliger durant celui-ci. Le 28 avril, le *Chicago Tribune* publiait une photo des enterrements de Lamiya Ali, petite fille irakienne âgée de six ans, et de sa sœur âgée de huit ans, toutes deux tuées par une minibombe, ayant confondu celle-ci avec un jouet. « Plusieurs lecteurs ont appelé le journal pour protester contre ces photos, raconte son directeur, Don Wycliff. Ils les trouvaient trop crues ou trop dérangeantes, de mauvais goût ou manquant de dignité et de respect pour ces pauvres enfants. » En réponse à ces plaintes, Wycliff fit remarquer que, pendant toute la guerre, le *Chicago Tribune* avait publié en première page « pas moins de six photos montrant des morts ou des corps gravement mutilés »[23].

Le 25 avril 2003, le chef de l'état-major interarmées, le général Richard Myers, communiqua aux journalistes que 1 500 bombes à fragmentation avaient été employées pendant toute la guerre, mais que seulement 26 étaient tombées dans des zones civiles, n'occasionnant qu'une seule fois des pertes humaines ou blessures non militaires. Cependant, Myers ne comptabilisait dans ces statistiques que les bombes à fragmentation lâchées depuis des avions. Il oubliait d'y faire figurer celles tirées depuis les batteries d'artillerie basées à terre[24]. Dans la seule ville de Kerbala, des ouvriers chargés de nettoyer les lieux au lendemain de la guerre ont récupéré en un jour 1 000 bombes à fragmentation non utilisées, dans un secteur où les Américains prétendaient n'avoir aucune cible[25]. « Des informations persistantes en provenance de Bagdad rapportent que d'autres enfants et adultes civils ont été tués ou mutilés par des minibombes alors qu'elles n'avaient pas explosé au contact de leurs cibles initiales », révélait Greg Miller, du *Los Angeles Times*, au lendemain des affirmations du chef de l'état-major interarmées, Richard Myers. « Des organisations de défense des droits de l'homme ont appris vendredi l'existence de nouveaux blessés parmi les habitants de Bagdad et les populations d'autres villes environnantes, poursuivait le reporter. Selon Human Rights Watch et d'autres organisations humanitaires, mais également selon les témoignages de médecins de Bagdad, plusieurs centaines de civils ont été les victimes des bombes à fragmentation ou de dispositifs du même type[26]. »

La guerre regardée par le monde arabe

Au moment où le patriotisme exacerbé adopté par la quasi-totalité des médias américains se révélait être une stratégie marketing payante, un phénomène de même ampleur se produisait dans le monde musulman et arabe, où l'antiaméricanisme devenait la meilleure formule pour faire de l'audience. Quand les journalistes arabes parlaient des « armes de destruction massive » pendant la guerre en Irak, ils faisaient parfois allusion aux bombes à fragmentation[27]. Pour Reed Hunt, ancien président de la Commission fédérale des communications (FCC), « la télévision arabe Al Jazira, mais aussi Abu Dhabi TV et quelques autres, s'est de toute évidence imposée durant cette période comme une véritable force géopolitique. Cette télévision, principalement faite par des Arabes pour des publics arabes, a couvert la guerre au travers d'un prisme différent de celui qui a servi pour le public américain. Elle a normalement touché un public disposé à recevoir une version de la guerre appréhendée du côté des défenseurs (l'Irak), de même que la télévision américaine a donné à voir au public américain une version située dans le camp d'en face. Les convictions naturelles des différents publics n'ont cependant pas été remises en cause par leurs télévisions respectives, mais ont apparemment été renforcées »[28].

« Pour comprendre totalement cette guerre et ses conséquences, il est indispensable d'observer à la fois la télévision arabe et la télévision américaine », a précisé Rami G. Khouri, analyste politique et rédacteur en chef du *Daily Star* de Beyrouth. Khouri a passé la guerre à suivre quotidiennement une vingtaine de chaînes différentes, arabes et américaines. Pour le journaliste, l'exercice se révéla douloureux : « Le travail d'informateur consistant à rapporter et à analyser les informations sérieuses de la guerre fut transformé en un micmac invraisemblable, composé de démonstrations émotionnelles relevant du show, de considérations identitaires tribales et nationalistes, de manipulations idéologiques et gouvernementales manifestes, de flagorneries vulgaires à l'égard du public dans le but ultime d'accroître la part de marché et d'encaisser les dollars de la publicité. » Ce modèle appliqué par les télévisions américaines le fut de la même manière par les chaînes arabes, qui « affichèrent leurs partis pris idéologiques et reproduisirent des omissions du même ordre. Les images les plus insoutenables des victimes civiles irakiennes furent rediffusées en boucle, des invités conviés sur les plateaux à attaquer les États-Unis se succédèrent devant les caméras sans que l'on assiste à aucun moment à un débat ou à un entretien avec un invité américain ; on rapporta les déclarations des dirigeants irakiens et d'autres gouvernements arabes telles quelles, sans y porter le moindre regard critique »[29].

Pendant la guerre, la chaîne Al Jazira a vu son site Internet en langue arabe tripler ses activités. Sa promptitude à mettre en ligne les photos et les images de la guerre que les chaînes américaines refusaient de diffuser a contribué à sa popularité. Les moteurs de recherche Google et Lycos ont annoncé qu'« Al Jazira » était le terme le plus demandé par les internautes, trois fois plus que « sexe »[30]. Simultanément, l'ensemble des sites d'Al Jazira sont devenus la cible des attaques de pirates informatiques. La version en langue anglaise fut ainsi sabotée pendant presque toute la durée du conflit et la version en langue arabe neutralisée pendant pratiquement une semaine. *USA Today* constatait qu'aucun site Internet n'avait à sa connaissance subi une paralysie aussi longue[31].

La base de données LexisNexis ne contient que peu de traces de la couverture de la guerre par les médias arabes, mais nous pouvons avoir une représentation de ce que les téléspectateurs ont pu suivre quotidiennement sur leurs écrans à partir de la description faite par le journaliste britannique Robert Fisk d'une bande vidéo réalisée et diffusée par Al Jazira au moment des violents combats de la prise de Bassorah par les troupes britanniques :

« Une séquence particulièrement forte montre les violentes attaques qui se déroulent à l'ouest de Bassorah et les corps de soldats britanniques tués au cours de celles-ci. Devant l'exposition de telles images, le Premier ministre Tony Blair a exprimé son horreur. Aussi insupportables soient-elles, elles ne se différencient que peu des dizaines d'autres diffusées il y a douze ans par la télévision britannique qui avait exhibé les cadavres de soldats irakiens. Ces images n'avaient à l'époque pas suscité la moindre indignation de Blair…

« Une séquence — encore plus insoutenable que celle montrant le corps des deux soldats britanniques — se déroule à l'intérieur du plus grand hôpital de Bassorah, où l'on voit arriver en nombre dans les salles d'opération les victimes des bombardements anglo-américains criant leur douleur. Un vieil homme en pyjama baigne dans son sang de la tête aux pieds. Une fillette, âgée peut-être de quatre ans, est allongée sur un chariot.

Elle regarde fixement les intestins qui sortent de son ventre ouvert. Un chirurgien en blouse bleue verse de l'eau sur la blessure béante, applique délicatement un pansement avant que ne commence l'opération...

« D'autres scènes horribles montrent des enfants morts. Une petite fille a la tête en partie arrachée, son écharpe rouge encore autour de son cou. Près d'elle, étendue sur une civière, une autre fillette, à qui il manque l'oreille gauche, a le crâne ouvert. Plus loin, un autre enfant a les pieds déchiquetés. Aucun commentaire ne précise si ce sont les forces américaines ou britanniques qui ont tué ces enfants. Aucune information non plus concernant les pertes militaires irakiennes[32]. »

Dans la presse américaine, le ton d'Al Jazira est régulièrement montré du doigt comme étant l'expression de son parti pris idéologique. Mais la partialité est un terme très subjectif. Les journalistes arabes vous donneraient une réponse identique à celle que fourniraient leurs collègues américains si on leur faisait le même grief. À savoir qu'ils donnent simplement à leurs téléspectateurs l'information qu'ils souhaitent voir et que ce sont les médias américains qui sont influencés et aseptisés. Les images dont se souviendront la plupart des Américains seront certainement celles montrant le déboulonnement de la statue de Saddam Hussein, la libération de prisonniers américains, la joie des soldats retrouvant leurs familles. Dans les pays arabes, les images qui reviendront à l'esprit seront celles de ce jeune Irakien amputé des deux bras et qui a perdu la presque totalité de sa famille dans les bombardements, le ciel de Bagdad illuminé par les feux incessants des bombes, l'humiliation des prisonniers de guerre irakiens, les manifestations de colère antiaméricaines dans les rues.

La journaliste Kim Murphy, du *Los Angeles Times*, a pu se rendre compte de l'effet de ces images en se rendant, le 5 avril 2003, dans la ville traditionaliste de Buraydah, en Arabie saoudite. « Ici, écrit-elle, la guerre en Irak fait chaque jour de nouveaux convertis. Si des centaines de jeunes Saoudiens ne sont pas partis pour Bagdad combattre les Américains aux côtés des Irakiens, c'est qu'ils n'ont pas les moyens de le faire. Les images de la guerre semblent avoir plus que jamais renforcé le mal-être du public arabe et exacerbé ses sentiments de colère et de rancœur. Dans toutes les mosquées de la ville, les haut-parleurs diffusent à la prière de l'après-midi les prêches emplis de haine des religieux, dont ceux de l'imam Suleiman Alwan. »

« Les Américains et leurs alliés iront tout droit en enfer pour les crimes qu'ils ont commis », promettait Alwan.

Suleiman Alwan n'est pas un inconnu. Il est l'un des imams cités dans une cassette vidéo récupérée en Afghanistan par les soldats américains en décembre 2001 et qui montre Oussama Ben Laden entouré de fidèles en train de fêter ensemble les attentats du 11 septembre. Sur la bande, on entend un imam saoudien (non identifié) remercier Ben Laden — « chacun loue ce que vous avez fait » — et lui faire aussi part d'un sermon prononcé par Suleiman Alwan, dans lequel il dit que « ces gens (tués dans les attentats terroristes) n'étaient pas innocents[33] ». En fait, il semblerait que l'un des pirates de l'air du 11 septembre, Abdulaziz Alomari, ait été un disciple personnel d'Alwan et même considéré par celui-ci comme l'un de ses étudiants les plus brillants à l'université.

Si nous avons certainement gagné une bataille dans la guerre contre la terreur, comme le Président Bush l'a déclaré dans son discours du 1er mai, nous devons nous attendre que des prêcheurs de haine comme Suleiman Alwan ne mettent pas longtemps à recruter de nouveaux convertis pour servir de combattants et de martyrs. Les faits observés laissent à penser que toutes les promesses de victoire sont prématurées. Mais il est important de dire que la haine et la violence ne sont pas les seuls messages proférés par le monde musulman. Des voix plus pacifistes se font entendre, comme celle du prince Moulay Hicham Ben Abdallah du Maroc. « Je suis un ami de l'Amérique, affirme-t-il. Je me suis épanoui de multiples façons au contact de cette remarquable nation dont je connais et respecte le peuple et les valeurs fondatrices[34]. »

« La grande majorité des musulmans ne partage pas la vision stratégique et l'interprétation de l'islam défendues par les nouveaux courants fondamentalistes les plus durs qui en appellent au jihad (la guerre sainte), déclarait Hicham en septembre 2002 lors d'un débat à l'université de Princeton. La plupart des musulmans veulent vivre dans la paix et la dignité aux côtés de leurs voisins de toutes religions. »

Il ajoutait cependant :

« Nous devons reconnaître que Ben Laden et ses actions ont su capter les esprits, et même la sympathie des “gens de la rue” dans le monde arabe et musulman. C'est en partie parce que Ben Laden lui-même témoigne d'un charisme absolument fascinant sur les écrans et apparaît comme un maître des médias. (…) Nous devons reconnaître aussi que beaucoup des forces de démocratie et de progrès — appartenant à la politique ou à la société civile — qui travaillent courageusement partout dans le monde arabe et musulman n'ont pas su se trouver un discours cohérent qui parle aux préoccupations des populations. (…)

« Malheureusement, quand les États-Unis parlent de faire la guerre à la terreur, il est difficile de ne pas y percevoir une intention de s'engager dans un projet impérialiste inédit qui ravirait certains à l'intérieur du pays, pas mécontents de pouvoir en découdre dans un choc des civilisations avec les combattants jihadistes les plus violents, mais aussi avec les pays du monde musulman les moins dociles à leur égard.

« Peut-être que quelques stratèges américains pensent aujourd'hui qu'il est plus facile de se débarrasser de ces musulmans les plus "provocants" avec la seule force des armes. Mais sans l'accompagnement d'une stratégie à la fois politique, diplomatique et surtout idéologique — qui permette d'identifier et d'isoler le nouveau mouvement jihadiste dans le monde musulman en général —, n'importe quelle opération militaire aura pour seul effet d'accentuer la polarisation entre l'Amérique et le monde islamique. L'unique recours au conflit armé conduira aussi inévitablement au chaos partout dans le monde musulman, les zones de démocratie rencontreront les pires difficultés à mobiliser, les risques de longs conflits meurtriers se multiplieront, tant au niveau d'un terrorisme ciblé que des guerres entre les États[35]. »

Il est impossible pour chacun de prévoir si l'audacieux pari de l'administration Bush en Irak a réussi ou si — comme le président égyptien Hosni Moubarak l'a dit au plus fort de la guerre — « il y aura cent Ben Laden après[36] ». Mais au terme de ce conflit, nous devons maintenant nous poser cette question : n'avons-nous pas commis l'erreur de croire notre propre propagande ? Et si nous avions combattu la terreur face à des ennemis qui n'étaient pas les bons, sur de mauvais terrains, avec les mauvaises armes…

Notes

INTRODUCTION : LA LIBÉRATION

1. Matthew Gilbert et Suzanne C. Ryan, « Snap Judgments », *Boston Globe,* 10 avril 2003. <http://www.boston.com/news/packages/iraq/globe_stories 041003_snap_judgments. htm>.

2. Ibid.

3. « Pentagon Gets PR Bulls-Eye », *O'Dwyer's PR Daily*, 11 avril 2003.
<http://www.odwyerpr.com/members/0411pentagon.htm>.

4. « War in Iraq : Photo Gallery », *Boston Glob*e, 9 avril 2003. <http://www.boston.com/news/packages/iraq/galleries/statue/01a.htm>.

5. « In Pictures : Saddam Toppled », BBC News, 9 et 18 avril 2003.
http://news.bbc.co.uk/1/hi/in_depth/photo_gallery/2959955.stm>.

6. John Daniszewski, « War with Iraq : A Day to Remenber », *Los Angeles Times*, 10 avril 2003.

7. John W. Rendon, propos tenus au cours d'une conférence sur le thème « Information et sécurité nationale » devant les cadets de l'US Air Force Academy (Colorado Springs, Colo.), 29 février 1996.
<http://www.rendon.com/docs/airforce.html>.

8. Ibid.

9. « Air Force Intelligence and Security Doctrine : Psychological Operations », Air Force Instruction 10-702, Secretary of the Air Force, 19 juillet 1994.
<http://www.fas.org/irp/doddir/usaf/10-702.htm>.

10. « America's Image Further Erodes, Europeans Want Weaker Ties », Pew Research Center for the People and the Press, 18 mars 2003.
<http://people-press.org/reports/display.php3?ReportID=175>.

11. Anwar Iqbal, « Pro-US Shiite Cleric "Assassinated" », United Press International.
<http://www.upi.com/view.cfm?StoryID=20030410-110013-5707r>.

12. « At Least 10 Dead as US Troops in Firefight in Northern Iraq », Agence France Presse, 15 avril 2003.
<http://www.afp.com/english/newsml/stories/030415154828.1jmby3zd. html>.

Consulter également : Jefferson Morley, « Nasiriyah Conference Greeted with Suspicion, Satisfaction », *Washington Post*, 16 avril 2003.
<http://www.washingtonpost.com/wp-dyn/articles/A37446-2003Apr16.html>.

13. Tony Karon, « Wanted : Iraqis to Run Iraq », *Time*, 15 avril 2003.
<http://www.time.com/time/world/printout/0,8816,443918,00.html>.

14. Christopher Dickey et Mark Hosenball, « Banker, Schmoozer, Spy », *Newsweek*, 12 mai 2003.
<http://www.msnbc.com/news/909076.asp?0cv=KB10>.

CHAPITRE 1 :
UNE MARQUE : L'AMÉRIQUE

1. George W. Bush, conférence de presse, Federal News Service, 11 octobre 2001.

2. « The Role of Public Diplomacy in Support of the Anti-terrorism Campaign », audition devant le Committee on International Relations, US House of Representatives, 107th Congress, First Session, 10 octobre 2001.
<http://www.house.gov/international_relations/107/75634.pdf>.

3. Ibid.

4. Un certain nombre de textes de lois furent votés, à commencer par le Gillett Amendment (1913), afin d'interdire l'utilisation des fonds publics à des fins de « relations publiques ». Dans les faits, les agences gouvernementales continuèrent à financer de telles opérations avec l'argent de l'État. Seulement on ne parlait plus de « relations publiques » mais plutôt, par exemple, d'« information publique ». Une enquête réalisée dans le milieu des années 1980 montrait que près de 5 000 personnes travaillaient au sein de l'administration en tant que spécialistes de l'information fédérale. Pour en savoir davantage, consulter les travaux de Michael Turney, « Government Public Relations » : <http://www.nku.edu/~turney/prclass/govt. htm>.

5. Henry Hyde et James Sasser, « Speaking to our Silent Allies : the Role of Public Diplomacy in US Foreign Policy », Council on Foreign Relations, 17 juin 2002. <http://www.cfr.org/publication.php?id=4627>.*Freedom Promotion Act 2002* (HR 3969), House International Relations Committee. <http://www.house.gov/international_relations/107/freedom. htm>.

6. « War on Terror Is "Greatest PR Challenge of Generation" », Holmes Report, 19 novembre 2001. <http://www.holmesreport.com/holmestemp/story. cfm ? edit_id = 1565 & typeid = 2>.

7. Ibid.

8. Carla Anne Robbins, « Spin Control », *Wall Street Journal*, 4 octobre 2001.

9. Ibid.

10. Peter Carlson, « The USA Account », *Washington Post*, 31 décembre 2001. <http://www.washingtonpost.com/ac2/wp-dyn/A43213-2001Dec30>.

11. Michael R. Gordon, « A Nation Challenged », *New York Times*, 6 novembre 2001.

12. Ira Teinowitz, « US Considers Advertising on Al Jazeera TV », *Advertising Age*, 5 octobre 2001. <http://www.adage.com/news.cms?newsID=33163>.

13. Rance Crain, « Charlotte Beers and the Selling of America », *Advertising Age*, 5 novembre 2001. <http://www.adage.com/news.cms?newsID=33340>.

14. « Winning Hearts and Minds », PBS, 1er novembre 2001. <http://www.pbs.org/newshour/bb/media/july-dec01/heartsminds_11-la. html>.

15. Ralph Dannheisser, « Beers, Legislators Say Public Diplomacy Vital in Fight on Terror », US Department of State, 10 octobre 2001.
<http://usinfo.state.gov/topical/pol/terror/01101014.htm>.

16. Amol Sharma, « US Hones in on Propaganda War », *Earth Times*, 13 octobre 2001.
<http://www.earthtimes.org/oct/mediaushomesinonoct13_01.htm>.

17. Joyce Battle, « US Propaganda in the Middle East — the Early Cold War Version », National Security Archive Electronic Briefing Book N° 78, 13 décembre 2002.
<http://www.gwu.edu/~nsarchiv/NSAEBB/NSAEBB78/essay. htm>.

18. Télégramme du Département d'État à Téhéran adressé au secrétaire d'État américain, 2 mai 1952.
<http://www.gwu.edu/~nsarchiv/NSAEBB/NSAEBB78/propaganda % 20061.pdf>.

19. « Notes on Expanded Program for Iran », mémorandum de l'ambassade des États-Unis à Téhéran (Iran) adressé au Département d'État américain, 12 janvier 1951.
<http://www.gwu.edu/~nsarchiv/NSAEBB/NSAEBB78/propaganda % 20016.pdf>.

20. « Motion Pictures : The Film Two Cities », mémorandum de l'ambassade des États-Unis à Téhéran (Iran) adressé au Département d'État américain, 18 janvier 1950.
<http://www.gwu.edu/~nsarchiv/NSAEBB/NSAEBB78/propaganda % 20004.pdf>.

21. « Collective Security — Your Defense », envoi de l'ambassade des États-Unis à Bagdad (Irak) adressé au Département d'État américain, 16 mai 1952.
<http://www.gwu.edu/~nsarchiv/NSAEBB/NSAEBB78/propaganda % 20062.pdf>.

22. « Anti-Communist Poster Material Prepared by USIS Baghdad », mémorandum de l'ambassade des États-Unis à Bagdad (Irak) adressé au Département d'État américain, 10 mars 1951.
<http://www.gwu.edu/~nsarchiv/NSAEBB/NSAEBB78/propaganda % 20021.pdf>.

23. « Proposed Pamphlet Program », document de l'ambassade des États-Unis à Djedda (Arabie saoudite) adressé au Dépar-

tement d'État américain, 8 janvier 1952. <http://www.gwu.edu/~nsarchiv/NSAEBB/NSAEBB78/propaganda % 20046.pdf>.

24. Télégramme de l'ambassade des États-Unis à Djedda (Arabie saoudite) au secrétariat d'État américain, 7 septembre 1952. <http://www.gwu.edu/~nsarchiv/NSAEBB/NSAEBB78/propaganda % 20072.pdf>.

25. « Samples of Anti-Communist Propaganda », correspondance de l'ambassade des États-Unis à Bagdad (Irak) adressée à l'United States Information Agency, 16 mars 1954. <http://www.gwu.edu/~nsarchiv/NSAEBB/NSAEBB78/propaganda % 20120.pdf>.

26. « Anti-Communist Campaign of Iraq Government », correspondance de l'ambassade des États-Unis à Bagdad (Irak) adressée à l'United States Information Agency, 13 janvier 1954. <http://www.gwu.edu/~nsarchiv/NSAEBB/NSAEBB78/propaganda % 20118.pdf>.

27. John F. Devlin, *The Ba'th Party* (Stanford : Hoover Institution Press, 1976), pp. 108-9, 194 ; cité in Battle, « US Propaganda in the Middle East — the Early Cold War Version ».

28. James Risen, « Secrets of History : The CIA in Iran », *New York Times*, 16 avril 2000. <http://www.nytimes.com/library/world/mideast/041600iran-cia-index.html>.

29. Kenneth R. Timmerman, *Fanning the Flames : Guns, Greed and Geopolitics in the Gulf War*, chapitre 5. <http://www.iran.org/tib/krt/fanning_ch5.htm>.

30. Martin Ennals, secrétaire général d'Amnesty International, cité in *Matchbox*, lettre d'information d'Amnesty International, États-Unis, automne 1976.

31. Michael Dobbs, « US Had Key Role in Iraq Buildup », *Washington Post*, 30 décembre 2002.

32. Joyce Battle, « Shaking Hands with Saddam Hussein : The US Tilts toward Iraq, 1980-1984 », National Security Archive Electronic Briefing Book N° 82, 25 février 2003. <http://www.gwu.edu/~nsarchiv/NSAEBB/NSAEBB82/index.htm>.

33. Dobbs, op. cit.

34. Jonathan T. Howe, « Iraq's Use of Chemical Weapons », note adressée au secrétaire d'État américain George Schultz, 1er novembre 1983.

35. « Talking Points for Amb. [Ambassador] Rumsfeld's Meeting with Tariq Aziz and Saddam Hussein », United States Interests Section in Iraq Cable, William L. Eagleton Jr, à l'adresse de l'ambassade des États-Unis en Jordanie, 14 décembre 1983.
<http://www.gwu.edu/~nsarchiv/NSAEBB/NSAEBB82/iraq29.pdf>.

36. « Iraq's Use of Chemical Weapons », communiqué de presse du Département d'État américain, 5 mars 1984,
<http://www.gwu.edu/~nsarchiv/NSAEBB/NSAEBB82/iraq43.pdf>.

37.Ibid.

38. Cité in Seth Ackerman, « The *Washington Post*'s Gas Attack », FAIR/Extra !, septembre-octobre 2002.
<http://www.fair.org/extra/0209/iraq-gas.html>.

39. Bruce W. Jentleson, *With Friends Like These : Reagan, Bush and Saddam, 1982-1990* (New York : W. W. Norton, 1994), p. 78.

40. Peter W. Galbraith, « The Wild Card in a Post-Saddam Iraq », *Boston Globe Magazine,* 15 décembre 2002.
<http://www.boston.com/globe/magazine/2002/1215/coverstory. htm>.

41. Douglas Frantz et Murray Waas, « Bush Secret Effort Helped Iraq Build Its War Machine », *Los Angeles Times*, 23 février 1992.

42. Philip Shenon, « Iraq Links Germs for Weapons to US and France », *New York Times*, 16 mars 2003.
<http://www.nytimes.com/2003/03/16/national/16BIO.html>.

43. Script de la séance du 19 septembre 2002 de l'US Senate Armed Services Committee.
<http://byrd.senate.gov/byrd_issues/byrd_iraqi_bioweapons/byrd_armedsvc_sept19/byrd_armedsvc_sept19.html>.

44. Interview de Donald Rumsfeld accordée à CNN, 21 septembre 2002.
<http://www.defenselink.mil/news/Sep2002/t09212002_t921cnn.html>.

45. Les notes détaillées de la rencontre entre Donald Rumsfeld et Saddam Hussein ne font à aucun instant mention des armes chimiques.

Consulter à ce sujet : « Rumsfeld Mission : December 20, Meeting with Iraqi President Saddam Hussein », document de

l'ambassade des États-Unis à Londres, adressé au secrétariat d'État américain, 21 décembre 1983.
<http://www.gwu.edu/~nsarchiv/NSAEBB/NSAEBB82/iraq31.pdf>.

46. Ira Teinowitz, « Charlotte Beers and the Selling of America », *Advertising Age*, 23 septembre 2002.
<http://www.adage.com/news.cms?newsld=36106>.

47. Tony Karon, « The War for Muslim Hearts and Minds », *Time*, 6 novembre 2001.
<http://www-unix.oit.umass.edu/~commdept/resources/gulfwar. html>.

48. Ibid.

49. Margaret Carlson, « Can Charlotte Beers Sell Uncle Sam ? », *Time,* 14 novembre 2001.
<http://www.time.com/time/columnist/carlson/article/0,9565,184536,00.html>.

50. Peter Carlson, op. cit.

51. Margaret Carlson, op. cit. ; *News Hour with Jim Lehrer*, 18 février 2002.
<http://www.pbs.org/newshour/bb/media/jan-june02/public_2-18.html>.

52. Charlotte Beers et Richard Boucher devant le Foreign Press Center, 9 novembre 2001.
<http://usinfo.state.gov/usa/islam/t111401.htm>.

53. Anna Kuchment, « Selling the USA », *Newsweek*, 26 novembre 2001.

54. « The Battle for Hearts and Minds », *Economist*, 9 novembre 2001.
<http://www.economist.com/agenda/displayStory.cfm?story_id = 861388>.

55. Neil MacFarquhar, « Many Arabs Say Bush Misreads Their History and Goals », *New York Times*, 31 janvier 2002.
<http://www.nytimes.com/2002/01/31/international/middleeast/31ARAB. html>.

56. Ibid.

57. Ibid.

58. Charlotte Beers, « Funding for Public Diplomacy », intervention devant le Congrès (Subcommittee on Commerce, Justice, and State of the House Appropriations Committee, Washington, D.C.) 24 avril 2002.
<http://www.state.gov/r/us/9778.htm>.

59. Jane Perlez, « Muslim-As-Apple-Pie Videos Are Greeted with Skepticism », *New York Times*, 30 octobre 2002. <http://www.nytimes.com/2002/10/30/international/asia/30INDO.html>.

60. Dan Murphy, « US Ads Miss Mark, Muslims Say », *Christian Science Monitor*, 7 janvier 2003. <http://www.csmonitor.com/2003/0107/p06s01-woap.html>.

61. Lynette Clemetson et Nazila Fathi, « US's Powerful Weapon in Iran : TV », *New York Times*, 7 décembre 2002.

62. Felicity Barringer, « US Messages to Arab Youth, Wrapped in Song », *New York Times*, 17 juin 2002. <http://www.nytimes.com/2002/06/17/international/middleeast/17RADI. html>.

63. Michael Z. Wise, « US Writers Do Cultural Battle Around the Globe », *New York Times*, 7 décembre 2002. <http://www.nytimes.com/2002/12/07/arts/07WRIT.html>.

64. Charlotte Beers, « Public Diplomacy After September 11 », intervention devant le National Press Club, 18 décembre 2002. <http://www.state.gov/r/us/16269.htm>.

65. Mark O'Keefe, « State Department Draws Fire in Effort to Promote Muslim Life in US », Newhouse News Service, 14 mai 2002. <http://www.newhouse.com/archive/story1b051402.html>.

66. Council of American Muslims for Understanding, <http :// www.opendialogue.com>.

67. Naomi Klein, « America Is Not a Hamburger », *Guardian* (GB), 14 mars 2002. <http://www, guardian. co. uk/Archive/Article/0,4273,4373814, 00. html>.

68. Murphy, op. cit.

69. Beers, « Public Diplomacy After September 11 ».

70. « US Propaganda Pitch Halted », CBS News, 16 janvier 2003, <http://www.cbsnews.com/stories/2003/01/16/world/main536756.shtml>.

71. Colin Powell, « Departure of Charlotte Beers, Under Secretary for Public Diplomacy and Public Affairs », 3 mars 2003. <http://www.state.gov/secretary/rm/2003/18129.htm>.

72. Kevin McCauley, « Saddam, PR Genius », *O'Dwyer's PR Daily*, 26 février 2003.

<http://www.odwyerpr.com/members/archived_stories_2003/february/0226saddam. htm>.

73. Carl Weiser, « How to Sell America to People Who Hate It », Gannett News Service, 14 octobre 2001. <http://www.prfirms.org/resources/news/sell_hate101401.asp>.

74. William Douglas, « Bush Relies on Advertising Experts to Win Over Muslims », *Sydney Morning Herald*, 25 octobre 2001. <http://old.smh.com.au/news/0110/25/world/world10.html>.

CHAPITRE 2 :
GUERRE À VENDRE

1. Elisabeth Bumiller, « Bush Aides Set Strategy to Sell Policy on Iraq », *New York Times*, 7 septembre 2002.

2. Karen DeYoung, « Bush to Create Formal Office to Shape US Image Abroad » *Washington Post*, 30 juillet 2002. <http://www.washingtonpost.com/ac2/wp-dyn/A18822-2002Jul29>.

3. Tim Reid, « America Plans PR Blitz on Saddam », *Times* (GB), 17 septembre 2002. <http://www.timesonline.co.uk/article/0,3-418110,00.html>.

4. Martha Brant, « Ladies and Gentlemen... the Band : Selling the War in Iraq », *Newsweek*, 18 septembre 2002. <http://www.msnbc.com/news/809682.asp>.

5. Douglas Quenqua, « Pentagon Seeks PR Advice Before Diplomatic Attempt », *PR Week*, 26 août 2002. <http://www.prweek.com/news/news_story. cfm ? ID = 156288 & site = 3>.

6. Eli J. Lake, « US Pushes PR for War with Iraq », United Press International, 20 août 2002. <http://www.upi.com/view.cfm?StoryID=20020820-050908-1065r>.

7. Douglas Quenqua, « Bush's Calculated Pursuit of Validation Has Its Costs », *PR Week*, 16 septembre 2002.

8. Ibid.

9. Alison Mitchell et Adam Nagourney, « G.O.P. Gains from War Talk but Does Not Talk About It », *New York Times*, 21 septembre 2002. <http://www.nytimes.com/2002/09/21/politics/21 REPU. html>.

10. Arthur E. Rowse, « Flacking for the Emir », *Progressive*, mai 1991, p. 22.

11. « Showdown With Saddam », ABC News, 7 février 1998. <http://more.abcnews.go.com/sections/world/cia/cia.html>.

12. Stephen J. Hedges, « US Pays PR Guru to Make Its Points », *Chicago Tribune*, 12 mai 2002.

13. Mark Atkinson, « Propagandist for Hire » and « The CIA's Secret War in Iraq », ABC News, 7 février 1998. <http://more.abcnews.go.com/sections/world/cia/rendon.html> et <http://more.abcnews.go.com/sections/world/cia/plot.htm>.

14. Robert Dreyfuss, « Tinker, Banker, NeoCon, Spy », *American Prospect*, vol. 13, n° 21, 18 novembre 2002. <http://www.prospect.org/print- friendly/print/V13/21/dreyfuss-r.html>.

15. Ibid.

16. Stephen Fidler et Roula Khalaf, « Ahmad Chalabi Divides Opinion Within the Opposition Movement and Among Those in Washington Planning Regime Change », *Financial Times* (Londres), 13 décembre 2002.

17. Ibid.

18. Michael Dobbs, « Old Strategy on Iraq Sparks New Debate », *Washington Post*, 27 décembre 2001.

19. Fidler et Khalaf, op. cit.

20. Robin Wright, « Aid : Support for the Iraqi National Congress Has Waned Amid the Group's Missteps on Funding and Recruiting », *Los Angeles Times*, 20 mars 2001.

21. « About PNAC » et lettre au Président américain William J. Clinton, Project for the New American Century, 26 janvier 1998. <http://www.newamericancentury.org/aboutpnac.htm> et <http://www.newamericancentury.org/iraqclintonletter.htm>.

22. Foreign Agents Registration Act (File Iraq), Second Semi-Annual Report for 2000, US Department of Justice. <http://www.usdoj.gov/criminal/fara/fara2nd00/COUNTRY/IRAQ.htm>.

23. « US Options in Confronting Iraq », audition devant le Committee on International Relations, House of Representatives, 105th Congress, Second Session, 25 février 1998. <http://commdocs.house.gov/committees/intlrel/hfa48782.000/hfa48782_0.htm>.

24. Lettre au Président américain George W. Bush, Project for the New American Century, 20 septembre 2001.
<http://www.newamericancentury.org/Bushletter.htm>.

25. Warren P. Strobel et Jonathan S. Landay, « Pentagon Hires Public Relations Firm to Reverse Opposition in Islamic World », Knight Ridder, 17 octobre 2001.
<http://www.prfirms.org/resources/news/pentagon101901.asp>.

26. James Dao et Eric Schmitt, « Pentagon Readies Efforts to Sway Sentiment Abroad », *New York Times*, 18 février 2002.
<http://www.nytimes.com/2002/02/19/international/
19PENT.html>.

27. Lou Morano, « Propaganda : Remember the Kuwaiti Babies ? » United Press International, 26 février 2002,
<http://www.propagandacritic.com/articles/examples.osi.html>.

28. Colin James, « Moran's Secret Crusade Against the Tyranny of Saddam », *Adelaide Advertiser* (Australie), 5 avril 2003.
<http://www.theadvertiser.news.com.au/printpage/
0,5942,6239116,00.html>.

29. Seymour Hersh, « Annals of National Security : The Debate Within », *New Yorker*, 11 mars 2002
<http://www.newyorker.com/fact/content/?020311fa_FACT>.

30. Ibid.

31. « Who Will Control Iraq's Oil in Future ? » *Intelligence Online*, 27 septembre 2002.

32. Robert Dreyfuss, « The Pentagon Muzzles the CIA », *American Prospect*, vol.13, issue 22, 16 décembre 2002.
<http://www.prospect.org/print-friendly/print/V13/22/dreyfuss-r.html>.

33.Ibid.

34. « CLI Confirms Iraqi Declaration "Clearly Non-Compliant" », US Newswire, 19 décembre 2002.
Consulter également : « CLI Affiliations »,
<http://www.endthewar.org/whoiscli3.htm> ;
Les sites du Project for the New American Century :
<http://www.newamericancentury.org> ;
et de l'American Enterprise Institute :
<http://www.aei.org>.

35. Déclaration de mission du Committee for the Liberation of Iraq,
<http://www. liberationiraq. org>.

36. « Group Formed to Promote Freedom in Iraq », *Committee for the Liberation of Iraq.*
<http://www.liberationiraq.org/press_releases/archives/00000001.htm>.

37. Biographie de Randy Scheunemann, Project on Transitional Democracies,
<http://www.projecttransitionaldemocracy.org/html/bios/scheunemann. htm>.

38. Peter Slevin, « New Group Aims to Drum Up Backing for Ouster », *Washington Post*, 4 novembre 2002.
<http://www.washingtonpost.com/ac2/wp-dyn/A64233-2002Nov3>.

39. Eric Schmitt, « New Group Will Lobby for Change in Iraqi Rule », *New York Times*, 15 novembre 2002.
<http://www.nytimes.com/2002/11/15/international/middleeast/15HAWK. html>.

40. Douglas Quenqua, « Opinion Leaders Unite to Shift Saddam Focus in US », *PR Week*, 25 novembre 2002.
<http://www.prweek.com/news/news_story. cfm ? ID = 164666 & site = 3>.

41. Douglas Quenqua, « US Training Iraqis in Media to Raise Support for Attack », *PR Week*, 2 septembre 2002.
<http://www.prweek.com/news/news_story. cfm ? ID = 1 56687 & site = 3>.

42. Robin Wright, « United States to Train Iraqis in Rhetoric Against Hussein », *Los Angeles Times*, 25 août 2002.

43. Quenqua, « US Training Iraqis in Media to Raise Support for Attack ».

44. Mohammed Eshaiker, National Public Radio, 30 août 2002.

45. « Target : Iraq », NBC News, 21 mars 2003.

46. Intervention du révérend Sun Myung Moon du 21 mai 2002 à l'occasion du 20e anniversaire de la création du *Washington Times* :
<http://www.unification.net/2002/20020521_ 1.html>.

47. Lawrence E. Walsh, « Final Report of the Independent Counsel for Iran/Contra Matters », 4 août 1993.
<http://www.fas.org/irp/offdocs/walsh/>.

Consulter également : Michael Ledeen, *Perilous Statecraft : An Insider's Account of the Iran-Contra Affair* (New York, Scribner, 1988).

48. Richard Pipes et Laurie Mylroie, « Back Iraq : It's Time for a US Tilt », *New Republic*, 27 avril 1987.

49. Joe Hagan, « She' s Richard Perle's Oyster », *New York Observer*, 7 avril 2003.
<http://www.observer.com/pages/frontpage3.asp>.

50. Brian Whitaker, « US Thinktanks Give Lessons in Foreign Policy », *Guardian* (GB), 19 août 2002.
<http://www.guardian.co.uk/elsewhere/joumalist/story/0,7792,777100,00.html>.

51. US Committee for a Free Lebanon, <http://www.freelebanon.org>.
« Pétition en faveur d'une guerre contre les États soutenant le terrorisme », <http://www.petitiononline.com/CAAT/petition.html>.

52. Hagan, op. cit.

53. Thom Shanker, « A Nation at War ; Vanguard ; Iraqi Fighters, Hussein Foes, Are Flown into the South », *New York Times*, 7 avril 2003.

54. Ibid.

55. Sudarsan Raghavan, « Iraq's Fresh "Freedom Fighters" a Mix of West, East, Young, Old », *San Jose Mercury News*, 7 avril 2003.
<http://www.bayarea.com/mld/mercurynews/news/special_packages/iraq/5653822.htm>.

56. John Kifner et Craig S. Smith, « Iraqis March, Want US Out Pronto », *New York Times*, 19 avril 2003.
<http://www.nwanews.com/adg/story_National. php ? storyid = 27629>.

57. David Ignatius, « Bush's Confusion, Baghdad's Mess », *Washington Post*, 23 avril 2003.
<http://www.washingtonpost.com/wp-dyn/articles/A18344-2003Apr22.html>.

58. David Rohde, « Political Party in Mosul Emerges with Own Army », *New York Times*, 18 avril 2003.
<http://www.nytimes.com/2003/04/18/international/worldspecial/18NORT. html>.

59. Stanley Reed, « In Baghdad, Guns, Chaos... Enterprise », *BusinessWeek*, 2 mai 2003.

60. Carol Morello, « "Nucleus" of Iraqi Leaders Emerges », *Washington Post*, 6 mai 2003. <http://www.washingtonpost.com/wp-dyn/articles/ A17929-2003May5.html>.

CHAPITRE 3 :
DE VRAIS MENSONGES

1. Point de presse du Département américain à la Défense, 25 septembre 2001.
<http://www.fas.org/sgp/news/2001/09/dod092501.html>.

2. James Dao et Eric Schmitt, « Pentagon Readies Effort to Sway Opinion Abroad », *New York Times*, 19 février 2002.
<http://www.nytimes.com/2002/02/19/international/19PENT.html>.

3. Eric Schmitt, « Pentagon May Eliminate New Office of Influence », *New York Times*, 19 février 2002.
<http://www.nytimes.com/2002/02/25/politics/25CND-MILI.html>.

4. Confidences de Donald Rumsfeld à des journalistes au cours d'un vol vers le Chili, 18 novembre 2002.
<http://www.defenselink.mil/news/Nov2002/t11212002_t1118sd2.html>.

5. *Information Opérations*, Air Force Doctrine Document 2-5, 5 août 1998, i-ii, viii, 4-5, 11,13.
<http://www.cadre.maxwell.af.mil/warfarestudies/iwac/AFDocs/afdd2-5.pdf>.

6. « Citizens for Free Kuwait Files with FARA After a Nine-month Lag », *O'Dwyer's FARA Report,* Vol.1, n° 9, octobre 1991, p. 2.

7. Ibid.

8. Arthur E. Rowse, « Flacking for the Emir », *Progressive*, mai 1991, pp. 21-22.

9. *O'Dwyer's PR Services Report*, Vol.5, n° 1, janvier 1991, p. 1.

10. John MacArthur, *The Second Front : Censorship and Propaganda in the Gulf War*, (University of California Press, 1992), p. 58.

11. Ibid.

12. « Iraq/Occupied Kuwait : Human Rights Violations Since August 2, 1990 », Amnesty International, 19 décembre 1990, p. 66.

13. MacArthur, op. cit., p. 84.

14. « Fitz-Pegado Works for Cayman Islands », *O'Dwyer's PR Daily*, 28 mai 2002.
<http://www.odwyerpr.com/members/archived_stories_2002/may/0528pegado. htm>.

Pour en savoir plus sur le travail effectué par le cabinet de relations publiques Hill and Knowlton pour le compte du Koweït, consulter l'ouvrage de John Stauber et Sheldon Rampton, *Toxic Sludge Is Good for You !* (Monroe, Maine, Common Courage Press, 1995), pp. 167-175.

15. ABC World NewsTonight, 15 mars 1991.

16. Robert L. Jackson, « Former US Envoy, Two Others Charged in Gulf War Scheme », *Los Angeles Times,* 8 juillet 1992.

17. Michael Ross, « Doubts Cast on Girl's Account of Iraqi Atrocities in Kuwait », *Los Angeles Times*, 7 janvier 1992.

18. Aziz Abu-Hamad, « Focus on Proven Abuses », lettre envoyée au directeur du *Washington Post*, 4 avril 1993.

19. MacArthur, op. cit., pp. 51-53.

20. Joost R. Hiltermann, « America Didn't Seem to Mind Poison Gas », *International Herald Tribune*, 17 janvier 2003. <http://www.iht.com/articles/83625.html>.

21. « Activism Update : HBO Adds Disclaimer to Gulf War Movie », Fairness and Accuracy in Media, 3 janvier 2003. <http://www.fair.org/activism/hbo- incubators-update. html>.

22. Tom Shales, « Live From Baghdad : The Cameras of War », *Washington Post*, 7 décembre 2002. <http://www.washingtonpost.com/ac2/wp-dyn?pagename=article & node = & contentId = A21263-2002Dec6>.

23. « Americans Thinking About Iraq, But Focused on the Economy », enquête réalisée par le Pew Research Center pour le compte de People and the Press, 10 octobre 2002. <http://people-press.org/reports/display.php3?ReportID=162>.

24. Martin Merzer, « Poll : Majority Oppose Unilateral Action Against Iraq », *Miami Herald*, 12 janvier 2003. <http://www.miami.com/mld/miamiherald/4911975.htm>.

25. « Genocide in Iraq : The Anfal Campaign Against the Kurds », Human Rights Watch, juillet 1993. <http://www.hrw.org/reports/1993/iraqanfal/>.

26. « Fact Sheet : Iraq's Nuclear Weapon Programme », International Atomic Energy Agency, 27 décembre 2002. <http://www.iaea.org/worldatom/Programmes/ActionTeam/nwp2.html>.

27. « Iraq : The UNSCOM Experience », Stockholm International Peace Research Institute, octobre 1998. <http://editors.sipri.se/pubs/Factsheet/unscom.html>.

28. « Spying on Saddam », entretien avec Barton Gellman, PBS, 27 avril 1999.
<http://www.pbs.org/wgbh/pages/frontline/shows/unscom/interviews/gellman. html>.

29. Ibid.

30. John Barry, « The Defector's Secrets », *Newsweek*, 3 mars 2003.

31. Interrogatoire du général Hussein Kamel mené par Maurizio Zifferero (IAEA) et Nikita Smidovich (UNSCOM), Amman (Jordanie), 22 août 1995, pp. 12-13.
<http://www.fair.org/press-releases/kamel.pdf>.

32. Scott Ritter, « Is Iraq a True Threat to the US ? » *Boston Globe*, 20 juillet 2002.
<http://www.commondreams.org/views02/0721-02.htm>.

33. Joseph Curl, « Agency Disavows Report on Iraq Arms », *Washington Times*, 27 septembre 2002.
<http://www.washtimes.com/national/20020927-500715.htm>.

34. Ibid.

35. Intervention de George W. Bush devant les Nations unies, 12 septembre 2002.
<http://www.whitehouse.gov/news/releases/2002/09/20020912-1.html>.

36. Joby Warrick, « US Claim on Nuclear Weapon Program Is Called into Question », *Washington Post*, 24 janvier 2003.
<http://www.washingtonpost.com/ac2/wp-dyn ? pagename = article & node = & contentId = A35360-2003Jan23>.

37. Dana Milbank, « For Bush, Facts Are Malleable », *Washington Post*, 22 octobre 2002.

38. Discours à la nation du Président Bush, depuis le Cincinnati Museum Center, 7 octobre 2002.
<http://www.whitehouse.gov/news/releases/2002/10/20021007-8.html>.

39. Ibid.

40. Interrogatoire de Kamel, p. 5.

41. Luis Charbonneau, « U.N. Official : Fake Iraq Nuke Papers Were Crude », Reuters, 25 mars 2003.
<http://asia.reuters.com/newsArticle.jhtml ?type= topNews & storyID = 2444571>.

42. Henry Waxman, lettre adressée au Président George W. Bush, 17 mars 2003.
<http://www.fas.org/irp/news/2003/03/waxman.pdf>.

43. « Face the Nation », CBS News, 20 octobre 2002. <http://www.cbsnews.com/stories/2002/10/21/ftn/main526319.shtml>.

44. Lettre de George J. Tenet (directeur de la CIA) à Bob Graham, *Congressional Record* (Journal officiel du Congrès américain), 9 octobre 2002. <http://www.fas.org/irp/news/2002/10/dci100702.html>.

45. Dafna Linzer, « Banned Missiles Fired at US Troops », *San Francisco Examiner*, 21 mars 2003. <http://examiner.com/headlines/default.jsp?story=n.missiles.0321w>.

46. Paul Richter, « War with Iraq ; Military Strategy ; Revamped Patriot System Downs 2 Missiles Aimed at US Forces », *Los Angeles Times*, 21 mars 2003.

47. Deb Riechmann, « Dark Iraq War Scenarios Haven't Happened », *News Journal* (Texas), 11 avril 2003. <http://www.news-journal.com/news/content/news/ap_story.html/Intl/AP. V4462.AP-War-Worst-Hasn.html>.

48. David Pugliese, « Scud Missiles Remain Thorn for US Forces », *Windsor Star* (Canada), 21 mars 2003.

49. « The War in Iraq by the Numbers », *Edmonton Journal*, 14 avril 2003.

50. Chris Hedges et Donald G. McNeil, Jr., « New Clue Fails to Explain Iraq Role in Sept. 11 Attack », *New York Times*, 16 décembre 2001. <http://www.nytimes.com/2001/12/16/international/middleeast/16IRAQ. html>.

51. Walter Pincus, « No Link Between Hijacker, Iraq Found, US Says », *Washington Post,* 1er mai 2002.

52. James Risen, « Prague Discounts an Iraq Meeting », *New York Times*, 21 octobre 2002. <http://www.nytimes.com/2002/10/21/international/21PRAG.html>.

53. Interview du secrétaire adjoint à la Défense Paul Wolfowitz au *San Francisco Chronicle*, 23 février 2002. <http://www.defenselink.mil/news/Feb2002/t02272002_t0223sf.html>.

54. Bob Drogin et Paul Richter, « White House Backs Report of Link between Iraq, Sept. 11 Suspect », *Los Angeles Times*, 2 août 2002.

<http://www.kansascity.com/mld/kansascity/news/local/3782550.htm>.

55. Bob Drogin, Paul Richter et Doyle McManus, « White House Says Sept. 11 Skyjacker Had Met Iraqi Agent », *Los Angeles Times*, 5 août 2002.

56. Gary Leupp, « Perle's Bombshell in Milan », *Outlook India*, 10 septembre 2002.
<http://www.outlookindia.com/full.asp?fname=gary & fodname =20020911&sid = 1>.

57. « Meet the Press », NBC, 8 septembre 2002.
<http://www.mtholyoke.edu/acad/intrel/bush/meet.htm>.

58. Andrea Mitchell, « The Iraq and al-Qaida Connection », NBC News, 31 octobre 2002.
<http://www.msnbc.com/news/824024.asp>.

59. « Iraq — Its Infrastructure of Concealment, Deception and Intimidation », Bureau du Premier ministre britannique Tony Blair, janvier 2003,
<http://www.number-10.gov.uk/files/pdf/Iraq.pdf>.

60. Colin Powell, discours devant le Conseil de sécurité des Nations unies, 5 février 2003.
<http://www.state.gov/secretary/rm/2003/17300.htm>.

61. Ibrahim Al-Marashi, « Iraq's Security and Intelligence Network : A Guide and Analysis », *Middle East Review of International Affairs*, vol.6, n° 3, septembre 2002.
<http://meria.idc.ac.il/journal/2002/issue3/jv6n3al.html>.

62. Michael White et Brian Whitaker, « UK War Dossier a Sham, Say Experts », *Guardian* (GB), 7 février 2003.
<http://www.guardian.co.uk/Iraq/Story/0,2763,890916,00.html>.

63. Rosemary Bennett et Elaine Monaghan, « Iraq Dossier Assembled by Junior Aides », *Times Online* (GB), 8 février 2003.
<http://www.timesonline.co.uk/article/0,2-570248,00.html>.

64. Gary Gibbon, « N° 10 Admits Dossier Blunder », Channel 4 News (GB), 7 février 2003.
<http://www.channel4.com/news/2003/02/week_1/07_dossier.html>.

65. Gaby Hinsliff, Martin Bright, Peter Beaumont et Ed Vulliamy, « First Casualties in the Propaganda Firefight », *Observer* (GB), 9 février 2003.
<http://www.observer.co.uk/iraq/story/0,12239,892145,00.html>.

66. Glenn Frankel, « Blair Acknowledges Flaws in Iraq Dossier », *Washington Post*. 8 février 2003.
<http://www.washingtonpost.com/ac2/wp-dyn/A42276-2003Feb7>.

67. « Britain's Intelligence Crisis », *Jane's Intelligence Digest*, 14 février 2003.
<http://www.janes.com/regional_news/europe/news/jid/jid030214_1_n. shtml>.

68. « Leaked Report Rejects Iraqi Al-Qaeda Link », BBC, 5 février 2003.
<http://news. bbc. co. uk/2/hi/uk_news/2727471.stm>.

Consulter également : Raymond Whitaker, « MI6 and the CIA : The Enemy Within », *New Zealand Herald*, 9 février 2003.
<http://www.nzherald.co.nz/storydisplay.cfm?storyID=3100174>.

69. Luke Harding, « Revealed : Truth Behind US "Poison Factory" Claim », *Observer* (GB), 9 février 2003.
<http://www.observer.co.uk/iraq/story/0,12239,892112,00.html>.

70. Joseph Logan, « Islamic Kurds Accuse US of Bombing Them by Mistake », Reuters AlertNet, 26 mars 2003. <http://www.alertnet.org/thenews/newsdesk/LO2647211.htm>.

71. « Patterns of Global Terrorism 2001 », Département d'État américain, mai 2002.
<http://www.state.gov/documents/organization/10319.pdf>.

72.« Kurdish Rebels to End Armed Struggle », BBC News, 5 août 1999.
<http://news.bbc.co.uk/1/hi/world/europe/412577.stm>.

73. Ibid., pp.51,59.

74. « Saudi Arabia : End Secrecy and Suffering », Amnesty International.
<http://www.amnesty.org/ailib/intcam/saudi/>.

75. Yossef Bodansky, « Islamic Anti-Semitism as a Political Instrument », Freeman Center for Strategic Studies, janvier 1998.
<http://www.freeman.org/m_online/jan98/bodansk. htm>.

76. « Terrorist Financing », rapport du Council on Foreign Relations, 17 octobre 2002, p. 8.
<http://www.cfr.org/pdf/Terrorist_Financing_TF. pdf>.

77. Michael Isikoff, « 9-11 Hijackers : A Saudi Money Trail », *Newsweek*, 22 novembre 2002.
<http://www.msnbc.com/news/838867.asp>.

78. « Saudi Envoy Rejects Terror Allegations », BBC, 27 novembre 2002.
<http://news.bbc.co.uk/2/hi/middle_east/2520005.stm>.

79. Joel Mowbray, « Saudis Behaving Badly », *National Review*, 20 décembre 2002.
<http://www.nationalreview.com/mowbray/mowbray122002.asp>.

80. « Has Someone Been Sitting on the FBI ? » BBC Newsnight, 6 novembre 2001.
<http://news.bbc.co.uk/1/hi/events/newsnight/1645527.stm>.

81. Jonathan Wells, Jack Meyers et Maggie Mulvihill, « US Ties to Saudi Elite May Be Hurting War on Terrorism », *Boston Herald*, 10 décembre 2001.
<http://www2.bostonherald.com/news/americas_new_war/saud 12102001.htm>.

82. Matthew Levitt, « Combatting Terrorist Financing, Despite the Saudis », Washington Institute for Near East Policy, 1er novembre 2002.
<http://www.washingtoninstitute.org/watch/Policywatch/policywatch2002/673.htm>.

83. « Criminal Intelligence Program : Link Between Al-Qaeda and the Diamond Industry », Royal Canadian Mounted Police, 25 juillet 2002.
<http://www.rcmp-grc.gc. ca/crim_int/diamond_e. htm>.

84. « 9/11 Families Take Groundbreaking Action to Expose Terrorist Financing Schemes, Cut Off Money Pipeline », 15 août 2002.
<http://www.nmlrp.com/practiceareas/911_victims/911action-release_final_ 8-15-02.pdf>.

85. Ann McFeatters, « Lawsuit Seeks to Cripple Terrorists Means to Strike », *Pittsburgh Post-Gazette*, 16 août 2002.
<http://www.post-gazette.com/nation/20020816suit0816p3.asp>.

86. Wells, Meyers et Mulvihill, op. cit.

87. Maggie Mulvihill, Jack Meyers et Jonathan Wells, « Bush Advisers Cashed in on Saudi Gravy Train », *Boston Herald*, 11 décembre 2001.
<http://www2.bostonherald.com/news/americas_new_war/saud12112001.htm>.

88. Ibid.

89. Melanie Warner, « The Big Guys Work for the Carlyle Group », *Fortune*, 18 mars 2002.

<http://www.globalresearch.ca/articles/WAR203A.html>.

90. Leslie Wayne, « Elder Bush in Big GOP Cast Toiling for Top Equity Firm », *New York Times*, <http://www.nytimes.com/2001/03/05/politics/05CARL.html>.

91. Warner, op. cit.

92. « Carlyle Group Names First Communications VP », Holmes Report, 19 novembre 2001. <http://www.holmesreport.com/holmestemp/story. cfm ? edit_id = 1545 & typeid = 1>.

93. Jim Geraghty, « PR Consultant Claims Bin Laden's Family Contemplating Campaign », States News Service, 26 septembre 2001.

94. « Hullin Metz Works for Bin Ladens », *O'Dwyer's PR Daily*, 9 novembre 2001. <http://www.odwyerpr.com/members/archived_stories_2001/november/1109metz. htm>.

95. « Binladen Group May Turn to UK Consultancy », Holmes Report, 26 novembre 2001. <http://www.holmesreport.com/holmestemp/story.cfm?edit_id = 1567 &typeid = 1>.

96. « Saudi Arabia Hires B-M », *O'Dwyer's PR Daily*, 5 octobre 2001. <http://www.odwyerpr.com/members/archived_stories_2001/october/1005saudi. htm>.

97. « Saudi Arabia Adds to Lobbying Firepower », *O'Dwyer's PR Daily*, 3 janvier 2003. <http://www.odwyerpr.com/members/washington_report/0103saudi_arabia. htm>.

98. Roger Harrison, « Saudi Arabia's PR Challenge », *Arab News*, <http://www.arabnews.com/Article.asp?ID=19693>.

99. « Saudi Aramco Taps H & K », *O'Dwyer's PR Daily*, 13 janvier 2003. <http://www.odwyerpr.com/members/washington_report/0113saudi_aramco. htm>.

100. « Gallagher Group Gets Raise from Qorvis », *O'Dwyer's PR Daily*, 18 février 2003. <http://www.odwyerpr.com/members/archived_stories_2003/february/0218gallagher_qorvis. htm>.

101. « Initiatives and Actions Taken by the Kingdom of Saudi Arabia to Combat Terrorism », rapport de la Royal Embassy of Saudi Arabia, décembre 2002.

<http://www.opinionjournal.com/soapbox/war_on_terrorism.doc>.

102. « Osama Bin Laden Was Bad Apple, Just Like Jim Jones », *O'Dwyer's PR Daily*, 10 septembre 2002. <http://www.odwyerpr.com/members/archived_stories_2002/september/0905osama. htm>.

103. « Saudi Embassy Defends Its Stance on Terrorism », *San Antonio Lightning*, juillet 2002. <http://www.sanantoniolightning.com/stewartjuly.html>.

104. « Defensive Saudis Lash Out at "Zionist" and US Critics », *Forward*, 28 décembre 2001. <http://www.forward.com/issues/2001/01.12.28/news6.html>.

105. « Saudis Pay Qorvis $200K a Month », *O'Dwyer's PR Daily*, 21 mars 2002. <http://www.odwyerpr.com/members/archived_stories_2002/march/0321qorvis. htm>.

« Saudi Arabia Spends $\$3.8^{M}$ at Qorvis », *O'Dwyer's PR Daily*, 16 mai 2002. <http://www.odwyerpr.com/members/archived_stories_2002/may/0516qorvis. htm>.

106. Bob Garfield, « Zero Stars for Saudi Arabia », *Advertising Age*, 20 mai 2002. <http://www.adage.com/news.cms?newsld=35925>.

107. « Qorvis Helps Out on Saudi "Kidnapping" Controversy », *O'Dwyer's PR Daily*, 4 octobre 2003. <http://www.odwyerpr.com/members/archived_stories_2003/october/1004qorvis. htm>.

108. Lettre du sénateur Dan Burton à Sa Majesté le prince Bandar bin Sultan bin Abdulaziz, 21 novembre 2002. <http://www.house.gov/reform/pdf/bandar.02.11.21.pdf>.

109. Philip Shenon, « 3 Partners Quit Firm Handling Saudis'PR », *New York Times*, 6 décembre 2002. <http://www.nytimes.com/2002/12/06/international/middleeast/06SAUD. html>.

CHAPITRE 4 :
LE DOUBLE LANGAGE

1. George Orwell, *Collection of Essays* (Orlando, Harvest Books, 1970). Consulter également : « Politics and the English Language »,

<http://www.ourcivilisation.com/decline/orwell1.htm>.

2. George Orwell, *1984,* (New York, Signet Classic, 1990).
Consulter également :
<http://www.eng.buffalo.edu/~smf 7/175/chapp. html>.

3. George W. Bush, discours sur l'état de l'Union du 29 janvier 2002.
<http://www.whitehouse.gov/news/releases/2002/01/20020129-11.html>.

4. Andrew Marlatt, « Angered by Snubbing, Libya, China, Syria Form Axis of Just As Evil », SatireWire. com, 1er février 2002.
<http://www.satirewire.com/news/jan02/axis.shtml>.

5. Conférence de presse au Département américain à la Défense, 20 mars 2002.
<http://www.defenselink.mil/news/Mar2003/t03202003t0320sd.html>.

6. Glenn Kessler, « United States Puts a Spin on Coalition Numbers », *Washington Post*, 21 mars 2003.
<http://www.washingtonpost.com/ac2/wp-dyn/A1325-2003Mar20>.

7. « Polls Show European Public Opposed to Iraq War », Reuters, 30 janvier 2003.

8. William Lutz, *Doublespeak* (New York, HarperPerennial, 1990), pp. 7, 175.

9. « Infinite Justice, Out-Enduring Freedom, In », BBC, 25 septembre 2001.
<http://news.bbc.co.uk/1/hi/world/americas/1563722.stm>.

10. Paul Holmes, « Terminology of War Is Throwing Up a Smokescreen », *PR Week*, 4 avril 2003.
<http://www.prweek.com/news/news_story. cfm ? ID = 176363 & site = 3>.

11. « Rebuilding America's Defenses : Strategy, Forces and Resources for a New American Century », Project for the New American Century, septembre 2000, pp. iv, v, 2, 4, 7, 14-16, 55.
<http://newamericancentury.org/RebuildingAmericasDefenses.pdf>.

12. Ibid.

13. Harlan K. Ullman et James P. Wade, *Shock and Awe : Achieving Rapid Dominance* (NDU Press, octobre 1996).
<http://www.dodccrp.org/shockIndex.html>.

14. Mark J. Conversino, « Shock and Awe : Achieving Rapid Dominance », *Navy War College Review* (rubrique livres), été 1998.

<http://www.nwc.navy.mil/press/Review/1998/summer/bkr2su98.htm>.

15. Conversino, op. cit.

16. « Iraq Faces Massive US Missile Barrage », CBS News, 24 janvier 2003, <http://www.cbsnews.com/stories/2003/01/24/eveningnews/main537928.shtml>.

17. Holmes, op. cit.

18. « Language of War », Center for Defense Information, 29 juillet 1990. <http://www.cdi.org/adm/345/transcript.html>.

19. Bob Kemper, « Agency Wages Media Battle », *Chicago Tribune*, 7 avril 2003.

20. « Rumsfeld Warns of "Marathon" Fight Against Terrorism », Département d'État américain, 20 septembre 2001. <http://usinfo.state.gov/topical/pol/terror/01092016.htm>.

21. George W. Bush, en visite auprès de soldats américains blessés lors de la guerre en Irak, au Walter Reed Army Medical Center de Washington et au National Naval Medical Center de Bethesda, 11 avril 2003. <http://www.usembassy.ro/WF/500/eur502.htm>.

CHAPITRE 5 : LES RECOURS À LA PEUR

1. « Terrorism », Wikipedia. org. <http://www.wikipedia.org/wiki/Terrorism>.

2. « Terror Groups, Governments Use 24/7 News Cycle », *O'Dwyer's PR Daily*, 12 février 2003. <http://www.odwyerpr.com/members/archived_stories_2003/february/0213terrorism_media. htm>.

3. James E. Lukaszewski, « The Media and the Terrorist : A Dance of Death », *Executive Speeches*, juin 1987 (mise à jour 1998). <http://www.e911.com/speeches/mediaandterrorists.html>.

4. Garth S. Jowett et Victoria O'Donnell, *Propaganda and Persuasion* (Thousand Oaks, Calif. Sage Publications, 1999), p. 42.

5. Ibid., p. 164.

6. Gustave Gilbert, *Nuremberg Diary* (New York, Farrar, Straus and Co., 1947), pp. 278-279.

7. Lary Coppola, « Hummer, the Ultimate 4-wheeler », *Kitsap Business Journal*, 3 mai 2003.
<http://www.wetapple.com/behindthewheel/articles/2002-05-03-BTW-03.html>.

8. Eric Margolis, « High Oil Prices : The Curse of Saddam », *Toronto Sun*, 24 septembre 2000.
<http://www.twf.org/News/Y2000/0925-OilPrice.html>.

9. Keith Bradsher, « Was Freud a Minivan or SUV Kind of Guy ? » *New York Times*, 17 juillet 2000.

10. Jay Rosen, « When Is a Car a Truck ? If Uncle Sam Says So », *New York Times,* 26 novembre 2002.

11. Gregg Easterbrook, « Axle of Evil », *New Republic*, 16 janvier 2003.
<http://www.powells.com/review/2003_01_16.html>.

12. Tony Karon, « You Are What You Drive », *Time*, 17 juillet 2000.
<http://www.time.com/time/search/article/0,8599,50060,00.html>.

13. Stephanie Mencimer, « Bumper Mentality », *Washington Monthly*, décembre 2002,
<http://www.washingtonmonthly.com/features/2001/0212.mencimer.html>. Consulter également : Myron Levin, « Study Questions Safety of SUVs », *Los Angeles Times*, 18 février 2003.
<http://www.latimes.com/business/la-fi-safety18feb18001440,1,2402829.story>.

Ricardo Alonso-Zaldivar, « Automaker Data Say SUVs Are Riskier », *Los Angeles Times*, 26 février 2003.
<http://www.latimes.com/la-fi-suv26feb26001431.story>.

14. Easterbrook, op. cit.

15. Paul Wilborn, « Hummer Sales Plow Over Criticism of Gas Mileage, View Blocking Bulk », Associated Press/Naples *Daily News*, 4 février 2003.
<http://www.naplesnews.com/03/02/business/d890397a.htm>.

16. Phil Patton, « Here Come the Car Shrinks », *Fortune*, 5 mars 2002.
<http://www.fortune.com/fortune/personalfortune/articles/0,15114,373444,00.html>.

17. Danny Hakim, « In Their Hummers, Right Beside Uncle Sam », *New York Times*, 4 avril 2003.
<http://www.nytimes.com/2003/04/05/business/05AUTO.html>.

18.Ibid.

19. Douglas Quenqua, « Guns or Butter ? » *PR Week*, 11 mars 2002.
<http://www.prweek.com/news/news_story. cfm ? ID = 139666 & site = 3>.

20. « Senators to Push for Alaska Oil Drilling This Week », Reuters, 11 avril 2002.
<http://www.planetark.org/dailynewsstory.cfm/newsid/15418/newsDate/
11-Apr-2002/story. htm>.

21. Donald F. Kettl, « West Wing Fallout », *Governing Magazine*, juin 2002.

22. William J. Kole, « Terrorism Haunts Nuke Delegates », Associated Press, 17 septembre 2001.

23. « More Than Strong Fences », *O'Dwyer's PR Daily*, 30 janvier 2002.
<http://www.odwyerpr.com/members/archived_stories_2002/january/0130nei. htm>.

24. Julie Hinds, « TV Spots Heating Up SUV Fight », Auto.com, 9 janvier 2003.
<http://www.auto.com/industry/nusuv9_20030109.htm>.
Consulter également : <http://www.detroitproject.com>.

25. « PR Needed to Keep Consumers Spending », *Jack O'Dwyer's Newsletter,* Vol. 34, n° 38, 26 septembre 2001.

26. Chuck Kelly, « Spiritual Patriotism », *Star Tribune* (Minneapolis/St. Paul), 18 novembre 2001.

27. Enquête réalisée par l'institut de sondage Princeton Survey Research Associates pour le compte de *Newsweek*, consultable sur le site Internet PollingReport. com.
<http://www.pollingreport.com/BushJob.htm>.

28. Ibid.

29. Ron Faucheaux, « Ups, Downs of Presidential Popularity », *Campaigns and Elections*, 1er février 2002.
<http://www.campaignline.com/commentary/index.cfm?id=70>.

30. Ibid.

31. Angie Cannon, « Taking Liberties », *US News and World Report*, 12 mai 2003.

<http://www.usnews.com/usnews/issue/030512/misc/12moussaoui. htm>.

32. Le secrétaire adjoint à la Défense Paul Wolfowitz, interrogé par Thabet El Bardicy, de la chaîne de télévision satellitaire arabe Middle East Broadcasting Center, 6 décembre 2001. <http://wwwdefenselink.mil/news/Dec2001/t12102001_tl206mbc. html>.

33. Intervention du Président Bush à l'Islamic Center de Washington, 17 septembre 2001. <http://www.whitehouse.gov/news/releases/2001/09/20010917-11.html>.

34. Ann Coulter, « This Is War », *National Review*, 13 septembre 2001. <http://www.nationalreview.com/coulter/coulter091301.shtml>.

35. Jonah Goldberg, « L'Affaire Coulter », *National Review*, 3 octobre 2001. <http://www.nationalreview.com/nr_comment/nr_comment100301.shtml>.

36. « US Attack News », Markazdawa. org, 7 octobre 2001. <http://www.markazdawa.org/English/EVENTS/US/index.html>.

37. « President Distances Himself From Comments About Islam », *Christian Times,* 3 janvier 2003. <http://www.christiantimes.com/Articles/Articles % 20Jan03/Art_Jan03_12.html>.

« Nov. 11 Statement by Pat Robertson on *The 700 Club* », PatRobertson. com, 14 novembre 2003. <http://patrobertson.com/PressReleases/bushresponse2.asp>.

38. *Religion and Ethics Newsweekly*, PBS, 2 novembre 2001. <http://www.pbs.org/wnet/religionandethics/transcripts/509.html>.

39. Don Feder, « Why We Keep Getting Islam Wrong », intervention lors d'une conférence de la Christian Coalition of America sur l'islam, 15 février 2003. <http://www.donfeder.com/filecabinet//02152003.txt>.

40. Al Kamen « Sticker Shock », *Washington Post*, 31 janvier 2003. <http://www.washingtonpost.com/ac2/wp_dyn/A3956-2003Jan30>.

41. Jay Bookman, « Liberals, Report to Re-education », *Atlanta Journal-Constitution*, 14 février 2002.

<http://www.accessatlanta.com/ajc/opinion/bookman/2002/021402.html>.

42. « McInnis Presses Forward With "ELF" Subpoena », 2 octobre 2001.
<http://www.house.gov/mcinnis/pr011002.htm>.

43. Ben White, « Will the Environment Become a Casualty of the Terrorist Attacks ? », *Grist*, 15 septembre 2001.
<http://www.gristmagazine.com/grist/muck/muck091501.asp ? source = daily>.

44. Mary Mostert, « Was It Osama Bin Laden or Is He Just a Minor Player ? » Reagan Information Interchange, 13 septembre 2001.
<http://www.reagan.com/HotTopics.main/document-9.13.2001.8.html>

45. « War Against Eco-terrorists », *Washington Times*, 7 octobre 2001.
<http://www washtimes. com/op-ed/20011007.55556656.htm>.

46.Tom Curry, « Saddam, Bin Laden Become Political Props », MSNBC, 7 novembre 2001.
<http://www.msnbc.com/news/654184.asp>.

47. Dana Milbank, « A Double-Barrelled Attack on Daschle », *Washington Post,* 9 novembre 2001.
<http://www.washingtonpost.com/ac2/wp-dyn/A64965-2001Nov8>.

48. William Bennett, lettre ouverte publiée dans le *New York Times* le 10 mars 2002.

49. Dan Eggen et Dana Priest, « Bush Aides Seek to Contain Furor », *Washington Post*, 17 mai 2002.
<http://www.washingtonpost.com/ac2/wp-dyn/A30219-2002Mayl6>.

Consulter également : Philip Shenon, « FBI Knew for Years About Terror Pilot Training », *New York Times*, 18 mai 2002.
<http://www.nytimes.com/2002/05/18/politics/18FLIG.html>.

50. « Background : Hijack Warnings », *NewsHour*, PBS, 17 mai 2002.
<http://www.pbs.org/newshour/bb/terrorism/jan-june02/bkgddots_5 17.html>.

51. « The Beltway Boys », Fox News, 19 mai 2002.

52. Dan Balz, « Bush and GOP Defend White House Response », *Washington Post*, 18 mai 2002.

<http://www.washingtonpost.com/ac2/wp-dyn/A35718-2002May17>.

Consulter également : Brendan Nyhan, « Axing the Tough Questions », Salon. com, 21 mai 2002.
<http://www.spinsanity.org/columns/20020521.html>.

53. Ellen Sorokin, « NEA Delivers History Lesson », *Washington Times*, 19 août 2002.
<http://www.washtimes.com/national/20020819-34549100.htm>.

54. Oliver North, « Terrorism in the Classroom », *Washington Times*, 25 août 2002.
<http://www.washtimes.com/commentary/20020825-9252640.htm>.

55. Lisa De Pasquale, « "Blame America First" Teaches Youth to Embrace Islam », *Washington Times*, 8 septembre 2002.
<http://www.cblpolicyinstitute.org/sept11ann.htm>.

56. George F. Will, « The Feel-Good Approach to Sept. 11 », *Washington Post*, 25 août 2002.
<http://www.washingtonpost.com/ac2/wp-dyn/A55511-2002Aug23>.

Consulter également : Brendan Nyhan, « The Big NEA-Sept. 11 Lie », Salon. com, 5 septembre 2002.
<http://www.spinsanity.org/columns/20020905.html>.

Bob Somerby, « Slime the Teachers Well ! » *Daily Howler*, 28 août 2002.
<http://www.dailyhowler.com/dh082802.shtml>.

57. « Surveillance Under the "USA/Patriot" Act », American Civil Liberties Union.
<http://archive.aclu.org/issues/privacy/USAPA_surveillance. html>.

58. « President Issues Military Order », service de presse de la Maison-Blanche, 13 novembre 2001.
<http://www.whitehouse.gov/news/releases/2001/11/20011113-27.html>.

59. « End-Running the Bill of Rights », *Washington Post,* 16 novembre 2001.

60. « The Contras, Cocaine, and Covert Operations », National Security Archive Electronic Briefing Book N° 2.
<http://www.gwu.edu/~nsarchiv/NSAEBB/NSAEBB2/nsaebb2.htm#3>.

Consulter également : Arthur L. Liman, « Hostile Witness », *Washington Post Magazine*, 16 août 1998.

<http://www.washingtonpost.com/wp-srv/national/longterm/irancontra/contra1.htm>.

61. Cynthia L. Webb, « The Pentagon's PR Play », *Washington Post*, 21 mai 2003.
<http://www.washingtonpost.com/wp-dyn/articles/A19272- 2003May21. html>.

62. « Freedom in 30 Seconds », *On the Media*, 5 juillet 2002.
<http://www wnyc. org/onthemedia/transcripts_070502_freedom.html>.

63. « Attorney General Reno's FOIA Memorandum », Département américain de la Justice, 4 octobre 1993.
<http://www.usdoj.gov/oip/foia_updates/Vol_XIV_3/page3.htm>.

64. « New Attorney General FOIA Memorandum Issued », Département américain de la Justice, 12 octobre 2001.
<http://www.usdoj.gov/oip/foiapost/2001foiapost19.htm>.

65. « Ashcroft Tells Agencies to Resist FOIA Releases », *Secrecy News*, 17 octobre 2001.
<http://www.fas.org/sgp/news/secrecy/2001/10/101701.html>.

66. Jonathan H. Adler, « How the EPA Helps Terrorists », *National Review Online*, 27 septembre 2001.
<http://www.nationalreview.com/comment/comment-adlerprint092701.html>.

67. « Would You Want Detailed Information About Chemical Plants in Your Hometown Publicized ? » Competitive Enterprise Institute, 10 janvier 2002.
<http://www.cei.org/gencon/003,02283.cfm>.

68. Lettre adressée par le Working Group on Community Right-to-Know à Janet Reno le 14 août 2000.
<http://www.ehw.org/Chemical_Accidents/CHEM_RenoLtr.htm>.

69. « Access to Government Information Post September 11th », OMB Watch, 1er février 2002.
<http://www.ombwatch.org/article/articleview/213/1/1/>.

70. « Responding to Chemical Attacks », dans *Terrorism : Questions and Answers*.
<http.//www.terrorismanswers.com/security/chemical.html>.

71. « Seven Good Reasons to Stand Up for Information Freedom on Bio-weapons Research », Sunshine Project USA, 30 octobre 2001.
<http://www.sunshine-project.org/publications/pr301001.html>.

72. « Critique of the Codeword Compartment in the CIA », Center for the Study of Intelligence, Central Intelligence Agency, mars 1977.
<http://www.fas.org/sgp/othergov/codeword.html>.

73. Intervention d'Eleanor Hill, directeur de la commission d'enquête parlementaire sur les défaillances des services de renseignement avant le 11 septembre, 17 octobre 2002.
<http://www.fas.org/irp/congress/2002_hr/101702hill. html>.

CHAPITRE 6 :
LA BATAILLE DES ONDES

1. Le Jeremy Glick, apparu dans l'émission « The O'Reilly Factor », est le fils de Barry Glick, 51 ans, un employé du Port autonome de New York. Il n'a rien à voir avec le passager portant le même prénom et le même patronyme qui se serait battu avec les pirates de l'air, à bord du vol 93 du 11 septembre 2001, et les aurait empêchés d'atteindre leur cible.

2. « The O'Reilly Factor », Fox News, 4 février 2003, script disponible sur la banque de données LexisNexis.
Également sur :
<http://www.thismodernworld.com/weblog/mtarchives/
week_2003_02_02.html>.

3. « Did Anyone Just See O'Reilly Tear Into Jeremy Glick ? » Free Republic. com.
<http://www.freerepublic.com/focus/news/836052/posts>.

4. Bill O'Reilly, « Using Quasi-Prostitutes to Sell Sneakers », Fox News, 25 février 2003.
<http://www.foxnews.com/story/0,2933,79542,00.html>.

5. Media Research Center, IRS Form 990, 2001.
<http://documents.guidestar.org/2001/541/429/2001-541429009-1-9.pdf> ; Fairness and Accuracy in Reporting, IRS Form 990, 30 juin 2002.
<http://documents.guidestar.org/2002/133/392/2002-133392362-1-9.pdf>.

6. Jim Rutenberg et Bill Carter, « Network Coverage a Target of Fire from Conservatives », *New York Times*, 7 novembre 2001.
<http://www.nytimes.com/2001/11/07/politics/07MEDI.html>.

7. Conférence de presse d'Ari Fleischer, service de presse de la Maison-Blanche, 26 septembre 2001.
<http://www.whitehouse.gov/news/releases/2001/09/20010926-5.html>.

8. Mise au point du secrétaire d'État à la Justice, le général John Ashcroft, devant le Senate Committee on the Judiciary, 6 décembre 2001.
<http://www.justice.gov/ag/speeches/2001/1206transcriptsenatejudiciarycommittee. htm>.

9. Dennis Pluchinsky, « They Heard It All Here, and That's the Trouble », *Washington Post*, 16 juin 2002.
<http://www.washingtonpost.com/ac2/wp-dyn/A54650-2002Jun14>.

10. Roy Greenlade, « Their Master's Voice », *Guardian* (GB), 17 février 2003.
<http://media.guardian.co.uk/iraqandthemedia/story/0,12823,897313,00. html>.

11. « The *New York Post* Captures the Mood of the Extreme Right », *Global Beat*, Center for War, Peace and the News Media, Université de New York, 17-24 février 2003.
<http://www.nyu.edu/globalbeat/index021703.html>.

12. Ciar Byrne, « Sun's French Stunt Called "Disgusting" », *Guardian* (GB), 21 février 2003.
<http://media.guardian.co.uk/iraqandthemedia/story/0,12823,900179,00.html>.

13. Sam Keen, « To Create an Enemy » (poème), in « Healing the Enemy 2001 » (sermon), prêche de Grace North Church, Berkeley, Californie, 21 janvier 2001.
<http://www.apocryphile.net/homily/sermons/enemy01.html>.

14. Bill Carter, « MSNBC Cancels Donahue », *New York Times,* 25 février 2003.
<http://www.nytimes.com/2003/02/25/business/media/25CND-PHIL.html>.

15. Rick Ellis, « Commentary : The Surrender of MSNBC », AllYourTV. com, 25 février 2003.
<http://www.allyourtv.com/0203season/news/02252003donahue.htrnl>.

16. « GE, Microsoft Bring Bigotry to Life », FAIR Action Alert, 12 février 2003.
<http://www.fair.org/activism/msnbc-savage.html>.

17. John Schwartz et Geraldine Fabrikant, « War Puts Radio Giant on the Defensive », *New York Times*, 31 mars 2003. <http://www.nytimes.com/2003/03/31/business/media/31RADI.html>.

18. « Dixie Chicks "Top of the World Tour" a Great Success », Clear Channel Entertainment, Inc., 7 mars 2003. <http://biz.yahoo.com/bw/030307/75279_1.html>.

19. « DJs Suspended for Playing Dixie Chicks », *Washington Post*, 6 mai 2003. <http://www.washingtonpost.com/wp-dyn/articles/A19571-2003May6.html>.

20. « Treatment of Dixie Chicks by Some Radio Stations RaisesTroubling Issues », *Citizen Times* (Asheville, NC.), 2 mai 2003. <http://cgi.citizen-times.com/cgi-bin/story/editorial/34115>.

21. John Mainelli, « Tough Talkers », *New York Post*, 21 mars 2003. <http://www.nypost.com/entertainment/71400.htm>.

22. Todd Gitlin, « The Pro-War Post », *American Prospect*, avril 2003.

23. Michael Getler, « Worth More Than a One-liner », *Washington Post*, 6 octobre 2002. <http://www.washingtonpost.com/ac2/wp-dyn/A45771-2002Oct4>.

24. Ira Teinowitz, « Battle Rages Over Anti-war TV Commercials », *Advertising Age*, 24 février 2003. <http://www.adage.com/news.cms?newsId=37202>.

25. Nat Ives, « MTV Refuses Anti-war Commercial », *New York Times*, 13 mars 2003. <http://www.nytimes.com/2003/03/13/business/media/13ADCO.html>.

26. Claude Moisy, « The Foreign News Flow in the Information Age », Discussion Paper D-23, Joan Shorenstein Center on the Press, Politics and Public Policy, Harvard University, novembre 1996. <http://www.ksg.harvard.edu/presspol/publications/pdfs/62062_D-23.pdf>.

27. Mark Fitzgerald, « TV Trounced Newspapers During Iraq War », *Editor and Publisher*, 30 avril 2003. <http://www.editorandpublisher.com/editorandpublisher/headlines/article_display. jsp ? vnu_content_id = 1876975>.

28. Ibid.

29. Josh Getlin, « All-News Channels Find Big Audience », *Los Angeles Times*, 5 avril 2003.
<http://www.latimes.com/news/custom/timespoll/
la-war-media5apr05,1,6903445.story ? coll = la % 2Dnews % 2Dtimes % 5Fpoll>.

30. Eric Deggans, « Pride and Prejudice », *St. Petersburg Times*, 25 avril 2003.
<http://www.sptimes.com/2003/04/25/Floridian/Pride_and_prejudice. shtml>

31. Allison Romano, « CNN Out-Foxed in War Coverage », *Broadcasting and Cable*, 20 mars 2003.
<http://www.broadcastingcable.com/
index.asp?layout=story_stocks & articleId = CA286394>.

32. Jim Rutenberg, « Cable's War Coverage Suggests a New "Fox Effect" on Television », *New York Times*, 16 avril 2003.
<http://www.nytimes.com/2003/04/16/international/worldspecial/
16FOX. html>.

33. Moisy, op. cit.

34. Ibid.

35. Justin Lewis, Sut Jhally et Michael Morgan, « The Gulf War : A Study of the Media, Public Opinion and Public Knowledge », Centre for the Study of Communication, University of Massachusetts/Amherst, février 1991.
<http://www-unix.oit.umass.edu/~commdept/resources/
gulfwar.html>.

36. Neil Cavuto, « American First, Journalist Second », Fox News, 28 mars 2003.
<http://www.foxnews.com/story/0,2933,82504,00.html>.

37. Chuck Barney, « Fox Offering More News Talk Than News », *Contra Costa Times*, 10 avril 2003.
<http://www.bayarea.com/mld/cctimes/entertainment/columnists/chuck_barney/5601320.htm>.

38. « Hardball with Chris Matthews », MSNBC, (script #040201cb.461), 2 avril 2003.

39. Peter Johnson, « Media's War Footing Looks Solid », *USA Today*, 17 février 2003.

40. « Operation Iraqi Freedom » (script #032606cb.455), MSNBC, 26 mars 2003.

41. « Press, Freedom of the », *The Columbia Encyclopedia,* 6th ed. (New York : Columbia University Press, 2003).
<http://www.bartleby.com/65/pr/press-fr.html>.

42. « How the War Changed the Way Military Conflicts Are Reported », *University Times* (University of Pittsburgh), Vol. 32, n° 21, 22 juin 2000.
<http://www.pitt.edu/utimes/issues/32/000622/15.html>.

43. Daniel Hallin, « Vietnam on Television », *The Encyclopedia of Television*, Museum of Broadcast Communications.
<http://www.museum.tv/archives/etv/V/htmlV/vietnamonte/vietnamonte. htm>.

44. Namrata Savoor, « Persian Gulf War Press Pool Worked Well in Some Ways », Newseum. org, 16 juillet 2001.
<http://www.newseum.org/warstories/exhibitinfo/newsstory. asp ? DocumentID = 14402>.

45. Peter Turnley, « The Unseen Gulf War », World Association for Christian Communication.
<http://www.wacc.org.uk/publications/action/250/unseen_war. html>.

46. Peter Johnson, « Who Won, and Who Lost, in the Media Battle », *USA Today*, 13 avril 2003.
<http://www.usatoday.com/life/world/iraq/2003-04-13-media-mix_x.htm>.

47. Robert Jensen, « The Military's Media », *Progressive*, 20 mai 2003.
<http://www.progressive.org/may03/jen0503.html>.

48. Douglas Quenqua, « Pentagon PA Staff Helping Out Embedded Reporters », *PR Week*, 31 mars 2003.
<http://www.prweek.com/news/news_story.cfm ? ID = 175623 & site = 3>.

49. Douglas Holt, « Media Face Difficult Call on Reporters in War Zone », *Chicago Tribune,* 12 mars 2003.

50. « NBC, ABC Pull Reporters from Baghdad After Comments Indicating War », Associated Press, 17 mars 2003.
<http://www.bayarea.com/mld/mercurynews/entertainment/television/5414596.htm>.

Consulter également : Jim Rutenberg, « US News Organizations Tell Employees to Leave Baghdad », *New York Times*, 19 mars 2003.
<http://www.nytimes.com/2003/03/19/national/19MEDI.html>.

51. Allesandra Stanley, « After a Lengthy Buildup, an Anticlimactic Strike », *New York Times*, 20 mars 2003.
<http://www.nytimes.com/2003/03/20/international/worldspecial/20WATC. html>.

52. Jane Perlez avec Jim Rutenberg, « US Courts Network It Once Described as "All Osama" », *New York Times*, 20 mars 2003.
<http://www.nytimes.com/2003/03/20/international/worldspecial/20JAZE. html>.

53. Jensen, op. cit.

54. Ibid.

55. Howard Kurtz, « For Media After Iraq, a Case of Shell Shock », *Washington Post*, 28 avril 2003.

56. David Folkenflik, « Fox News Defends Its "Patriotic" Coverage », *Baltimore Sun*, 2 avril 2003. <http://www.baltimoresun.com/entertainment/tv/bal-to. tvradio02apr02,0,6090522. column ? coll = bal % 2Dtv % 2Dutility>.

57. Katie Delahaye Paine, « Army Intelligence », *Measurement Standard*, 28 mars 2003.
<http://www.themeasurementstandard.com/issues/303/eng/painemilitary303.asp>.

58. Ariel Sabar, « Military Crews Capture Images from Front Line », *Baltimore Sun*, 18 avril 2003. <http://www.sunspot.net/news/local/annearundel/bal-ar. camera18apr18,0,164731, story ? coll = bal-local-arundel>.

59. Ibid.

CHAPITRE 7 :
LE REGARD DES AUTRES SUR LES ÉTATS-UNIS

1. « President Bush Announces Combat Operations in Iraq Have Ended », service de presse de la Maison-Blanche, 1er mai 2003.
<http://www.whitehouse.gov/news/releases/2003/05/iraq/20030501-15.html>.

Consulter également : Maura Reynolds et Anna R. Gorham, « After the War », *Los Angeles Times*, 2 mai 2003.

2. William Douglas, « Bush's "Great Image" », *Newsday*, 2 mai 2003.

3. Ken Fireman, « Dems : Landing Cost $1M », *Newsday*, 8 mai 2003.

4. Julie Mason, « Critics Cry, Cornics Scoff at Bush's Carrier Rally », *Houston Chronicle*, 8 mai 2003.

5. Mike Allen, « Ship Carrying Bush Delayed Return », *Washington Post*, 8 mai 2003.

6. Scott Lindlaw, « Accommodating TV-friendIy Presidential Visit Caused a Few Changes in Navy Carrier's Routine », Associated Press, 2 mai 2003.

7. Douglas, op. cit.

8. Ibid.

9. Tom Shales, « Aboard the Lincoln, A White House Spectacular », *Washington Post*, 2 mai 2003.
<http://www.washingtonpost.com/wp-dyn/articles/A3823-2003May2.html>.

10. « President Bush Announces Combat Operations in Iraq Have Ended », op. cit.

11. Eric Boehlert, « Sanitized for Our Protection », Salon. com, 11 avril 2003.
<http://www.salon.com/news/feature/2003/04/11/images/print.html>.

12. Lisa Marshall, « Boulder Man Operated on Recently Rescued POW in Germany », *Daily Camera* (Boulder, Colo.), 5 avril 2003.
<http://www.dailycamera.com/bdc/county_news/article/0,1713,BDC_2423_1866804,00.html>.

13. Paul Holmes, « The Way the US is Viewing This War Will Have a Lasting Impact on How the World Views the US », *PR Week*, 7 avril 2003.

14. « Cluster Bombs Are Indiscriminate and Morally Indefensible », lettre d'un collectif d'organisations humanitaires, *Independent* (GB), 7 avril 2003.

15. Ibid.

16. Lindscy Hilsum, « Chaos and Denial in Baghdad », *Christian Science Monitor*, 7 avril 2003.

17. Anthony DePalma, « A Nation At War », *New York Times*, 8 avril 2003.

18. « US Military Sees No Indication Cluster Munitions Used in Hilla », Agence France Presse, 2 avril 2003.

19. Ibid.

20. « Iraq : Civilians Under Fire », Amnesty International, 8 mars 2003.
<http://web.amnesty.org/pages/irq-engmde140712003>.

21. « Numbers and Estimates from Iraq War », Associated Press, 4 avril 2003.

22. Benny Evangelista, « Kevlar Saving Lives, Minimizing Wounds in Iraq », *San Francisco Chronicle*, 7 avril 2003.

23. Don Wycliff, « No Hiding the Deadly Face of War », *Chicago Tribune*, 1er mai 2003.

24. Greg Miller, « Head of Joint Chiefs Defends Use of Cluster Bombs in Iraq », *Los Angeles Times*, 6 avril 2003.

25. Michael Weisskopf, « Civilian Deaths : the Bombs That Keep on Killing », *Time*, 3 mai 2003.
<http://www.time.com/time/magazine/article/
0,9171,1101030512-449440,00.html>.

26. Miller, op. cit.

27. John Otis, « Arab Media Accused of War Bias », *Houston Chronicle*, 5 avril 2003.

28. Reed Hunt, « Television War vs. Television Peace », *Broadcasting and Cable*, 14 avril 2003.
<http://www.broadcastingcable.com/index.asp?layout=story_
stocks & articleId = CA291889>.

29. Rami Khouri, « Not a Pretty Picture », Alternet. org, 31 mars 2003.
<http://www.alternet.org/story.html?StoryID = 15509>.

30. « Al-Jazeera Tops Net Search Requests », Associated Press, 1er avril 2003.
<http://www.msnbc.com/news/894112.asp>.

31. Byron Acohido, « Hack Attack on Al-Jazeera Raises Questions », *USA Today*, 30 mars 2003.
<http://www.usatoday.com/tech/world/iraq/2003-03-30-iraq-web_x. htm>.

32. Robert Fisk, « Raw, Painful, Devastating War », *Seattle Post-Intelligencer*, 28 mars 2003.
<http://seattlepi.nwsource.com/opinion/114604_fisk28.shtml>.

33. David Pallister, « Mystery Sheikh Fuels Saudi Jitters », *Guardian* (GB), 15 décembre 2001.
<http://www.guardian.co.uk/afghanistanb/story/0,1284,619191,00.html>.

34. Moulay Hicham El Alaoui, « Prescription for Disaster », *Le Monde*, 6 juillet 2002.

35. Moulay Hicham El Alaoui, « Politics and Governance in Islam », entretien avec Sheldon Rampton à l'université de Princeton en septembre 2002. <http://www.moulayhicham.net>.

36. « Impressions of Holy War », ABC News, 31 mars 2003. <http://abcnews.go.com/sections/world/Primetime/iraq_crusade030331.html>.

Index

D

Les auteurs :
John STAUBER et Sheldon RAMPTON

John Stauber est le fondateur et directeur du Center for Media and Democracy, créé en 1993. Cette organisation non gouvernementale établit des rapports et mène des enquêtes sur le monde des relations publiques afin de faire comprendre le rôle qu'elles peuvent jouer dans la manipulation de l'opinion publique. Center for Media and Democracy dénonce les actions de propagande des firmes de relations publiques, qu'il accuse de contrôler le débat politique et donc l'opinion. John Stauber s'intéresse aux domaines de la santé publique, de la sécurité des consommateurs, de la protection de l'environnement et de la démocratie. Il a milité au sein de la Foundation on Economic Trends, une des plus importantes organisations écologiques et de consommateurs des États-Unis. Il est marié et vit à Madison dans le Wisconsin.

Sheldon Rampton est diplômé de l'université de Princeton, où il a étudié l'œuvre de l'écrivain Joyce Carol Oates. En tant que journaliste, il a collaboré à de nombreuses publications. En plus des enquêtes menées avec John Stauber, il est coauteur avec Liz Chilsen d'un ouvrage intitulé *Friends in Deed : the Story of US-Nicaragua Sister Cities* (1998). Avant de rejoindre le Center for Media and Democracy, il a travaillé pour le Coordination Council on Nicaragua (Coordination des comités Nicaragua) et contribué à la mise en place en 1992 d'un projet d'aide au développement économique des communautés pauvres d'Amérique centrale.

John Stauber et Sheldon Rampton sont rédacteurs en chef de la revue *PR Watch,* spécialisée dans l'analyse critique de l'industrie des relations publiques.

Ils sont les coauteurs des enquêtes suivantes :

Trust Us, We're Experts ! : How Industry Manipulates Science and Gambles with Your Future (2001).

Toxic Sludge Is Good for You ! : Lies, Damn Lies and the Public Relations Industry (1995).

Mad Cow USA : Could the Nightmare Happen Here? (1997).

Center for Media and Democracy
520 University Avenue, Suite 310
Madison, WI 53703
Phone : (608) 260-9713
www.prwatch.org

Impression réalisée sur CAMERON par

BUSSIÈRE CAMEDAN IMPRIMERIES

GROUPE CPI

à Saint-Amand-Montrond (Cher)
en janvier 2004
pour les éditions Le Pré aux Clercs
12, avenue d'Italie 75013 Paris

Composé par Nord Compo
à Villeneuve-d'Ascq

N° d'impression : 040235/1.
Dépôt légal : février 2004.

Imprimé en France